Halima Krausen • Andreas Gloy • Susanne von Braunmühl

# 40 Geschichten aus dem Koran

Ein Lesebuch für Kinder, Jugendliche und Erwachsene

Klett | Kallmeyer

Bibliografische Information der Deutschen Nationalbibliothek
Die Deutsche Nationalbibliothek verzeichnet diese Publikation in der Deutschen Nationalbibliografie;
detaillierte bibliografische Daten sind im Internet über http://dnb.d-nb.de abrufbar.

**Impressum**

Halima Krausen/Andreas Gloy/Susanne von Braunmühl
40 Geschichten aus dem Koran
Ein Lesebuch für Kinder, Jugendliche und Erwachsene

2. Auflage



Redaktion: Ursula Flemmer
Realisation: Nicole Neumann
Druck: Plump Druck&Medien, Rheinbreitbach
Printed in Germany

ISBN: 978-3-7727-1680-5

Halima Krausen

Andreas Gloy
Susanne von Braunmühl

# 40 Geschichten aus dem Koran

## Ein Lesebuch für Kinder, Jugendliche und Erwachsene

Klett | Kallmeyer

Vorwort 6

Hinweise zum Materialeinsatz 7

Wimmelbilder 8

Kalligrafie der schönsten 99 Namen Gottes 12

1 Die Geschichte von Adam 16

2 Qâbil und Hâbil 20

3 Nûh und die große Flut 22

4 Die Geschichte von Idrîs 25

5 Die Geschichte von Hûd 27

6 Die Geschichte von Sâlih 30

7 Ibrahim und die Götzen seines Vaters 33

8 Ibrahims Reisen 36

9 Ibrahim und Ismail 39

10 Die Geschichte von Ishâq 42

11 Die Geschichte von Lût 44

12 Ibrahim und Ismail bauen die Ka'ba 46

13 Die Geschichte von Yusuf 48

14 Die Geschichte von Shuaib 56

15 Gott rettet Musa vor dem Pharao 58

16 Musa und Khidhr 62

17 Musa führt die Kinder Israel aus Ägypten 65

18 Musa bringt den Kindern Israel Gottes Gebote 71

19 Musa und die Kinder Israel in der Wüste 75

20 Die Kinder Israel und ihr Land 78

21 Davûd und Jalût 81

22 Davûd wird König 83

23 Sulaimân wird König ..... 85
24 Sulaimân und die Königin von Saba ..... 87
25 Die Geschichte von Ilyâs ..... 90
26 Die Jünglinge in der Höhle ..... 92
27 Die Geschichte von Dhul-Qarnayn ..... 95
28 Die Geschichte von Yûnus ..... 97
29 Die Geschichte von Uzair ..... 99
30 Die Geschichte von Ayyûb ..... 101
31 Die Geschichte von Luqmân ..... 103
32 Die Geschichte von Zakariya ..... 105
33 Die Geschichte von Maryam ..... 108
34 Maryam und 'Îsa ..... 110
35 Die Geschichte von Yahya ..... 112
36 'Îsa lehrt die Menschen ..... 114
37 'Îsa und seine Feinde ..... 117
38 Gottes Gesandte an andere Völker ..... 120
39 Die Geschichte vom Elefantenheer ..... 123
40 Das Siegel der Gesandten ..... 125

**Methodische Hinweise zum Einsatz einiger Geschichten im Unterricht**

Hinweise zu 1: Die Geschichte von Adam ..... 132
Hinweise zu 7: Ibrahim und die Götzen seines Vaters ..... 133
Hinweise zu 18: Musa bringt Gottes Gebote ..... 134
Hinweise zu 34: Maryam und 'Îsa ..... 135
Hinweise zu 36: 'Îsa lehrt die Menschen ..... 138
Übersicht über das Downloadmaterial ..... 140
Namensverzeichnis ..... 142
Literatur, Bildnachweise ..... 143
Hinweise zum Downloadmaterial ..... 144

## Liebe Leser:innen,

dieses Buch möchte Ihnen Geschichten näher bringen, die im Koran (im Folgenden Qur'an) enthalten, aber nicht leicht zu finden sind. Die meisten der Erzählungen knüpfen an Geschichten an, von denen eine ältere Form in der Bibel enthalten ist. Daher werden zu den einzelnen Geschichten jeweils die biblischen Parallelen angegeben.

Der Qur'an versteht sich unter anderem als eine Art Kommentar zur Bibel, die als bekannt vorausgesetzt wurde, als der Qur'an im Verlauf von ca. 23 Jahren Anfang des 7. Jahrhunderts zu den Menschen kam. Daher gibt es im Koran kaum zusammenhängende Geschichtenerzählungen, sondern Kommentare, die über Suren und Verse verteilt sind.

Halima Krausen hat sich die Mühe gemacht, die qur'anischen Geschichten aus den verschiedenen Suren zusammenzusetzen, damit sie leichter gelesen und so zu Hause, in der Schule oder in der Gemeinde verwendet werden können. Die Quellenbelege sind hinter den Geschichten aufgeführt. Das Buch ist aber ausdrücklich nicht dafür geeignet, die Qur'anlektüre zu ersetzen.

Zu einem pädagogischen Zweck ist das Wimmelbild entstanden. Alle 40 Geschichten des Buches sind mit je einer Szene in das Wimmelbild der Illustratorin Brigitte Kuka eingearbeitet worden. So lädt das Bild, das diesem Band auch als Poster beiliegt, zu weiteren Entdeckungen ein.

Die Autorin Halima Krausen hat den 40 Geschichten je einen der 99 schönsten Namen Gottes zugeordnet. Der Kalligraf Lahsen Azougaye hat dazu eine wunderschöne Kalligrafie angefertigt, die ebenso durch das Buch leitet und hoffentlich dazu anregt, sich auch aktiv in der Kunst des Kalligrafierens der schönsten Namen Gottes zu versuchen.

Wir wünschen Ihnen spannende Entdeckungen!

## Hinweise zum Materialeinsatz

Dieses Buch ist in erster Linie ein Lesebuch. Es stellt **40 Geschichten aus dem Qur'an** zusammenhängend dar und lädt zu gemeinsamen Entdeckungen ein. Exemplarisch haben wir aber zu den meisten der Geschichten Vorschläge zur Bearbeitung im (Religions-)unterricht entwickelt. Diese „Hinweise" sind als methodisch vielfältige Anregungen gedacht; selbstverständlich gibt es zahllose weitere Möglichkeiten, sich den Geschichten gemeinsam zu nähern. Sie finden Hinweise zu fünf Geschichten auf S. 132 – 139; die weiteren im Downloadmaterial (s. S. 140).

Bei den Unterrichtsanregungen zu „Maryam und ʿĪsa" (S. 135 – 137) können Sie die Methode des „Schauenden Erzählens" ausführlicher kennenlernen. Diese Methode ist auch für die anderen Geschichten sehr gut einsetzbar, z. B., wenn Sie sie den Kindern im Sitzkreis erzählen oder vorlesen. Das dabei entstehende Bodenbild ist ein hervorragender Anker für Unterrichtsgespräche.

Mit biblischen Geschichten, die Parallelen zu den qur'anischen Geschichten aufweisen, können Sie ebenso arbeiten und die beiden Traditionen miteinander vergleichen. Denn auch wenn die Figuren aus Bibel und Qur'an oft nur unterschiedlich heißen, aber dieselben Personen sind, sind die Geschichten nicht identisch (s. die Namensliste auf S. 142).

Alle 40 Geschichten des Buchs sind mit je einer Szene in das Wimmelbild eingearbeitet worden. Diese Szenen finden Sie bei den einzelnen Geschichten als Ausschnitt wieder. Sie können das Wimmelbild betrachten, sich dann entscheiden, welche Szene sie interessiert, und suchen, welche Geschichte zu welchem Bildteil gehört. Eine Auflösung dazu gibt es auf S. 10.

Auf S. 11 finden Sie das Wimmelbild als Strichzeichnung. Auf weißes DIN-A3-Papier vergrößert, macht Kindern das Ausmalen am meisten Spaß. Hinweise, wie Sie „Auf Entdeckungstour durch das Wimmelbild" gehen können, enthält das gleichlautende Downloadmaterial 4 (s. S. 140).

Das „Arbeitsblatt zur Ergebnissicherung" (zum Download) bietet die Möglichkeit, mit den Kindern die Kunst des Kalligrafierens der schönsten Namen Gottes durchzuführen und mit den Geschichten zu verbinden. Dazu finden Sie auf S. 12 – 13 eine Kalligrafie der schönsten 99 Namen Gottes und auf S. 14 – 15 die arabischen und deutschen Bedeutungen. Beachten Sie dabei: Arabisch wird von rechts nach links gelesen!

# Wimmelbilder

18
27
3
39
9
40
17
12
10
6
14
26
8
34
21
19
11
25
38
35
20
37
33
1
24
15
7
22
10
2
16
4
23
32
29
28
30
31
5
13
36

# Kalligrafie der schönsten 99 Namen Gottes

هو الله الذي لا إله إلا هو
الحق
الوكيل
القوي
المتين
الولي
الحميد
المحصي
المبدئ
المعيد
المحيي
المميت
الحي
القيوم
الواجد
الماجد
الواحد
الأحد
الصمد
القادر
المقتدر
المقدم
المؤخر
الأول
الآخر
الظاهر
الباطن
الوالي
المتعالي
البر
التواب
المنتقم
العفو
الرؤف
مالك الملك
ذو الجلال
والإكرام
المقسط
الجامع
الغني
المغني
المانع
الضار
النافع
النور
الهادي
البديع
الباقي
الوارث
الرشيد
الصبور

## Und Gott hat die schönsten Namen, also ruft Ihn damit an

| al-Mutakabbir<br>der Majestätische | al-Jabbâr<br>der Einrenkende | al-‘Azîz<br>der mächtige Freund | al-Muhaymin<br>der Beschützer | al-Mu’min<br>der Treue | as-Salâm<br>der Friede | al-Quddûs<br>der Heilige | al-Malik<br>der König | ar-Rahîm<br>der Barmherzige | ar-Rahmân<br>der Erbarmer |
|---|---|---|---|---|---|---|---|---|---|
| al-Qâbid<br>der Begrenzende | al-‘Alîm<br>der Wissende | al-Fattâh<br>der Öffnende | ar-Razzâq<br>der Versorgende | al-Wahhâb<br>der Schenkende | al-Qahhâr<br>der Überwindende | al-Ghaffâr<br>der oft Vergebende | al-Musawwir<br>der Bildner | al-Bâri‘<br>der Gestalter | al-Khâliq<br>der Schöpfer |
| al-Latîf<br>der Freundliche | al-‘Adl<br>die Gerechtigkeit | al-Hakam<br>der Richter | al-Basîr<br>der Sehende | as-Samî‘<br>der Hörende | al-Mudhill<br>der Demütigende | al-Mu‘izz<br>der Ehrende | ar-Râfi‘<br>der Erhebende | al-Khâfid<br>der Erniedrigende | al-Bâsit<br>der Erweiternde |
| al-Hasîb<br>der Abrechnende | al-Muqît<br>der Erhalter | al-Hafîdh<br>der Bewahrer | al-Kabîr<br>der Große | al-‘Alî<br>der Hohe | ash-Shakûr<br>der Dankbare | al-Ghafûr<br>der Einrenkende | al-‘Adhîm<br>der viel Vergebende | al-Halîm<br>der Langmütige | al-Khabîr<br>der Wahrnehmende |
| ash-Shahîd<br>der Zeuge | al-Bâ‘ith<br>der Erweckende | al-Majîd<br>der Ruhmreiche | al-Wadûd<br>der Liebende | al-Hakîm<br>der Weise | al-Wâsi‘<br>der Umfassende | al-Mujîb<br>der Antwortende | ar-Raqîb<br>der Aufmerksame | al-Karîm<br>der Großzügige | al-Jalîl<br>der Vollkommene |

## Er ist Gott außer dem es keinen Gott gibt

<table>
<tr><td>al-Muhyî<br>der Belebende</td><td>al-Mu'îd<br>der Erneuernde</td><td>al-Mubdî<br>der Neubeginn Schaffende</td><td>al-Muhsî<br>der Rechnende</td><td>al-Hamîd<br>der Lobens-würdige</td><td>al-Walî<br>der nahe Freund</td><td>al-Matîn<br>der Feste</td><td>al-Qawwî<br>der Starke</td><td>al-Wakîl<br>der Sachwalter</td><td>al-Haqq<br>die Wahrheit</td></tr>
<tr><td>al-Muqtadir<br>der Fähige</td><td>al-Qâdir<br>der Bestimmende</td><td>as-Samad<br>der Unabhängige</td><td>al-Ahad<br>der Einzige</td><td>al-Wâhid<br>der Eine</td><td>al-Mâjid<br>der Edle</td><td>al-Wâjid<br>der Findende</td><td>al-Qayyûm<br>der Beständige</td><td>al-Hayy<br>der Lebendige</td><td>al-Mumît<br>der Tod Ermög-lichende</td></tr>
<tr><td>at-Tawwâb<br>der sich Zuwendende</td><td>al-Barr<br>der Gute</td><td>al-Muta'âlî<br>der Hoch-erhabene</td><td>al-Wâlî<br>der Regierende</td><td>al-Bâtin<br>der innen Verborgene</td><td>adh-Dhahir<br>der Offenbare</td><td>al-Âkhir<br>der Letzte</td><td>al-Awwal<br>der Erste</td><td>al-Mu'akhhir<br>der Aufschie-bende</td><td>al-Muqaddim<br>der Voran-bringende</td></tr>
<tr><td>al-Mughnî<br>der Bereichernde</td><td>al-Ghanî<br>der Reiche</td><td>al-Jâmi'<br>der Sammelnde</td><td>al-Muqsit<br>der Aufwiegende</td><td>Wal-Ikrâm<br>... und der Gnade</td><td>Dhul-Jalâli<br>Herr der Majestät ...</td><td>Mâlik ul-Mulk<br>der Herr der Herrschaft</td><td>ar-Ra'ûf<br>der Mitleidige</td><td>al-Afûw<br>der Auslöscher</td><td>al-Muntaqim<br>der Vergeltende</td></tr>
<tr><td>as-Sabûr<br>der Geduldige</td><td>ar-Rashîd<br>der Leitende</td><td>al-Wârith<br>der Erbe</td><td>al-Bâqî<br>der Bleibende</td><td>al-Badî'<br>der Unvergleich-liche</td><td>al-Hâdî<br>der Führende</td><td>an-Nûr<br>das Licht</td><td>an-Nâfi'<br>der Gutes Ermög-lichende</td><td>ad-Darr<br>der Schaden Zulassende</td><td>al-Mâni'<br>der Verhütende</td></tr>
</table>

Die Geschichte von Adam

# 1 Der Schöpfer

Vor aller Zeit machte Gott Himmel und Erde und alle Dinge darin: Sonne, Mond und Sterne mit ihrem Licht, Wolken und Wind, Meere und Flüsse, Gebirge und Täler, Fische und Vögel, wilde und zahme Tiere. Alles formte Er zu einer schönen, vollkommenen Welt. Er ließ Tag und Nacht werden, Frühling, Sommer, Herbst und Winter. Er schickte Regen und Sonnenschein. Er ließ die Pflanzen wachsen, blühen und Früchte tragen. Er lehrte die Vögel, Nester zu bauen und ihre Jungen auszubrüten. Er lehrte die Ameisen, Burgen mit tausenderlei Höhlen und Gängen anzulegen, und die Bienen, sechseckige Waben zu bauen und Honig zu sammeln, und die Spinnen, feine Netze zu weben. Was du auch siehst in der freien Natur, alles kommt von Gott. Und so gewaltig es auch sein mag, vom Größten bis zum Kleinsten, es ist für Gott leicht, denn wenn Er zu einem Ding spricht: „Werde!“, dann wird es.

Als alles vollendet war, sprach Gott zu den Engeln: „Ich will auf der Erde einen Khalîfa einsetzen (den Menschen).“ Das bedeutet, dass der Mensch auf der Erde regieren und vor Gott dafür verantwortlich sein soll. Die Engel waren entsetzt. Sie konnten sich denken, dass der Mensch mit seinem freien Willen seine Macht missbrauchen und seine Verantwortung vergessen und Vieles zerstören würde, während sie selbst bedingungslose Diener Gottes waren. Sie fragten: „Willst Du dort wirklich einen einsetzen, der dort Unheil stiftet und Blut vergießt? Wir loben und preisen Dich doch und rühmen Deine Heiligkeit.“ Nun haben ja die Engel Einsicht in viele Dinge, doch längst nicht in alle Geheimnisse Gottes. Darum sprach Er zu ihnen: „Ich weiß Vieles, was ihr nicht wisst.“

Aus Tonerde erschuf Gott den Menschen und erweckte ihn zum Leben. Er machte ihn als Mann und Frau. Wir nennen den Mann Adam, das heißt Mensch, und die Frau Hawwa das heißt Lebenspendende. Gott lehrte den Menschen die Namen aller Dinge, die man sehen kann und die man sich vorstellen kann. Dann zeigte Er die Dinge den Engeln und sprach: „Nennt Mir ihre Namen, wenn ihr aufrichtig seid.“ Da schämten sich die Engel und antworteten: „Preis sei Dir! Wir haben kein Wissen außer dem, was Du uns gelehrt hast.“ Da forderte Gott den Menschen auf: „Sage du ihnen die Namen der Dinge.“ Das tat der Mensch, und Gott sprach: „Habe Ich euch nicht gesagt, dass Ich die Geheimnisse der Himmel und der Erde kenne und weiß, was ihr offen zeigt und was ihr verheimlicht?“ Und Er forderte die Engel auf, sich vor dem Menschen tief zu verbeugen.

Da gehorchten die Engel und die unsichtbaren Wesen Gott und verbeugten sich vor dem Menschen. Nur Iblîs, der Fürst der Geister, weigerte sich und sagte: „Vor dem da werde ich mich doch nicht verbeugen! Ich bin viel besser als er. Du hast mich aus Feuer geschaffen und ihn aus gewöhnlichem Schlamm!“ Und er wollte seinen Hochmut nicht einmal dann aufgeben, als Gott ihn fortschickte und drohte, ihn für seinen Hochmut zu bestrafen. Im Gegenteil, er sagte: „Vor diesem Schlamm-Geschöpf werde ich niemals Achtung haben. Wenn ich aber sowieso bestraft werden soll, dann bitte ich um Aufschub bis zu einem bestimmten Tag. In der Zwischenzeit werde ich Adam und Hawwa und allen ihren Nachkommen von allen Seiten auflauern und sie vom rechten Weg abbringen. Hass, Neid, Eifersucht und Gier werde ich ihnen einflüstern, bis sie alle vergessen, wer sie erschaffen hat und was ihre Aufgabe ist und stattdessen einander Schaden zufügen und sich gegenseitig bekämpfen.“ Gott sprach zu Iblîs: „Fort von hier mit deiner teuflischen Idee! Wenn die Menschen dir nachfolgen, werden sie deine Strafe teilen. Über diejenigen, die Mich aufrichtig lieben, wirst du keine Macht haben.“

Dann schenkte Gott Adam und Hawwa einen wunderschönen Garten mit klaren Wasserbächen, in dem Früchte im Überfluss wuchsen. Er sprach zu ihnen: „Esst von all den guten Dingen, die hier reichlich wachsen. Es ist für alles gesorgt. Ihr werdet weder Hunger noch Durst kennen und weder unter Hitze noch un-

ter Kälte leiden. Nur von diesem einen Baum dürft ihr nicht essen. Hütet euch, in seine Nähe zu kommen, sonst bringt ihr euch selbst ins Elend.“ Und so lebten Adam und Hawwa glücklich in dem schönen Garten, und es fehlte ihnen an nichts.

Iblîs aber wartete nicht lange mit seinem teuflischen Plan.

Er erschien bei Adam und Hawwa und sprach zu ihnen: „Soll ich euch einen Baum zeigen, dessen Früchte euch für ewig zu Königen machen?“ Mit diesen Worten führte er sie zu dem verbotenen Baum. Aber Adam und Hawwa entgegneten: „Von diesem Baum zu essen hat Gott uns verboten.“

„Ach was“, entgegnete der Verführer, „was kann schon passieren? Ich weiß, warum Gott euch diesen Baum verboten hat. Wenn ihr davon esst, werdet ihr nämlich sehr mächtige Engel. Aber Gott will nicht, dass ihr etwas Besseres werdet, als ihr seid.“ So sprach er, um Zweifel an Gottes Güte in die Herzen der Menschen einzuflößen. Und als Adam und Hawwa immer noch zögerten, fing er sogar an zu schwören und sagte: „Glaubt mir, ich will euch nur gute Ratschläge geben.“ Zuletzt hörten Adam und Hawwa doch auf ihn und aßen von den verbotenen Früchten.

Aber kaum hatten sie ein bisschen davon gegessen, da merkten sie, dass der Verführer sie betrogen hatte. Alle seine Versprechungen waren nichts als leere Worte gewesen. Sie wurden keine mächtigen Könige oder Engel. Und wie kann man denn auch etwas Besseres werden als Gottes Khalîfa? Wie hatten sie sich nur so sehr vergessen können! Stattdessen fingen sie an, sich voreinander zu schämen, und sie flochten Blätter zusammen, um sich dahinter zu verstecken.

Aber vor Gott kann man sich nicht verstecken. Er sieht und weiß alles. Er wusste auch, dass Adam und Hawwa von dem verbotenen Baum gegessen hatten. Er sprach zu ihnen:

„Habe Ich euch nicht verboten, von diesem Baum zu essen? Und habe Ich euch nicht vor eurem Feind gewarnt? Ihr habt eure Würde als Menschen vergessen und gegen euch selbst Unrecht getan. Fort von hier mit euch allen! Ihr sollt auf der Erde leben, und Feindschaft wird unter euch herrschen!“

Da mussten Adam und Hawwa den schönen Garten verlassen. Sie irrten lange Zeit einsam auf der Erde umher, stets hungrig und auf der Flucht vor Gefahren. Sie weinten über ihren Ungehorsam gegen Gott und bereuten von ganzem Herzen, jemals auf den Verführer gehört und von den verbotenen Früchten gegessen zu haben. Sie sprachen: „Unser Herr, wir haben Unrecht gegen uns selbst begangen. Wenn Du nicht barmherzig bist und uns verzeihst, sind wir verloren.“ Man erzählt sich, dass sie da den Berg Arafat erreicht hatten, wo die Menschen während der großen Pilgerfahrt nach Makkah bis heute an diese Geschichte denken.

Da sah Gott, dass ihre Reue aus tiefstem Herzen kam, und Er verzieh ihnen. Er ließ sie aber nicht gleich in den schönen Garten zurückkehren, denn sie hatten auf der Erde noch viel zu lernen. Er sprach: „Eine Zeitlang soll die Erde eure Wohnung sein. Dort sollt ihr leben und sterben. Aber Ich will euch nicht euch selbst überlassen. Ich will euch das Wissen offenbaren, das für ein gutes Leben auf der Erde notwendig ist. An einem bestimmten Tag werde Ich euch dann auferwecken und Gericht halten. Wer Meiner Leitung folgt, wird sich nicht verirren und nicht ins Elend geraten, sondern seine wahre Würde wiedererlangen. Wer sich aber hochmütig abwendet, der wird am Tag der Auferstehung in Schande dastehen.“ So gab Gott dem Menschen Offenbarung und forderte ihn auf, seine Kinder und Enkelkinder zu lehren, Gutes zu tun und Böses zu unterlassen.

Bis heute ist der Teufel der verschworene Feind des Menschen und setzt alles daran, seine Drohung wahrzumachen. Unmerklich flüstert er den Menschen böse Gedanken ein und gibt ihnen Gefühle von Hochmut und Hass, Neid und Gier, bis die Menschen diesen Gefühlen folgen und einander mit Worten und Taten Schaden zufügen und Unfrieden in der Welt stiften. Kein Mensch ist vor seinen Angriffen sicher. Aber wir können uns vor ihm schützen, indem wir uns immer wieder an Gott erinnern, unser Herz von schlechten Gedanken reinigen und uns vornehmen, unseren Mitmenschen und allen Geschöpfen freundlich und gerecht zu begegnen.

*Gottes Friede sei mit Adam und Hawwa.*

## Zugrunde liegende Qur'antexte

| | |
|---|---|
| **Surah 2:30 – 39** | Schöpfungsabsicht; Gott lehrt den Menschen; die Niederwerfung der Engel; der verbotene Baum; Vertreibung aus dem Paradies sowie erste Verheißung und Offenbarung |
| **Surah 4:1** | Mann und Frau vom selben Ursprung |
| **Surah 7:11 – 25** | Niederwerfung der Engel; Iblîs' Weigerung; der verbotene Baum und die Argumente des Verführers; Vertreibung und Reuegebet |
| **Surah 15:28 – 42** | Niederwerfung der Engel; Iblîs' Weigerung und Begründung; über Gottes aufrichtige Diener hat das Böse keine Macht |
| **Surah 17:61 – 65** | Iblîs' Trotzreaktion; er hat keine Macht über Gottes aufrichtige Diener |
| **Surah 18:50** | Iblîs' Ungehorsam; Warnung vor einer solchen Haltung |
| **Surah 20:115 – 126** | Iblîs' Feindschaft gegenüber dem Menschen; Argumente des Verführers; Chance des Menschen auf der Erde |
| **Surah 38:71 – 85** | Mensch aus Erde und göttlichem Geist; Iblîs' Arroganz und Trotz; er hat keine Macht über Gottes aufrichtige Diener |

## Biblische und andere Parallelen

**Genesis 1:1 – 3:24.**

## Anmerkungen

Adam (türk. auch Adem) bedeutet Mensch, unabhängig vom Geschlecht, obwohl das Wort außerqur'anisch auch als männlicher Eigenname verwendet wird.

Hawwa (türk. auch Havva) entspricht dem biblischen Namen Eva und bedeutet Leben.

Das Bild von einem Urmenschenpaar ist wichtig für die islamische Vorstellung von der Gleichwertigkeit und Verbundenheit aller Menschen als Brüder und Schwestern. Gleichzeitig sind einige theologische und anthropologische Akzente zu beachten:

Adam ist im Qur'an weniger Eigenname als tatsächlich eine Bezeichnung für den Menschen; im Original ist daher immer abstrakt von „Adam und seinem Partnerwesen (zawj)" die Rede (neutral im Gegensatz zu vielen Übersetzungen, in denen dies dann mit „Adam und seine Frau" o. Ä. wiedergegeben wird). Mann und Frau sind von demselben Ursprung, und es gibt im Qur'an keine Entsprechung zu der biblischen Erzählung von der Erschaffung Evas aus einer Rippe. Diese hat allerdings Eingang in die Überlieferungsliteratur gefunden.

Der verbotene Baum ist nach islamischer Tradition nicht der „Baum der Erkenntnis" (Erkenntnis und Wissen werden positiv gewertet), sondern wird eher als Baum des Vergessens der eigenen Aufgabe und Würde betrachtet.

Adams Erfahrung, Fehler machen zu können, ist eine allgemeine Erfahrung menschlicher Männer und Frauen, ebenso der Umgang damit. Es gibt im Qur'an keine Vorstellung von der Frau, die zuerst dem Verführer erliegt und dann selbst zur Verführerin wird, sondern die Erfahrung von einem Fehler, Umkehr und Vergebung beziehen sich vielmehr auf beide gleichermaßen. Hier werden Adam (menschlich) und Iblîs (dämonisch) gegenübergestellt: Während Iblîs versucht, sein Verhalten zu rechtfertigen und damit nur in eine ausweglose Situation gerät, sieht Adam seinen Fehler ein und wendet sich, um Vergebung und Hilfe bittend, Gott zu, wobei er sich für Offenbarung und Führung öffnet, sodass der Fehler letztendlich einen Lernprozess begründet. Wichtig ist auch, dass der Mensch Vergebung erlangt und die Verfehlung keinen grundsätzlichen Bruch in der Beziehung zu Gott bedeutet.
(Didaktische Hinweise: s. S. 132)

## Qâbil und Hâbil

# 2 Der Richter

Adam und Hawwa fanden auf der Erde einen Ort zum Wohnen und lebten von dem, was sie in der Wildnis sammelten oder auf dem Feld und im Garten ernteten. Sie hatten Söhne und Töchter. Ihnen erzählten sie von Gott, der die Welt erschaffen hat, und von dem schönen Garten, in dem sie einst gewohnt hatten, und lehrten sie, Gutes zu tun und Böses zu unterlassen. Sie lehrten sie, an Gott zu denken und für das, was Er ihnen gegeben hat, dankbar zu sein. Sie ermahnten sie, freundlich, hilfsbereit und gerecht zu sein, und warnten sie vor dem Teufel, der ihr ständiger Feind war. So wuchsen die Kinder auf und hatten selbst Kinder und wurden zu einem großen Volk.

Nun gab es unter Adams Söhnen einen, der hieß Qâbil, und einen, der hieß Hâbil. Sie pflanzten auf dem Acker Getreide und Gemüse an und hielten Schafe, die Milch, Fleisch und Wolle lieferten. Jedes Jahr zur Erntezeit wollten sie Gott aus Dankbarkeit ein Geschenk geben, ein Opfer vom Besten von ihren Feldern, Gärten und Schafherden. Im Laufe der Zeit sah Qâbil die Arbeit als eine Art Wettkampf an und schaute mit neidischen Augen auf die Erfolge seines Bruders. Neid und Eifersucht sind aber schlechte Gedanken. Sie verfinstern das Herz und vergiften die Seele, und ehe man sich's versieht, bringen sie böse Worte und Taten mit sich.

Da geschah es einmal zur Erntezeit, dass die Brüder Tiere und Feldfrüchte als Opfer brachten. Gott nahm Hâbils Opfer an, aber Qâbils Opfer nahm Er nicht an. Da verwandelte sich Qâbils Neid in Hass, und er schrie seinen Bruder an: „Ich werde dich umbringen." Sie waren weit draußen auf dem Feld, wo niemand sie hören konnte. Hâbil erwiderte: „Wenn du mich hier tötest, dann werde ich mich doch nicht wehren, damit ich nicht aus Versehen dich töte, denn ich denke daran, dass Gott uns sieht. Wenn du mich tötest, nimmst du die Last all meiner Fehler auf dich." Aber diese Worte reizten Qâbil noch mehr, und er erschlug seinen eigenen Bruder.

Da lag nun Hâbil tot auf der Erde, und Qâbil stand wie betäubt daneben und begriff langsam, was geschehen war: Der Hass hatte ihn so überwältigt, dass er nicht mehr vernünftig hatte denken können, und nun lag da sein Bruder und würde nie wieder aufstehen und sein Gefährte bei der Arbeit sein, und er selbst hatte ihn getötet! Er wusste nicht, was er nun tun sollte. Ja, er wusste nicht einmal, wie er den Leichnam seines Bruders vor den Geiern und Hyänen verstecken konnte. Da kam auch schon ein Rabe angeflogen …

Aber der Rabe fing nicht etwa an, von dem Leichnam zu fressen, wie es Raben manchmal tun, sondern scharrte mit seinen Krallen ein Loch in die Erde und schaute immer wieder herausfordernd zu Qâbil hinüber. Endlich verstand dieser. Der Rabe war gekommen, um ihm zu zeigen, wie man ein Grab für einen Toten gräbt. Qâbil schämte sich sehr und rief aus: „Wie elend bin ich, dass ich das von einem Raben lernen muss!"

Qâbil begrub Hâbil, dann ging er fort. Er hatte Angst, dass andere Menschen ihn bestrafen würden. Aber die Menschen hatten

Angst vor ihm und gingen ihm aus dem Weg. Er bereute seine Tat und wünschte, er hätte niemals die neidischen und eifersüchtigen Gedanken in seiner Seele wachsen lassen.

Einen unschuldigen Menschen zu töten, ist ein schweres Verbrechen. Darum wird gesagt, dass jemand, der einen Menschen tötet, so ist wie einer, der die ganze Menschheit getötet hat. Wer aber einem Menschen das Leben rettet, ist wie einer, der die ganze Menschheit am Leben erhalten hat.

## Zugrunde liegende Qur'antexte

**Surah 5:28 – 33** Geschichte von Qâbil und Hâbil; Gewicht von Töten und Leben retten

## Biblische und andere Parallelen

**Genesis 4:1 – 16**

## Anmerkungen

Qâbil entspricht dem biblischen Kain.

Hâbil entspricht dem biblischen Abel.

In volkstümlichen Überlieferungen wird bisweilen als Grund für die Unstimmigkeit zwischen den Brüdern ein Streit um eine Frau angegeben; dazu gibt es auch eine Parallele in der Midrasch-Literatur. Dies ist aber nicht relevant für die Intention der qur'anischen Geschichte.

Der Qur'antext scheint eher Überlegungen zur Täter-Opfer-Beziehung anzuregen, indem Hâbils Äußerungen eine Spur Selbstgerechtigkeit zu enthalten scheinen.

## Nûh und die große Flut

# 3 Der Beschützer

Adam und Hawwa wurden alt und starben. Neue Generationen wuchsen heran und vergingen, und die Menschen wurden zu einem großen Volk auf der Erde. Sie zerstreuten sich in viele Länder und wohnten in allen Gegenden, wo sie fruchtbares Land fanden, und machten viele neue Entdeckungen und Erfindungen. Sie zähmten Pferde, um darauf zu reiten, und bauten Wagen, um darin zu fahren und Lasten zu transportieren. Sie lernten, aus Ton Gefäße zu formen und diese dann zu festen Töpfen zu brennen. Sie bauten Häuser aus Holz und Stein. Aber sie vergaßen allmählich ihre Ureltern, die Gott aus Erde erschaffen hatte, und dachten nicht mehr an Gottes Barmherzigkeit und Leitung. Stattdessen dachten sie nur an ihre eigene Macht und meinten, Kraft, Wissen und Geschicklichkeit kämen von ihnen selbst. Da wurden sie stolz und hochmütig. Sie vergaßen Gottes Gebote und wurden ungerecht. Jeder dachte nur an sich selbst und wollte soviel Reichtum ansammeln und soviel Macht haben wie möglich. Das Schicksal der Armen und Schwachen kümmerte sie nicht. Schließlich machten sie auch Bilder und Statuen als falsche Götter und brachten ihnen Opfer dar.

Da schickte Gott ihnen einen Gesandten, der sie an Ihn erinnern und sie ermahnen sollte, Gutes zu tun und Böses zu unterlassen. Der Gesandte war ein weiser und geduldiger Mann namens Nûh. Ihm gab Gott die Offenbarung und beauftragte ihn, die Menschen zu lehren.

Nûh sprach zu den Menschen: „Ihr Menschen, wendet euch zu Gott! Es gibt keine wirkliche Macht außer bei Ihm. Seid nicht ungerecht gegen euch selbst, sondern denkt an den Tag, an dem ihr Gottes Gerechtigkeit gegenübersteht."

Die Mächtigen seines Volkes hörten seine Rede mit Verachtung und sagten: „Kein anderer hat so merkwürdige Ideen. Du bist vielleicht nicht ganz richtig im Kopf!" Aber Nûh entgegnete: „Das sind keine merkwürdigen Ideen, sondern Gott hat mich gesandt, die Menschen öffentlich zu ermahnen, damit sie an Ihn und an ihre Aufgabe als Menschen auf der Erde denken. Gott hat mir Dinge mitgeteilt, von denen ihr nichts mehr wisst."

Da lachten ihn die Mächtigen aus und riefen: „Willst du etwa für deine Rede auch noch bezahlt werden?" Denn sie dachten vor allem an Geld und Reichtum, und keiner von ihnen hätte je daran gedacht, etwas für andere umsonst zu tun. Aber Nûh entgegnete: „Ich vertraue allein auf Gott, der mich gesandt hat. Er möchte, dass die Menschen in Gerechtigkeit und Frieden leben. Von euch will ich gar nichts haben, denn bei Ihm allein ist mein Lohn."

Eine solche Antwort hatten die Anführer nicht erwartet. Sie ärgerten sich. „Du lügst!", sagten sie, „Was du sagst, kann gar nicht stimmen. Du bist ein ganz normaler Mensch. Du isst, trinkst, schläfst und arbeitest für deinen Lebensunterhalt. Wenn dein Gott einen Gesandten schicken wollte, warum hat Er sich dann nicht einen Engel ausgesucht? Das würden wir dann vielleicht eher glauben.“ Aber wenn Gott einen Engel geschickt hätte, dann hätten sie sich sicher eine andere Ausrede ausgedacht, denn in Wirklichkeit ging es ihnen nur darum, dass sie die Wahrheit nicht hören wollten. Aber Gott kennt die Herzen der Menschen am besten.

Nûh sagte: „Mein Volk, seht doch, ich habe ein klares Zeichen von meinem Schöpfer und Erhalter. Er hat Seine Barmherzigkeit offenbart. Ist euer Hochmut denn so groß, dass er Gottes Barmherzigkeit vor euren Augen verbirgt? Aber ihr müsst selbst wissen, was ihr wollt. Niemand kann zu seinem Heil gezwungen werden.“ Jene aber bemerkten nur verächtlich: „Was willst du schon Besonderes sein? Niemand hört dir überhaupt zu. Nur die Armen und Verachteten laufen dir nach.“ Und sie wandten sich ab.

Tag und Nacht sprach Nûh vor den Leuten von Gottes Botschaft. Aber die meisten verspotteten und beschimpften ihn. Sie quälten ihn, und zuletzt wollten sie ihn sogar steinigen. Währenddessen richteten sie weiter Unheil auf der Erde an. Nûh betete zu Gott um Hilfe.

Gott sah, dass nun niemand mehr auf Nûh hören wollte. Er hatte beschlossen, die bösen Menschen zu vernichten und Nûh und die guten Menschen zu retten. Er befahl Nûh, ein großes Schiff zu bauen, in dem er mit seiner Familie, den rechtschaffenen Menschen und vielen Tieren Platz hatte. Denn die bösen Menschen sollten in einer großen Flut untergehen, und nur Nûh und die mit ihm auf dem Schiff waren, sollten gerettet werden.

Da fällte Nûh Bäume, zerschnitt sie zu Brettern und baute daraus ein riesiges Schiff. Inzwischen kamen die Götzendiener vorbei und riefen: „Wo bleibt denn die Strafe, die du uns angedroht hast? Du hast uns lange mit Diskussionen aufgehalten, jetzt soll endlich mal etwas passieren!“ Aber Nûh erwiderte sehr ernst: „In Gottes Hand liegt es, euch zu bestrafen. Er ist euer Herr, und zu Ihm kehren wir alle zurück.“ Immer, wenn er mit seiner schweren Arbeit beschäftigt war, kamen seine Feinde und verspotteten ihn:

„Gestern warst du noch ein Prophet, und heute bist du ein Schreiner geworden!“, riefen sie, und: „Was soll denn das werden? Ein Schiff? Auf dem trockenen Land?“ Sie lachten laut darüber und machten böse Streiche, sodass Nûh kaum eine ruhige Minute hatte. Aber Nûh verlor nicht die Geduld. Er sagte zu ihnen: „Jetzt lacht ihr über uns, aber ihr wisst nicht, dass wir eigentlich Grund hätten, über euch zu lachen.“

Als das Schiff endlich fertig war, sprach Gott zu Nûh: „Steigt nun ein und nehmt von allen Tieren ein Männchen und ein Weibchen mit.“ So geschah es. Nûh versammelte alle Tiere paarweise, Elefanten, Affen, Schafe, Hühner, Wölfe, Löwen, Adler, Spatzen und wie sie alle hießen, große und kleine, und führte sie in das Schiff. Inzwischen sammelten sich finstere Wolken am Horizont, und es fing an zu regnen. Zuletzt stieg Nûh selbst ein mit seiner Familie und allen, die ihm nachfolgten, aber das waren nur wenige. Nûh sagte: „In Gottes Namen ist seine Reise und seine Landung. Gott ist doch der Vergebende, der Barmherzige.“ Als der Regen schon richtig in Strömen niederstürzte, entdeckte Nûh draußen noch seinen Sohn. War er denn nicht mit in das Schiff eingestiegen?

„Junge“, rief Nûh, „steig schnell ein! Bleib doch nicht bei den ungerechten Menschen!“ Dieser Sohn hörte aber weder auf seinen Vater, noch glaubte er an Gottes Botschaft. Hochmütig entgegnete er: „Ich will lieber auf einen hohen Berg steigen, da wird das Wasser schon nicht hinkommen.“ Nûh wollte noch etwas sagen, aber da kam auch schon eine große Welle und trennte die beiden.

Nûh war sehr traurig. Er sagte zu Gott: „Er war doch mein Sohn und gehört zu meiner Familie.“ Gott erwiderte: „Sei nicht traurig. Er gehört nicht zu deiner Familie, denn er war ein Unheilstifter. Frage doch nicht nach Dingen, die du nicht wissen kannst.“ Denn sollen etwa Unheilstifter auch noch belohnt werden, nur weil sie zufällig in der Familie eines Gottesdieners geboren sind? Nein, jeder ist für seine eigenen Taten verantwortlich. Gott aber schenkte Nûh viele Söhne und Töchter, die ihm Freude machten.

Draußen stieg indessen das Wasser immer weiter. Die Götzendiener, die gestern noch gespottet hatten, kletterten entsetzt auf Bäume oder auf die Dächer ihrer Häuser oder flohen auf die höchsten Berge, aber das Wasser erreichte sie auch da, und alle gingen unter. Nûhs Schiff aber trieb sicher auf den Wellen dahin.

Nach vielen Tagen kam endlich Gottes Gebot: „Himmel, höre auf zu regnen! Erde, verschlucke das Wasser!“ Sogleich schien wieder die Sonne, und die Wassermassen verliefen sich. Das Schiff landete auf dem Berg Jûdi, der heute Ararat heißt. Als die Erde wieder ganz trocken war, sprach Gott zu Nûh: „Kommt nun alle heraus aus dem Schiff, mit Frieden von Mir und Meinem Segen auf dir und deinen Nachkommen und allen, die auf ihren Herrn vertrauen.“

Da kam Nûh mit den Seinen und allen Tieren aus dem Schiff heraus. Sie verteilten sich über das Land und bebauten es. Sie hatten Kinder und Enkelkinder und wurden zu Stämmen und Völkern. Immer, wenn Menschen seitdem am Himmel den Regenbogen sehen, denken sie daran, wie Gott Nûh und die rechtschaffenen Menschen vor der großen Flut gerettet hat.

*Gottes Friede sei mit Nûh.*

## Zugrunde liegende Qur'antexte

| | |
|---|---|
| **Surah 7:59 - 64** | Nûhs Botschaft; Ablehnung der Einflussreichen; Flut. |
| **Surah 10:71 - 73** | Nûhs Botschaft; Ablehnung der Einflussreichen; Rettung vor der Flut |
| **Surah 11:25 - 44** | Nûhs Botschaft; Auseinandersetzung mit seinen Gegnern; Bau des Schiffes; Weigerung des Sohnes, mit auf das Schiff zu kommen; Rettung der Rechtschaffenen |
| **Surah 23:23 - 29** | Nûhs Botschaft und Ablehnung; Aufforderung zum Bau des Schiffes |
| **Surah 26:105 - 120** | Nûhs Botschaft und Auseinandersetzung mit seinen Gegnern; Rettung der Rechtschaffenen |
| **Surah 29:14 - 15** | Flut und Rettung |
| **Surah 37:75 - 82** | Rettung Nûhs und der Rechtschaffenen |
| **Surah 54:9 - 16** | Nûhs Rettung von der Flut |
| **Surah 71:1 - 28** | Nûhs Botschaft; Auseinandersetzung mit seinen Gegnern |

## Biblische und andere Parallelen

**Genesis 6:1 - 9:17**

## Anmerkungen

Nûh entspricht dem biblischen Noah.

Wichtig ist in der qur'anischen Darstellung:

- Nûhs prophetischer Auftrag mit dem Hinweis darauf, dass nicht nur seine Familienangehörigen und die Tiere in der Arche gerettet wurden, sondern auch andere Menschen, die seine Mahnung ernst nahmen.
- die Auseinandersetzung mit seinem Sohn, eine der qur'anischen Geschichten, die die individuelle Verantwortung des Einzelnen veranschaulichen.

## Die Geschichte von Idrîs

# 4 Der Wissende

Nûh wurde 950 Jahre alt und sah viele Generationen seiner Nachkommen aufwachsen, ehe er in Frieden zu seinem Schöpfer zurückkehrte. Zu jener Zeit vermehrten sich die Menschen schnell. Familien wurden zu Sippen, Sippen zu Stämmen und Stämme zu Völkern. Viele von ihnen wanderten aus und besiedelten ferne Wälder, Steppen, Gebirge und Wüsten. Bald fingen sie an, verschiedene Sprachen zu sprechen. Aber sie lebten in Frieden als Nachbarn, waren bemüht, einander zu verstehen, und zufrieden mit dem, was Gott ihnen zugeteilt hatte. Kriege waren noch unbekannt.

Unter Nûhs Urenkeln gab es damals einen Mann namens Idrîs, den Gott auserwählt hatte, die Menschen zu leiten und sie viele nützliche Dinge zu lehren. Er lehrte die Menschen auch, wie sie Gottes Zufriedenheit erlangen und sich immer wieder an Ihn erinnern konnten. Dazu ist es wichtig, dass man Körper, Kleidung und Haus von allem Schmutz und das Herz von schlechten Gedanken reinigt. Dann kann man gute Eigenschaften einüben: Bescheidenheit, Ehrlichkeit, Freundlichkeit und Rücksicht gegenüber den Mitmenschen, Vertrauen auf Gott, Sinn für Gerechtigkeit, Fleiß und Verantwortungsbewusstsein. Idrîs lehrte die Menschen auch das Gebet und forderte sie auf, an bestimmten Tagen zu fasten, den Armen von ihrer Habe abzugeben und besonders an Festtagen Speise und Trank mit ihnen zu teilen. Die ersten Früchte aus jeder Ernte wurden gesondert eingesammelt, um die Kranken, die Armen und die Waisenkinder damit zu versorgen. Idrîs verbot den Menschen, verschwenderisch oder geizig zu sein, mit Besitz, Herkunft oder anderen Dingen zu prahlen, sich gegenseitig zu beleidigen, zu betrügen oder zu unterdrücken, und er warnte sie, berauschende Getränke zu trinken, damit sie nicht dadurch übermütig und vergesslich würden und Schändliches und Verbotenes täten, ohne es zu wissen oder zu wollen.

Idrîs forderte die Menschen auf, von der Kindheit bis ins hohe Alter Wissen zu suchen, wie es eines Menschen würdig ist. Selbst kannte er sämtliche Wissenschaften und gab sie dem Volk weiter, jedem nach seinen Fähigkeiten. Er lehrte die Ärzte den Nutzen von Kräutern und Mineralien zur Heilung von Krankheiten. Den Bauern zeigte er, wie sie durch kompliziert angelegte Kanäle das Wasser aus den Flüssen auf ihre entfernteren, trockenen Felder leiten konnten. Aus der Stellung der Himmelskörper wurden die Jahreszeiten für Aussaat und Ernte errechnet, ebenso die jährlichen Festtage. Gesetze wurden aufgeschrieben, um die Rechte und Pflichten der Menschen untereinander festzulegen. Andere Menschen wiederum lehrte Idrîs, die Natur zu beobachten, Wind und Wasser für sich nutzbar zu machen, fremde Länder zu erforschen, und vieles andere mehr.

Gott gab Idrîs einen hohen Rang unter Seinen Gesandten. Aber spätere Generationen haben ihn und seine Lehre entweder völlig vergessen oder schändlich verleumdet. Es wird gesagt, dass einige Völker in späteren Zeiten sogar Bilder von ihm und seinen Gefährten angefertigt und sie als Götzen angebetet haben. Manche von den Wissenschaften, die Idrîs die Menschen lehrte, wurden von verschiedenen Völkern bewahrt und überliefert. So sind z. B. die Griechen berühmt für ihre Kenntnis der Geometrie, und auch die Inder und Ägypter waren großartige Mathematiker. Viele andere Völker haben es auf ihrem Gebiet in den Wissenschaften zur Meisterschaft gebracht. Aber die meisten Menschen vergaßen, dass Gott sie dieses Wissen gelehrt hatte, damit sie die ewigen Gesetze des Universums verstehen, ihren Charakter verbessern und wahre menschliche Würde erlangen konnten. Stattdessen benutzten sie die Wissenschaften, um mit ihrer Hilfe nach Macht und Reichtum zu streben und ihre Mitmenschen zu unterdrücken. Gott weiß es am besten.

*Gottes Friede sei mit Idrîs.*

## Zugrunde liegende Qur'antexte

**Surah 19:56–57** Wahrhaftiger und Prophet mit hohem Rang

**Surah 03:25** mit anderen: geduldig und rechtschaffen

## Biblische und andere Parallelen

Keine eindeutigen biblischen Parallelen. Einige Autoren identifizieren Idrîs mit dem biblischen Henoch (Genesis 4:17 und 5:21–25), so auch z. B. Ibn Sa'd in seiner Aufzählung der Ahnen des Propheten Muhammad. Die Konsonanten des Namens Henoch im Hebräischen können auch als „der Eingeweihte" gedeutet werden. In ähnlicher Weise haben muslimische Autoren den Namen Idrîs mit der arabischen Wurzel darasa (verstehen, lernen) in Zusammenhang gebracht.

## Anmerkungen

In der muslimischen Überlieferung ist u. a. davon die Rede, dass Idrîs handwerkliches Geschick und Wissenschaften sowie auch den Gebrauch der Schreibfeder lehrte, Kleider nähte (im Gegensatz zu den Fellen, die man bis dahin trug) und das Pferd als Reittier benutzte.

In der Legende verschwimmt die Gestalt manchmal mit der von Ilyâs und/oder Khidr, und einige Autor:innen haben ihn mit den griechischen Weisheitslehrern identifiziert. Man wird auch an die Figur des „Kulturbringers" bei den alten Völkern erinnert. Abgesehen von der Frage nach der Historizität seiner Person verkörpert Idrîs das Prinzip des Wissens und der Vernunft.

## Die Geschichte von Hûd

# 5 Der Starke

Die Generationen nach Nûh kamen und vergingen. Längst hatten sich die Menschen in große Völker geteilt und waren in alle Richtungen der Erde gezogen. Sie sprachen verschiedene Sprachen und schrieben verschiedene Schriftzeichen. Sie trugen verschiedene Kleider, je nachdem, ob es in ihrer Heimat heiß oder kalt, feucht oder trocken war. Mit Schiffen und Flößen überquerten sie die Meere und besiedelten selbst ferne Inseln und Erdteile. Und während sie dies alles taten, wurden sie sehr stolz auf ihre Leistungen und Errungenschaften. Im Übermut verließen sie Gottes Weg und folgten ihren eigenen Launen. Wieder herrschte das Recht des Stärkeren. Sie fingen an, die Erde unter sich aufzuteilen und Kriege zu führen, um ihre Länder und ihre Macht zu vergrößern. Ja, einige wollten sogar die ganze Welt erobern.

Damals gab es ein Volk namens ‚Âd. Das war ein Volk von Ackerbauern, aber es gab unter ihnen auch reiche und mächtige Fürsten, die in befestigten Burgen und prächtigen Schlössern wohnten. Dort horteten sie ihre Schätze, und von dort aus brachen sie zu Kriegen gegen ihre Nachbarvölker auf. Von den Bauern forderten sie Steuern und Abgaben oder zwangen sie zum Kriegsdienst. Wenn aber ein feindliches Heer heranzog, verschanzten sie sich in ihren Burgen und sahen zu, wie die Felder der Bauern geplündert wurden. In ihrer Eitelkeit bauten sie auf den hohen Bergen Denkmäler für sich selbst und ihre Ahnen. Im Laufe der Zeit wurden diese bewunderten Standbilder zu Götzen, und das Volk verehrte sie und dichtete Lieder und Sagen über ihre Heldentaten.

Zu diesem Volk schickte Gott Seinen Gesandten Hûd. Dieser war ein Mann aus dem Volk, aber er war ehrlich und gerecht. Er beteiligte sich nicht an der Götzendienerei. Er wusste, dass Gott mächtiger ist als die mächtigsten Fürsten und dass die Götzen in Wirklichkeit leblose Figuren waren. Hûd sagte: „Mein Volk, dient Gott, dem einzigen Gott, und vertreibt das Böse aus euren Herzen und aus eurem Land. Beraubt euch nicht gegenseitig, Gott verabscheut Ungerechtigkeit und Tyrannei. Zu Ihm kehrt ihr zurück. Was nützt es, Burgen zu bauen und Schätze zu horten, als ob ihr ewig leben würdet? Habt ihr denn schon vergessen, wie es Nûh und seinem Volk ergangen ist?“

Als die Fürsten Hûds Rede hörten, sagten die einen: „Das ist eine Lüge!“, und die anderen sagten: „Ach was, ihn braucht man überhaupt nicht ernst zu nehmen.“

Hûd erwiderte: „Aber sicher sollt ihr Gottes Botschaft ernst nehmen. Ihm gehört die Macht im Himmel und auf der Erde, und ohne Seinen Willen regt sich kein Lebewesen. Ich erfülle nur meine Pflicht als Gesandter, um euch vor Gottes Zorn zu warnen.“ „Das kann ja gar nicht sein“, entgegneten die Fürsten, „du bist doch ein Mensch wie wir. Wir kennen dich, du bist ein Mann aus unserem eigenen Volk.“ Hûd sagte: „Darum hat Gott mich ausgesucht, damit ich in eurer eigenen Sprache zu euch sprechen kann, sodass Ihr Seine Botschaft versteht. Wollt ihr euch nicht an Seine Barmherzigkeit erinnern? Er ist es doch, der euch alles gibt, was ihr habt, und der euch zu einem großen Volk gemacht hat. Wendet euch zu Ihm, damit es euch wohlergeht.“

Sie aber ärgerten sich über seine Worte, die klar und für jeden verständlich waren. Sie sagten: „Das ist unsere Lebensweise und unsere Kultur, die uns von unseren Vorfahren überliefert wurden. Wir lassen nicht zu, dass du sie zerstörst und altertümliche Ansichten wieder einführst. Was ist denn die Geschichte von der großen Flut anderes als ein altes Märchen? Die Wirklichkeit sieht anders aus. Macht und Geld sind es, wofür es sich zu leben lohnt."

Hûd entgegnete: „Eure sogenannte Kultur beruht auf der Angst vor Götzen, die eure Vorfahren erfunden und mit eigenen Händen gebaut haben. Hat sie nicht schon genug Krieg, Elend und Unterdrückung gebracht? Ihr selbst wisst das ganz genau. Oder habt ihr es schon vergessen?"

Er sprach unbeirrt weiter, aber nur wenige Menschen hörten auf ihn und folgten ihm nach. Die meisten hatten Angst vor den Fürsten und den Götzenpriestern. Oder sie waren von falschem Stolz auf ihre Vorfahren und die prächtigen Statuen und Tempel verblendet. Oder sie wollten einfach nicht ihre alten Gewohnheiten aufgeben. Sie verspotteten Hûd und sagten: „Du hast von deinem Gott nicht einmal einen Beweis mitgebracht. Sollen wir dir etwa einfach auf dein Wort hin glauben? Wo bleibt außerdem die Katastrophe, mit der du drohst?"

Hûd sprach: „Gottes wachsamer Blick ist über euch, und die Folgen sind schon zu sehen." Denn in diesem Jahr war im ganzen Land der Regen ausgeblieben, sodass die Pflanzen auf den Feldern vertrockneten und eine große Hungersnot ausbrach. Die Menschen hatten nichts zu essen und kaum Wasser zu trinken. Vergeblich beschworen sie ihre Götzen um Regen.

Hûd sagte zu ihnen: „Kehrt zu Gott um, ändert euch und bittet um Vergebung. Dann wird Er euch Seine Barmherzigkeit zeigen und Regenwolken über das Land schicken und euch neue Kraft geben." Aber sie glaubten ihm nicht, sondern sagten: „Unsere Götter haben wahrscheinlich deinen Verstand austrocknen lassen."

Eines Tages erschien am Horizont eine dunkle Wolke, die immer größer wurde. Als Hûd sie sah, sagte er zu den Leuten: „Nun kommt das über euch, wovor Gott euch warnen wollte." „Aber nein", entgegneten die Götzendiener, „die Götter haben endlich unsere Gebete erhört und unsere Opfer angenommen. Es wird endlich Regen geben. Wir sind gerettet."

Da sah Hûd, dass es keinen Zweck mehr hatte, weiter zu diesen Leuten zu sprechen. Er sagte: „Wenn ihr euch auch von Gott abwendet, dann habe ich doch wenigstens meinen Auftrag erfüllt und euch Gottes Botschaft gebracht. Ihr schadet niemandem außer euch selbst. Gott wird euch von der Erde verschwinden lassen und andere Völker an eure Stelle setzen."

Nachdem er das gesagt hatte, versammelte er seine Getreuen und verließ das Land. Sie wanderten lange Zeit die große Karawanenstraße entlang. Später siedelten sie sich in einem anderen Land an, wo sie in Frieden leben konnten.

Inzwischen kam aus der schwarzen Wolke ein heißer Sandsturm von ungeahnter Stärke. Der zerstörte die Häuser des Volkes ‚Âd und tötete alle Götzendiener und bedeckte das ganze Land mit einer Schicht Sand, sodass von dem ganzen Volk und seinen prächtigen Städten keine Spur mehr zu entdecken war.

Als Hûd alt wurde, besuchte er seine einstige Heimat. Dort starb er, und dort findet man noch heute sein Grab.

*Gottes Friede sei mit Hûd.*

## Zugrunde liegende Qur'antexte

| | |
|---|---|
| **Surah 7:65 – 72** | Lehre, Auseinandersetzung mit ‚Âd, Katastrophe Surah 11:50 – 60; Lehre und Argumentation Untergang und Rettung Surah 25:38 – 39; Beispiel für spätere Generationen |
| **Surah 26:123 – 140** | Lehre und Kritik am Verhalten des Volkes, Zurückweisung, Untergang |
| **Surah 29:38** | ‚Âd und andere Völker waren verleitet |
| **Surah 41:15 – 16** | Stolz und Untergang der ‚Âd |
| **Surah 46:21 – 26** | Auseinandersetzung mit den ‚Âd und deren Untergang |
| **Surah 51:41 – 41** | Untergang der ‚Âd |
| **Surah 54:18 – 21** | Warnung und Untergang |
| **Surah 69:4 – 8** | Folgen des Unheilstiftens |
| **Surah 89:6 – 14** | Folgen des Unheilstiftens |

## Biblische und andere Parallelen

Keine biblische Parallele vorhanden. In der Kommentar- und Überlieferungsliteratur gibt es eine Reihe von Geschichten, in denen auch versucht wird, das Volk ‚Âd auf der arabischen Halbinsel zu lokalisieren.

## Anmerkungen

Die Hûd-Erzählung stammt aus der arabischen Tradition und wird noch in der vorabrahamitischen Zeit vermutet. Als Schauplatz der Geschichte wird meist Hadramaut angesehen, aber es ist schwierig, das Volk eindeutig zu identifizieren. Einigen Theorien zufolge soll damit lediglich ein prototypisches uraltes Volk in der Region gemeint sein, das hier als Beispiel für den Verhalten Ergehen-Zusammenhang angeführt wird.

## Die Geschichte von Sâlih

# 6 Der Gerechte

Nicht lange nach dem Untergang des Volkes ,Âd lebte in einem Land zwischen Hijaz und Syrien ein Volk namens Thamûd. Dort gab es fruchtbare Erde mit Gärten und frischem Quellwasser. Dort wuchsen Früchte und Korn in Hülle und Fülle, und die Dattelpalmen bogen sich unter ihrer Last. Bei den Thamûd gab es geschickte Handwerker, und sie waren bekannt dafür, dass sie ihre Wohnungen in Felsgestein meißelten und mit schönen Schnitzereien und Inschriften verzierten.

Aber im Laufe der Zeit wurden die Reichen im Land immer hochmütiger. Sie verachteten und unterdrückten die Armen. Ebenso wie die ,Âd bauten sie sich Denkmäler von bekannten Persönlichkeiten und fingen im Laufe der Generationen an, sie als Götzen zu verehren. Die reichen Herren dachten überhaupt nicht mehr an Gottes Rechtleitung, sondern machten Gesetze und Regeln, wie es ihnen gefiel. Aber den Leuten sagten sie: „Diese Gesetze kommen von unseren Göttern, und ihr sollt ihnen gehorchen.“ So erklärten sie das ganze Land zu ihrem Besitz und sagten: „Niemand darf aus unseren Quellen trinken oder seine Tiere auf unsere Weide schicken, wenn er nicht dafür bezahlt.“ Auf diese Weise erpressten sie das Geld von den Armen und bauten sich Paläste und wurden noch hochmütiger.

Zu diesem Volk schickte Gott Seinen Gesandten Sâlih. Sâlih war ein angesehener und bekannter Mann. Er war weise und gerecht, und in schwierigen Zeiten fragte ihn mancher um Rat. Nun aber hatte Gott Sâlih zu Seinem Propheten erwählt, und er sagte zu den Thamûd: „Es gibt keinen Gott außer Gott, dient nur Ihm allein und lasst die Figuren, die keine Macht haben. Denkt daran, dass es Gott war, der euch aus Erde erschaffen hat und euch auf der Erde eure Wohnung gegeben hat, denn zu Ihm kehrt ihr zurück. Dieses Land hat Er euch zum Lebensunterhalt für eine Zeit gegeben, solange ihr auf der Erde lebt. Warum seid ihr dann ungerecht und geizig gegenüber den Armen? Seid nicht so gierig und hochmütig. Denkt nicht, ihr seid die Herrscher dieser Welt. Seid bescheiden und gerecht und denkt daran, dass Gott der einzige wahre Herrscher ist. Habt ihr denn vergessen, wie es den Völkern vor euch ergangen ist, die Gottes Weg verlassen haben? Erinnert euch doch an Nûh und Hûd. Ihr habt doch ihre Geschichte gehört!“

Als die Leute ihn so reden hörten glaubten ihm die Armen und Rechtlosen, aber die Reichen und Mächtigen lehnten seine Botschaft ab. Sie schüttelten den Kopf und sagten:

„Nein, das betrachten wir als eine Lüge. Diese Rede hat mit der Wirklichkeit nichts zu tun. Geld regiert die Welt. Mit Geld haben wir das Land erworben, und Geld gibt uns Macht und Recht.“ Und zu Sâlih sagten sie: „Du hast uns enttäuscht. Wir hatten erwartet, dass du ein großer und berühmter Sohn unseres Volkes wirst. Nun aber bist du ein Verräter an der Religion unserer Väter geworden.“ Aber Sâlih lehrte unbeirrt weiter.

Da ärgerten sich die Reichen und wollten gern in aller Öffentlichkeit beweisen, dass sie recht hatten. Darum sagten sie: „Wer

kann dein Gerede schon ernst nehmen außer ein paar Bettlern und Taugenichtsen, die dir nachlaufen? Du hast ja nicht einmal einen Beweis. Bring uns ein Zeichen, dann überlegen wir uns, ob wir dir glauben sollen oder nicht."

Da brachte Sâlih mit Gottes Erlaubnis aus dem Gebirge eine Kamelstute, die ein Kamelfohlen zur Welt gebracht hatte. Er sagte zu ihnen: „Diese Kamelstute ist ein Zeichen für euch. Sie gehört Gott, ebenso wie das Land, in dem ihr wohnt. Lasst sie daher frei und ungehindert aus den Wasserquellen trinken und auf den Wiesen weiden, und rührt sie nicht an, denn Gottes Zorn ist schrecklich."

Ja, da wussten diese arroganten Herren nicht mehr, was sie sagen sollten. Aber sie wollten sich dennoch nicht auf Gott besinnen. Schließlich sagte einer von ihnen: „Sâlih ist wahrscheinlich ein Zauberer, der das Volk erschrecken will. Was wird schon geschehen, wenn wir die Kamelstute töten? Wahrscheinlich gar nichts."

Da beschlossen sie, die Kamelstute heimlich zu töten, denn sie fürchteten, dass durch sie viele Menschen zum Nachdenken kämen. Schließlich würden dann wohl auch die Armen ihr Recht auf Wasser und Weide für ihr Vieh verlangen. Dann wäre ihre Macht dahin. Sie schnitten also dem armen Tier die Sehnen an den Füßen durch, sodass es nicht mehr laufen konnte und elendig verhungern und verdursten musste.

Bald wurde die Untat bekannt, und die arroganten Reichen glaubten schadenfroh, sie hätten nun dem Volk bewiesen, dass Sâlih kein Gesandter Gottes sein konnte. Übermütig feierten sie in ihren Häusern ihren vermeintlichen Erfolg. Die Rechtschaffenen aber wussten, dass Gott dieses grausame Verbrechen nicht ungestraft lassen würde. Sâlih sagte zu den Götzendienern: „Feiert nur drei Tage lang in euren Häusern. Irgendwann wird es einmal so sein, als hättet ihr nie darin gewohnt." Darauf verließ er mit den Rechtschaffenen das Land und wanderte in ein Land aus, wo es keinen Götzendienst und keine Unterdrückung gab.

Drei Tage später erschütterte ein heftiges Erdbeben das Land der Thamûd und zerstörte ihre Häuser. Die Götzendiener wurden davon völlig überrascht. Sie starben so, wie sie waren, jeder bei dem, was er gerade tat. Nur die Ruinen ihrer einst so prächtigen Häuser und Felsenwohnungen erinnern noch heute an die Zeit, als sie ein mächtiges Volk waren. Bis heute kann man die Trümmer in der Wüste sehen, denn kein Volk hat bisher ihre Stadt wieder aufgebaut oder in der Gegend gesiedelt.

Viele Völker mit prächtigen Städten und mächtigen Königreichen sind auf diese Weise untergegangen, weil sie, statt Gottes Wegen zu folgen, ungerecht und größenwahnsinnig geworden waren. Im Qur'an stehen nur einige von ihren Geschichten als Beispiele. Viele andere findet man in den Geschichtsbüchern. Trotzdem lernen die meisten Menschen nicht aus der Geschichte und begehen das gleiche Unrecht und noch grausamere Verbrechen. Heute haben sie die Erde und die Meere unter sich aufgeteilt und streiten darüber, wem der Mond und das Weltall gehören. Statt an Gott glauben sie an ihre Organisationen und Institutionen, und die Reichen tun, was ihnen gefällt. Gottes Strafe kommt nicht immer postwendend, wie in den Geschichten. Aber Er hat durch Seine Propheten bekanntgemacht, dass Er am Tag der Auferstehung Gerechtigkeit herstellen wird.

*Gottes Friede sei mit Sâlih.*

## Zugrunde liegende Qur'antexte

| | |
|---|---|
| **Surah 7:73 – 79** | Lehre, Übergriff gegen die Kamelstute, Untergang |
| **Surah 11:61 – 66** | Lehre, Übergriff gegen die Kamelstute, Untergang und Rettung |
| **Surah 25:38 – 39** | Beispiel für spätere Generationen |
| **Surah 26:141 – 159** | Lehre und Kritik am Verhalten des Volkes, Beweisforderung, Übergriff gegen die Kamelstute, Untergang |
| **Surah 27:45 – 53** | Unheilstifter misstrauen dem Propheten |
| **Surah 29:38** | Thamûd und andere Völker waren verleitet |
| **Surah 41:15 – 16** | Stolz und Untergang der Thamûd |
| **Surah 51:43 – 45** | Untergang der Thamûd |
| **Surah 54:23 – 31** | Warnung, Übergriff gegen die Kamelstute, Untergang |
| **Surah 69:4 – 8** | Folgen des Unheilstiftens |
| **Surah 85:17 – 20** | Aufforderung, aus der Geschichte zu lernen |
| **Surah 89:9 – 14** | Folgen des Unheilstiftens |
| **Surah 91:11 – 15** | Übergriff gegen die Kamelstute |

## Biblische und andere Parallelen

Keine biblische Parallele vorhanden.
Die Kommentar- und Überlieferungsliteratur versucht, die Thamûd zu lokalisieren; es scheint Parallelen mit Petra in Jordanien zu geben, aber auch Vermutungen, die sie eher im östlichen oder mittleren Arabien sehen.

## Anmerkungen

Sâlih stammt aus der arabischen Tradition. Der Überlieferung zufolge waren die Thamûd sozusagen Vertreter einer Nachfolgekultur der ‚Âd, obgleich sie geografisch unterschiedlich angesiedelt werden. Im Hintergrund der Geschichte spielt sicherlich die Erfahrung eine Rolle, dass menschliches Fehlverhalten dazu beigetragen hat, dass ganze Landstriche, die ehemals fruchtbar waren, in Wüsten verwandelt wurden. Daher spielt sie heute auch zunehmend im Zusammenhang mit der Umweltethik eine Rolle (Weigerung des sozialen Miteinander-Teilens, aber auch Verweigerung der Rechte von Tieren und Pflanzen).

## Ibrahim und die Götzen seines Vaters

# 7 Der Einzige

Vor etwa 4000 Jahren lebte in der Stadt Ur im Zweistromland ein Mann namens Azar. Ur war damals eine prächtige Stadt mit hohen Gebäuden, breiten gepflasterten Straßen, Brunnen und Wasserleitungen. Dort wohnten reiche Kaufleute und berühmte Gelehrte, und es gab Theater und Bibliotheken. Die Menschen hatten die Himmelskörper erforscht, um daraus die beste Zeit für Aussaat und Ernte zu berechnen. Aber im Laufe der Zeit kamen sie zu der Vorstellung, Sonne, Mond und Sterne seien selbst die Ursache für die Ereignisse auf der Erde, und man könnte aus ihnen das Schicksal der Menschen ablesen. Im Laufe der Zeit dienten sie nicht mehr Gott, sondern verehrten die Himmelskörper und hatten außerdem viele andere Götzen. Tag und Nacht waren sie von der Sorge geplagt, sie könnten Gebete oder Opfer für einen ihrer vielen Götzen vergessen, sodass dieser dann zornig würde. Azar war ein angesehener Mann. Sein Beruf war es nämlich, aus Holz und Stein verschiedene Götzenbilder zu machen und sie mit Silber, Gold und Edelsteinen zu verzieren.

Azar hatte einen Sohn namens Ibrahim. Sobald dieser in das Alter kam, wo junge Menschen anfangen, ihre Umgebung zu beobachten und darüber nachzudenken, fragte er seinen Vater: „Was sind das für Figuren, und warum betet ihr sie an und bringt ihnen Opfer?“ Azar erzählte ihm darauf die Geschichten, die er von seinen eigenen Vorfahren gehört hatte. Sie handelten von den Taten der verschiedenen Götzen. Einige davon waren Helden der Vergangenheit, die selbst längst in ihren Gräbern lagen. Ibrahim sah wohl, dass die Götzen nur Abbilder waren, die sich nicht von der Stelle rührten, kein Wort sprachen und nicht einmal die geopferten Speisen anrührten. Er sagte zu seinem Vater:

„Aber sieh doch, sie bewegen sich überhaupt nicht.“ Azar meinte, er sei ein dummer Junge und solle nicht so viel fragen. Dann wandte er sich wieder seiner wichtigen Arbeit zu.

Ibrahim dachte weiter nach. Er studierte die Wissenschaften seiner Zeit und beobachtete selbst den Himmel, um herauszufinden, was er darüber denken sollte. Am Abend beobachtete er einen besonders hellen Stern, den die Leute der Stadt Ur verehrten. Er dachte: „Das könnte mein Herr sein.“ Aber nach einiger Zeit ging der Stern unter, und Ibrahim sagte: „Ich mag keine Dinge als meinen Herrn ansehen, die untergehen.“ Kurz darauf ging der Mond auf. Darüber gab es im Volk viele Sagen und Gedichte, in welchen der Mond als mächtiger Beherrscher der Zeit geschildert wurde. Mit seinem hellen Licht erleuchtete er die Nacht. Aber nach einiger Zeit ging auch er unter. Ibrahim sagte: „Wenn Gott mir nicht den richtigen Weg zeigt, gehöre ich wirklich zu den Verirrten!“ Schließlich ging die Sonne auf. Das Volk hielt die Sonne für die größte Macht im Weltall und glaubte, von ihr käme alles Leben auf der Erde. Aber als der Abend kam, ging auch die Sonne unter. Da erkannte Ibrahim, dass alle diese Himmelskörper nur Geschöpfe einer viel größeren Macht sind, die sich nach ewigen Gesetzen bewegen und Licht und Wärme spenden. Er sagte: „Ich wende mich ab von allem Trug und vertraue allein auf Gott. Ich bin frei von allem, was die Menschen Gott zugesellen, und ich bin frei von der Furcht vor falschen Götzen, die in Wirklichkeit keine Macht haben. Ich wende mich mit ganzem Herzen zu Ihm, der Himmel und Erde geschaffen hat.“

Nach dieser Erkenntnis kehrte Ibrahim zu seinem Vater und seinem Volk zurück. Gott gab ihm Weisheit und Erkenntnis und machte ihn zum Propheten. Ibrahim fing an, zu den Leuten zu sagen: „Ihr und eure Väter irrt euch sehr. Eure Götzen haben nicht einmal Macht über sich selbst. Antworten sie etwa, wenn ihr sie anruft? Können sie euch nützen oder schaden? In Wirklichkeit ist es Gott, der euch erschaffen hat und auch das Holz und die Steine, aus denen ihr mit euren eigenen Händen die Götzen macht. Wendet euch deshalb zu Ihm, denn es gibt keine wirkliche Macht außer bei Ihm, dafür bin ich ein Zeuge."

Die Götzendiener ließen sich aber von seiner Rede nicht zum Nachdenken bewegen. Die einen sagten: „Du machst vielleicht Witze." Und die anderen sagten: „Unsere Götter werden dich bestrafen, wenn du so über sie redest." Aber Ibrahim entgegnete: „Von der Angst vor euren leblosen Götzen bin ich frei. Wie soll ich etwas fürchten, das keine Macht hat, ihr aber fürchtet nicht einmal den, dem die wirkliche Macht gehört? Antwortet mir, wenn ihr etwas zu sagen habt. Wenn nicht, wieso streitet ihr dann mit mir? Wer glaubt, findet bei Gott seine Sicherheit."

Die Götzendiener hörten nicht auf zu streiten, und Ibrahim sagte: „Die Götzen sind Menschenfeinde, ihr Weg führt ins Verderben. Ich aber vertraue auf Gott, den Schöpfer und Erhalter der Welten, der mich führt, der mich sterben lässt und auferweckt, und der mir meine Fehler verzeihen kann." Und Ibrahim betete: „Mein Herr, gib mir Weisheit und vereinige mich mit den Gerechten. Und lass spätere Generationen Gutes von mir berichten. Und lass mich zu den Erben des Gartens gehören. Und vergib meinem Vater, der zu den Irregehenden gehört. Und verlass mich nicht an dem Tag, an dem weder Vermögen noch Nachkommen den Menschen nützen, sondern nur der angenommen wird, der ein heiles Herz zu Gott bringt."

Ibrahim dachte nun, dass er mit Worten die Götzendiener nicht einmal zum Zuhören bewegen konnte. Er wollte ihnen zeigen, was er meinte, und sagte: „Ihr werdet schon sehen, dass eure Götzen nicht einmal sich selbst helfen können, und erst recht nicht anderen."

Eines Tages fand in der Stadt ein großes Fest statt, und die Götzendiener forderten Ibrahim auf, mit ihnen zum Festplatz zu kommen. Er aber erwiderte: „Mir ist übel geworden." Die Götzendiener bemerkten nicht die Ironie in seinen Worten und ließen ihn allein zurück.

Schülerin, Gymnasium Winsen, siebte Klasse

Kaum waren sie fort, da betrat Ibrahim den großen Tempel, in dem die Götzenfiguren regungslos standen. Geopferte Speisen und Getränke standen unberührt vor ihnen. Ibrahim sagte zu ihnen: „Warum esst ihr nicht? Und was ist los mit euch, dass ihr nicht sprecht?" Die Figuren aber regten sich nicht von der Stelle. Da schlug Ibrahim sie allesamt in Stücke, bis auf den größten Götzen, damit es so aussah, als hätte dieser die anderen zerstört.

Am nächsten Morgen entdeckte der Tempeldiener die zerstörten Götzen und alarmierte sofort alle wichtigen Leute in der Stadt. Alle waren empört. „Wer kann das gewesen sein?", fragten sie untereinander. Schließlich meldete sich jemand zu Wort und sagte: „Ich habe neulich gehört, dass ein Junge schlecht über unsere Götter geredet hat. Vielleicht sollten wir ihn einmal fragen." Da ließen sie Ibrahim holen und verhörten ihn. „Hast du unsere Götter zerschlagen?", fragten sie ihn. Er entgegnete: „Aber wieso denn? Das hat doch sicher der Größte von ihnen getan. Das sieht man doch deutlich genug. Fragt ihn doch, wenn er sprechen kann. Vielleicht war er ja eifersüchtig."

Die Götzendiener waren zunächst verblüfft, aber sie merkten, dass Ibrahim sie zum Narren halten wollte und sagten: „Du weißt doch, dass sie nicht sprechen." Da sagte Ibrahim: „Verehrt ihr denn statt Gott Wesen, die nicht einmal sprechen können? Die euch weder schaden noch nützen können? Habt ihr denn keinen Verstand?"

Da wurden die Götzendiener zornig. Jetzt war es klar, dass dieser Junge nicht nur die Götzen geschändet und zerstört, sondern auch alle Ratsherren und wichtigen Leute und sogar die größten Gelehrten und Philosophen dieses Landes beleidigt hatte. Wie konnte er so etwas wagen!

Gleichzeitig befürchteten sie aber auch, er könnte viele Menschen von seiner Ansicht überzeugen und den Glauben an den einzigen Gott im ganzen Land verbreiten. Dann würden alle

Priester und Fürsten ihre Macht verlieren, weil niemand mehr Angst vor ihnen und ihren Götzengeschichten hätte. „Verbrennt diesen Ketzer!", riefen sie daher und: „Kämpft für unsere Götter!"

Sofort errichteten sie einen gewaltigen Ofen, wie er sonst zum Eisenschmelzen verwendet wird, heizten ihn ein und warfen Ibrahim in die Flammen. Aber Gott sprach zu diesem Feuer: „Sei kühl und angenehm!" Da löste das Feuer Ibrahims Fesseln, ihm selbst aber geschah kein Leid. Am nächsten Tag stieg er unversehrt und gut ausgeruht aus dem Ofen.

Die Götzendiener bekamen einen Schrecken, denn sie hatten geglaubt, Ibrahim wäre längst zu Asche verbrannt. Aber bald hatten sie sich gefasst und sagten: „Wahrscheinlich kann er zaubern." Nur ein paar Menschen wandten sich dem Glauben an Gott zu, unter ihnen Ibrahims Neffe Lût. Die Götzendiener wagten aber nicht mehr, ihnen etwas anzutun.

Schließlich forderte Gott Ibrahim und seine gewissenhaften Nachfolger auf, ihre Heimat zu verlassen. Zum Abschied sprach Ibrahim zu seinem Vater: „Ich habe nichts mit dem zu tun, was ihr anbetet, und ich diene nur meinem Schöpfer, der mir den rechten Weg zeigen wird. Zwischen den Götzendienern und uns herrscht Feindschaft, bis ihr euch dem einzigen Gott zuwendet. Ich will aber Gott für dich um Vergebung bitten."

Ibrahim und seine Nachfolger beteten: „Unser Herr, auf Dich vertrauen wir, und zu Dir kehren wir um, und zu Dir führt unser Weg. Unser Herr, lass uns nicht den Gottlosen zum Opfer fallen, und vergib uns. Unser Herr, Du allein bist der Mächtige und Weise." Dann sammelten sie ihre Habe und verließen die Stadt.

## Zugrunde liegende Qur'antexte

| | |
|---|---|
| **Surah 6:74 – 86** | Distanzierung von Götzen, Suche anhand der Himmelskörper, Religion Ibrahims, Nachfahren |
| **Surah 9:113 – 114** | Ibrahims Gebet für seinen Vater |
| **Surah 19:41 – 50** | Argumente gegen Götzen, Trennung vom Vater |
| **Surah 21:51 – 71** | Argumente, Zerschlagung der Götzen, Auswanderung |
| **Surah 26:70 – 89** | Argumente gegen Götzen, Auswanderung, Gebet für seinen Vater |
| **Surah 29:16 – 26** | Argumente gegen Götzen, Mahnung zum Dienst an dem Einen, aus der Geschichte lernen, Auswanderung |
| **Surah 60:4 – 6** | Umgang mit Götzendienern |

## Biblische und andere Parallelen

Keine biblischen Parallelen vorhanden. Allerdings gibt es beide Geschichten in der jüdischen Tradition: Midrash Rabbah 38 und Pirkei d'Rabbi Eliezer 26.

## Anmerkungen

Ibrahim entspricht dem biblischen Abraham, der Stammvater sowohl der Bani Israel als auch der Bani Ismail ist, auf den sich die arabischen Völker und Stämme zurückführen. Deswegen gibt es offensichtlich eine lange gemeinsame Tradition.

Wichtig an der qur'anischen Figur von Ibrahim ist hier die Initiative, die er ergreift, nicht nur den traditionellen Götzendienst seines Volkes zu hinterfragen, sondern auch selbst auf die Suche zu gehen und sich dann mit der angestammten Tradition aktiv auseinanderzusetzen. Eine solche Haltung bezeichnet man auf Arabisch als die eines Hanîfen.
(Didaktische Hinweise: s. S. 133)

## Ibrahims Reisen

# 8 Der Umfassende

Ibrahim, Lût und ihre gewissenhaften Nachfolger wanderten zunächst immer an den beiden großen Strömen Euphrat und Tigris entlang. Dort gab es damals viel fruchtbares Land und große Städte. Sie hatten ihr Vieh bei sich, das überall gute Weide fand, und sie verdienten auch einen Teil ihres Lebensunterhalts durch Handwerk und Handel.

Schließlich kamen sie in die Stadt Babylon, in der der mächtige König Nimrûd herrschte. Dieser war ein richtiger Tyrann und beim Volk gefürchtet. Er führte zahlreiche Kriege und wollte die ganze Welt erobern. Aber schon jetzt war er größenwahnsinnig geworden und verlangte von seinen Untertanen, ihn als Gott zu verehren und ihm Opfer zu bringen. Im Laufe der Menschheitsgeschichte hatten viele Herrscher ähnliche Wahnideen. Tausende von Menschen sind solchen wahnsinnigen Herrschern zum Opfer gefallen!

Nimrûd hatte bereits zuvor einen hohen Turm bauen lassen. Dieser sollte bis an den Himmel reichen oder wenigstens ziemlich in die Nähe. Ungeduldig stieg Nimrûd hinauf, noch bevor der Turm ganz fertig war, und schoss einen Pfeil in den Himmel. „Jetzt habe ich Gott getötet", sagte er daraufhin zu seinem Volk, „und ihr sollt niemandem mehr dienen außer mir." Auch so haben in späteren Jahrhunderten immer wieder mächtige Herrscher gesagt: „Gott ist tot", und dann verlangt, dass die Menschen ihren Anweisungen folgen. Und wie viele Menschen sind dadurch geradewegs in ihr Verderben gelaufen!

Ibrahim und seine Gruppe gelangte also in die Nähe der Stadt Babylon. Sie schlugen dort ihre Zelte auf und begannen, in der Stadt ihre Arbeit anzubieten und ihre Waren zu verkaufen. Natürlich erfuhr der König durch seine wachsamen Beamten sofort von der Ankunft der Fremden. Er erfuhr auch, dass sie Diener des einzigen Gottes waren, den er angeblich getötet hatte. Sofort ließ er Ibrahim zu sich bringen. Er sagte zu ihm: „Ich bin der Gott in diesem Land. Was ist das für ein Gott, den du an meiner Stelle verehrst?"

Ibrahim sprach: „Ich bin ein Diener Gottes, des Herrn der Welten, aus dessen Hand Leben und Tod über Seine Geschöpfe kommen." „Ich bin es, der lebendig macht und tötet", rief der König. Mit einem Wink seiner Hand gab er den Befehl, hundert Gefangene aus dem Gefängnis zu bringen. Als diese in einer Reihe vor ihm standen, ließ er fünfzig zur rechten und fünfzig zur linken Seite treten. Die auf der rechten Seite standen, ließ er frei, die anderen fünfzig ließ er auf der Stelle hinrichten. „Siehst du nun, dass ich der wahre Gott bin, der tötet und Leben schenkt?", fragte er triumphierend.

Aber Ibrahim war überhaupt nicht beeindruckt. Er sagte zu dem Tyrannen: „Mein Herr lässt jeden Tag die Sonne im Osten aufgehen. Bring du sie doch einmal von Westen."

Das konnte Nimrûd natürlich nicht. Er wurde sehr zornig, weil Ibrahim vor ihm gar keinen Respekt zu haben schien, und gleichzeitig fürchtete er, der fremde Prophet könnte unter seinem Volk Gehör finden. Am liebsten hätte er Ibrahim sofort getötet, aber er wusste andererseits auch nur zu gut, dass er in Wirklichkeit Gott nicht getötet, sondern nur so getan hatte als ob. Er befahl daher seinen Soldaten, Ibrahim und die Seinen so schnell wie möglich aus dem Land zu vertreiben. Später zerstörten mächtige Feinde die prächtigen Städte. Aber noch viele Ruinen sind bis heute erhalten geblieben.

Nachdem Ibrahim das Land verlassen hatte, gelangte er ins Gebirge. Während seine Leute die Zelte aufbauten und die Tiere auf die Weide trieben, wanderte Ibrahim an einem einsamen Ort umher, um zu beten und nachzudenken. Er sagte zu Gott: „Unser Schöpfer und Erhalter, zeig mir doch einmal, wie Du die Toten zum Leben erweckst." Gott erwiderte: „Hast du etwa kein Vertrauen zu mir?" „Doch", sagte Ibrahim, „nur damit mein Herz beruhigt wird." Da forderte Gott Ibrahim auf, vier Vögel zu fangen und sie zu zähmen.

Dann sagte Gott: „Verteile sie auf vier verschiedene Berge." Ibrahim tat, wie ihm befohlen war, und kehrte zu seinem Platz zurück. „Nun rufe die Vögel zu dir", sagte Gott. Und kaum hatte Ibrahim die Vögel gerufen, da kamen sie auch schon angeflogen und setzten sich auf seine Schultern. Menschenseelen sind wie Vögel. Wenn ihr Schöpfer und Erhalter sie ruft, kommen sie.

Jahrelang wanderte Ibrahim mit den Seinen und kam nach Palästina. Dort blieb Lût mit seiner Familie in der Stadt Sodom. Ibrahim und seine Frau Sarah wanderten weiter. Schließlich kamen sie nach Ägypten. Dieses fruchtbare Land an den Ufern des Flusses Nil war damals ein wichtiges Zentrum der Wissenschaften und Künste. Wie in Ibrahims Heimat, so gab es auch hier große, prächtige Städte mit Palästen und Tempeln, und die Bibliotheken waren vielleicht sogar noch etwas älter und größer. Jedes Jahr überschwemmte der Nil das Land und brachte fruchtbaren Schlamm auf die Felder. Die weltberühmten Meister der Mathematik teilten dann das Land neu auf und wiesen jedem Bauern seinen Anteil zu. Die Astronomen waren Jahr für Jahr damit beschäftigt, die Sterne zu beobachten, um die genaue Zeit für die Nilüberschwemmung vorauszuberechnen, damit nur ja kein Schaden entstand.

Viele Menschen in Ägypten waren aber so stolz auf ihre Leistung, dass sie an Gott gar nicht mehr dachten. Am stolzesten war ihr König, der Pharao. Er behauptete, er sei der Sohn der Sonne. Die Menschen mussten seinen Befehlen bedingungslos gehorchen. Sogar bis über ihren Tod hinaus wollten die ägyptischen Könige vor der ganzen Welt ihre Macht beweisen. Darum ließen sie Millionen von Sklaven aus riesigen Steinblöcken Pyramiden bauen. Nach ihrem Tod wurden sie dann von den berühmten Ärzten des Landes mit kostbaren Salben einbalsamiert, sodass ihr Körper jahrtausendelang erhalten blieb. Dann wurden sie mit all ihrem kostbaren Besitz in den Pyramiden beigesetzt.

Ibrahim reiste mit seiner Frau Sarah durch das Land und traf viele der berühmtesten Gelehrten. Da er selbst ja auch ein Gelehrter war, führte er viele nützliche Gespräche mit ihnen. Schließlich kamen Ibrahim und Sarah in die Hauptstadt des Landes, wo der König residierte. Er war ein grausamer Tyrann mit einem gewaltigen Heer, das er auf Kriegszüge ausschickte, und mit Sklaven, die für ihn arbeiten mussten. Er erfuhr bald, dass ein Fremder in der Stadt angekommen war und mit ihm eine außerordentlich schöne Frau. Sobald der König aber von schönen Frauen hörte, wollte er sie für sich selbst behalten. Auf diese Weise hatte er schon viel Leid über die Familien seines Volkes gebracht. Er ließ Ibrahim zu sich kommen und fragte ihn, wer die Frau sei, die mit ihm zusammen reise. Ibrahim dachte gleich, dass der Tyrann ihn töten und Sarah mit Gewalt bei sich behalten würde, wenn er wüsste, dass sie seine Frau war. Darum erwiderte er: „Sie ist meine Schwester." Das stimmt zwar nicht ganz, aber es ist auch nicht ganz unwahr, denn alle Gottesdiener sind wie Brüder und Schwestern.

Da schickte ihn der König fort und befahl seinem Diener, Sarah zu holen. Ibrahim hatte gerade noch Zeit, ihr mitzuteilen, was er dem König gesagt hatte. Dann konnte er nur noch warten und beten und auf Gottes Hilfe vertrauen.

Als Sarah vor den König geführt wurde, sprach dieser: „Ich will, dass du meine Frau wirst." Und er wollte sie anfassen. Aber als er seine Hand nach ihr ausstreckte, bekam er einen gewaltigen Schlag, und er fiel zu Boden und zitterte.

„Ach bitte", rief er unter Schmerzen, „bete doch zu deinem Gott, dass Er mir hilft. Ich will dir auch nichts tun!" Dies tat Sarah. Doch kaum fühlte sich der König wieder besser, da sagte er: „Komm nun!" und streckte wieder seine Hand nach ihr aus. Sofort erhielt er wieder einen Schlag, stärker als den ersten, sodass er glaubte, bald sterben zu müssen.

„Ach bitte", flehte er, „hab Mitleid mit mir und bete zu deinem Gott, dass Er mir hilft. Ich verspreche, dass ich nie wieder versuchen will, dich anzufassen. Ich will nie wieder daran denken, dir etwas anzutun." Da betete Sarah zu Gott, und alsbald war der König geheilt. Tatsachlich hielt er diesmal Wort, denn er hatte eingesehen, dass Gott viel mächtiger war als er, der sich für den mächtigsten König der Welt gehalten hatte. Er befahl, Sarah zu Ibrahim zurückzuschicken. Um sich bei ihr zu entschuldigen, wollte er ihr auch ein Geschenk mitgeben.

Nun gab es an seinem Hof eine junge Prinzessin, die Ibrahim und Sarah kennengelernt und von ihrem Glauben an den Einen Gott erfahren hatte. Sie hatte dann nachgedacht und selbst beschlossen, niemanden außer Gott zu verehren. Aber wie sollte sie als gläubige Frau unter all den Götzendienern leben? Als sie nun erfuhr, dass der König Sarah ein Geschenk mitgeben wollte, schlug sie vor:

„Schenke ihr doch eine Sklavin." „Und welche Sklavin sollte so wertvoll sein, dass sie als Geschenk für Sarah gut genug ist?", fragte der König. „Ich", erwiderte die Prinzessin. Da war der König froh, Sarah ohne viel Aufwand ein wertvolles Geschenk machen zu können und übergab ihr die Prinzessin als Sklavin. Bald darauf verließen die drei frei und ungehindert das Land. Die Sklavin nannten sie Hajarah, weil sie um ihres Glaubens willen ausgewandert war.

Je mehr Ibrahim auf seinen weiten Reisen sah und erlebte, um so mehr nahm seine Weisheit zu. Niemand übertraf ihn damals an Wissen. Und in seinem Herzen wuchs beständig die Liebe zu Gott, bis sie alles andere weit überstieg. Darum nennt man Ibrahim auch Gottes Freund.

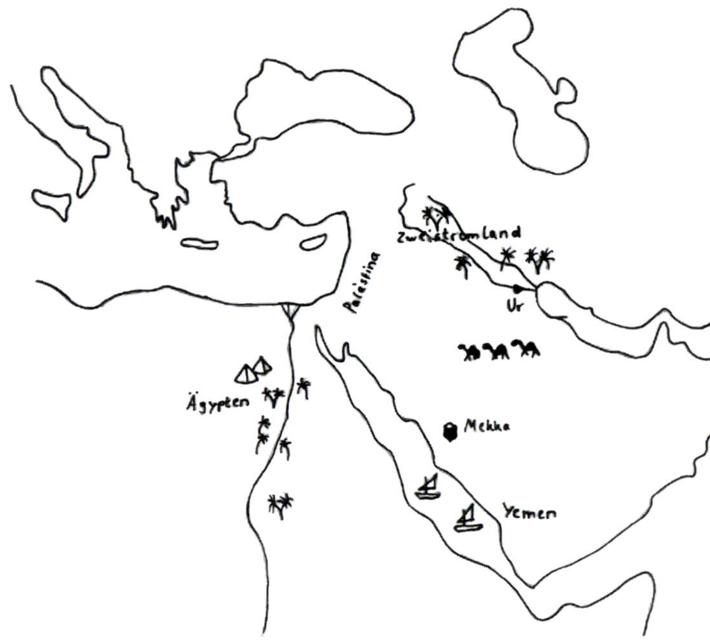


## Zugrunde liegende Qur'antexte

**Surah 2:258** Auseinandersetzung mit gottlosem Machthaber

**Surah 2:260** Auferstehung anhand des Beispiels der zahmen Vögel

**Surah 14:35–41** Fürbitte für Mekka und seine Bewohner, Nachkommen

## Biblische und andere Parallelen

**Genesis 12:1–15:21**; keine Parallele für die Episode mit den Vögeln und die mit dem gottlosen Herrscher, es sei denn, man identifiziert Letzteren mit dem Nimrod in Genesis 10:8–12. Der Gedanke, dass Hagar eine ägyptische Königstochter ist, die mit Abraham als Sklavin das Land verlässt, hat auch eine Parallele in der jüdischen Tradition (Midrash Genesis Rabbah 45).

## Anmerkungen

Der Machthaber, mit dem sich Ibrahim auseinandersetzt, heißt in der Überlieferung Nimrûd. Wenn man ihn, wie es in der Kommentarliteratur oft der Fall ist, mit dem in Genesis erwähnten prähistorischen König identifiziert, kann es chronologische Probleme geben, es sei denn, man ist sich im Klaren darüber, dass die im Qur'an umrissenen Figuren vor allem die Funktion von Typen haben, die menschliche Erfahrungen und Beziehungen veranschaulichen sollen.

Die Episode mit Ibrahim und Sarah in Ägypten wird im Qur'an nicht erwähnt, wohl aber in der Überlieferungsliteratur, wo auch Hagars Hintergrund ausgeleuchtet wird (zusätzlich zum etymologischen Hintergrund ihres Namens, der mit dem arabischen Wort Hijra, Auswanderung, verbunden ist, das mit einer Auswanderung aus religiösen Gründen assoziiert wird und daher von besonderer Bedeutung ist).

Ibrahim und Ismail

# 9 Der mächtige Freund

Ibrahim und Sarah wurden alt, aber sie hatten keine Kinder, obwohl Gott versprochen hatte, Ibrahim zum Stammvater eines großen Volkes zu machen. Als sie eines Tages traurig daran dachten, wie schön es doch wäre, wenn sie wenigstens ein Kind hätten, sagte Sarah:

„Warum heiratest du nicht Hajarah als zweite Frau? Sie ist eine gute Frau, und vielleicht bekommt sie Kinder."

So geschah es dann auch. Ibrahim heiratete Hajarah, und nach einiger Zeit wurde ein Sohn geboren, den sie Ismail nannten. Aber nun fiel es Sarah schwer, Hajarah als glückliche Mutter zu sehen, und die beiden Frauen vertrugen sich nicht mehr so gut. Da forderte Gott Ibrahim auf, seine Frau Hajarah und seinen kleinen Sohn Ismail an einem verlassenen Ort an der alten Karawanenstraße nach Jemen zurückzulassen. Dort gab es damals nichts als kahle, wasserlose Wüste.

Im Vertrauen darauf, dass Gott für die beiden sorgen würde, tat Ibrahim dies und reiste weiter. Dabei betete er: „Mein Schöpfer und Erhalter, mache aus diesem Platz einen Ort der Sicherheit, und gib seinen Bewohnern Nahrung und Früchte, soweit sie an Gott und den Tag der Auferstehung glauben." Gott erwiderte: „Auch diejenigen, die nicht glauben, will ich eine Zeitlang in Frieden leben lassen, aber dann werde ich ihnen die Folgen zeigen, denn Verderben ist das Ziel ihres Weges."

Da saßen nun Mutter und Kind mitten in der Wüste, ohne einen Baum oder Strauch in der Nähe, wo sie Schatten hätten finden können. Nicht einmal einen Brunnen gab es dort. Ja, wo sollten sie denn überhaupt Wasser finden? Unbarmherzig brannte die Sonne vom wolkenlosen Himmel herab, und schon fing der kleine Ismail an, vor Durst zu weinen. Die Mutter lief verzweifelt zwischen den Hügeln hin und her, um zu sehen, ob sie nicht irgendwo eine Spur von Wasser oder von einer Karawane entdecken könnte, und sie betete um Hilfe. Da erschien ein Engel und sprach zu ihr: „Hab keine Angst! Gott hat schon für dich und dein Kind gesorgt."

Und richtig, wo der kleine Ismail lag, sprudelte eine Quelle aus dem Boden hervor, sodass die beiden davon trinken konnten. Diese Quelle gibt es bis heute, es ist der Brunnen Zamzam.

Nicht lange darauf kam eine Karawane vorbei. Die Leute waren überrascht, an dieser verlassenen Stelle nicht nur eine Quelle, sondern auch eine Frau mit einem kleinen Jungen zu finden. Sie hielten an, um Rast zu halten, und einige beschlossen sogar, an der Quelle ihre Zelte aufzuschlagen und dort wohnen zu bleiben. Als Ibrahim nach einiger Zeit wiederkam, traf er nicht nur Frau und Sohn wohlbehalten an, sondern fand eine ganz neue Stadt vor. Denn die reisenden Kaufleute waren froh, mitten auf ihrem weiten Weg einen angenehmen Rastplatz zu finden, und manche tauschten ihre Waren schon hier oder siedelten sich in diesem Tal an. So entstand die Stadt Mekka.

Bis heute laufen die Pilger siebenmal zwischen den Hügeln Safa und Marwa hin und her und denken dabei an Hajarah und Ismail, und später trinken sie Wasser aus dem Brunnen Zamzam.

Nun war es bekannt, dass Ibrahim Gottes Freund war und Ihn mehr liebte als alles in der Welt. Er liebte sicher auch seine Familie, ja sogar seinen Vater, der ihm so viel Unrecht zugefügt hatte, und seinen kleinen Sohn Ismail liebte er noch mehr. Aber Gott wollte vor der ganzen Welt zeigen, dass Ibrahim Gott noch weit mehr liebte als seinen einzigen Sohn. Als daher Ismail alt genug war, um mit seinem Vater reisen zu können, träumte Ibrahim eines Nachts, er solle Ismail Gott opfern.

Am nächsten Morgen sagte Ibrahim zu Ismail: „Mein lieber Sohn, Gott hat mir im Traum befohlen, dich zu opfern. Was meinst zu dazu?“ Der Junge antwortete: „Vater, tu, was Gott dir befohlen hat, und ich will mir Mühe geben, standhaft und geduldig zu sein.“

Da sagte Ibrahim zu Hajara: „Zieh Ismail die besten Kleider an, denn wir wollen einen lieben Freund besuchen gehen.“ Dann nahmen sie Abschied von der Mutter und wanderten, bis sie an einen Berg kamen.

Unterwegs lauerte der Teufel. Der hatte sich schon lange darüber geärgert, dass er Ibrahim nicht auf schlechte Gedanken bringen konnte. Nun meinte er, Ibrahim hätte nach diesem schweren Beschluss, seinen Sohn Gott zu opfern, vielleicht Zweifel in seinem Herzen. Er sagte zu Ismail: „Wo gehst du hin? Du bist doch noch so jung!“, und zu Ibrahim sagte er: „Das kann doch wohl nicht richtig sein. Wie kann Gott so etwas Unmenschliches verlangen, und noch dazu von Seinem Freund?“

Aber Ibrahim und Ismail waren sich sicher, dass Gott trotz allem Gutes für die Menschen will und sie ebenso liebt wie sie Ihn. Sie dachten auch, dass wir nicht immer wissen können, was hinter Gottes Plänen steckt. Mit Steinen vertrieben sie den Verführer, bis er verschwand.

Endlich gelangten sie auf den Berggipfel. Ibrahim legte Ismail auf die Stirn nieder. Da rief Gott Ibrahim zu: „Ibrahim! Du hast deinen Traum schon erfüllt. Dies war in Wirklichkeit eine Prüfung.“ In einem nahen Gebüsch fanden Ibrahim und Ismail ein Schaf. Das opferten sie an Ismails Stelle. Seitdem wissen die Menschen, dass Gott kein Menschenopfer will. Ein Opfer, das Ihm gefällt, ist das, was wir haben, miteinander zu teilen, uns darüber zu freuen und Gott dankbar zu sein.

Zur Erinnerung an diese Geschichte feiern die Muslime jedes Jahr das Opferfest. Viele Tausende von ihnen befinden sich zu dieser Zeit in Mekka, wo Ibrahim und Ismail damals lebten. Wer es sich leisten kann, lässt ein Schaf schlachten und verteilt das Fleisch an die Armen und an Freunde und Verwandte.

Ibrahim ist ein Beispiel für die Menschen und, wie im Qur'an zu lesen ist, ein Imam für alle Völker. Ibrahims Liebe zu Gott ist das, was Islam, Hingabe an Gott, bedeutet. Und wer kann ein besserer Freund sein als Gott?

## Zugrunde liegende Qur'antexte

**Surah 19:54 – 55** Ismail ist ein Gesandter Gottes, lehrt Gebet und Zakat, ist Gott wohlgefällig

**Surah 21:85 – 86** Ismail wird mit anderen erwähnt als geduldig und rechtschaffen

**Surah 37:83 – 111** Zerschlagung der Götzen, Ibrahims Prüfung

## Biblische und andere Parallelen

**Genesis 16:1 – 17:27; 21:121 und 22:1 – 19**

## Anmerkungen

Die Geschichte von Hajarah und Ismail in der Wüste erscheint nicht im Qur'an, sondern wurde als Gründungsgeschichte der Stadt Mekka überliefert und bildet zusammen mit anderen Abrahamsgeschichten die Grundlage für die dortigen Pilgerfahrtrituale – in diesem Fall auch für den Lauf zwischen Safa und Marwa, wo die Suche und das Vertrauen der Mutter Hajarah vergegenwärtigt wird, woraufhin man Wasser aus dem Brunnen Zamzam trinkt. Als Beweggrund dafür, dass Ibrahim Frau und Kind in der Einöde zurücklässt, wird nur bei wenigen Autoren familiäre Eifersucht angegeben; die meisten Überlieferungen sprechen davon, dass der Ort besiedelt werden sollte und die Familie deswegen dort unterwegs war. Die Bibel erwähnt keinen Aufenthalt im Hijâz.

Die biblische Geschichte enthält einen interessanten Bruch. Während in Genesis 17:25 die Rede davon ist, dass Ismail im Alter von 13 Jahren beschnitten wurde, während sein Bruder Isaak noch nicht geboren war, heißt es bei der Vertreibung Hagars und Ismails in Genesis 21:14 – 16: „Da stand Abraham früh am Morgen auf und nahm Brot und einen Schlauch mit Wasser und legte es Hagar auf ihre Schulter, dazu den Knaben, und schickte sie fort … Als nun das Wasser im Schlauch ausgegangen war, warf sie den Knaben unter einen Strauch und ging hin und setzte sich gegenüber von ferne, einen Bogenschuss weit, denn sie sprach: Ich kann nicht ansehen des Knaben Sterben …"

Während in der biblischen Darstellung Isaak der Sohn ist, von dem Abraham träumt, dass er ihn opfern soll, gibt es in der arabischen Tradition unterschiedliche Überlieferungen, die teils Isaak, teils Ismail erwähnen. Heute scheinen die meisten Muslime der Version den Vorzug zu geben, nach der Ismail der betreffende Sohn ist. Im Qur'an wird der Name nicht erwähnt. Abgesehen davon, dass es bei den Geschichten um die Veranschaulichung existenzieller Erfahrungen geht, wird dies als Hinweis darauf verstanden, dass man die Identität des fraglichen Sohnes nicht zum Anlass von Streitereien nehmen soll.

In der qur'anischen Geschichte wird der Sohn ausdrücklich nach seiner Zustimmung gefragt; sein Einverständnis hat ihm im muslimischen Sprachgebrauch den Beinamen „Opfer Gottes" eingebracht.

## Die Geschichte von Ishâq

# 10 Der Schenkende

Nach weiteren Reisen durch die Wüsten der arabischen Halbinsel wohnte Ibrahim mit seiner Frau Sarah eine Zeitlang in Palästina, ganz in der Nähe der Stadt Sodom, zu deren Bewohnern Gott Ibrahims Neffen Lût gesandt hatte, um sie zu ermahnen. Die Leute dieser Stadt waren übermütige, boshafte Menschen, vor denen niemand sicher sein konnte. Ibrahim wohnte auch nicht bei seinem Neffen in der Stadt, sondern in einer fruchtbaren Gegend ganz in der Nähe, wo seine Tiere reichlich Wasser und Weide finden konnten.

Eines Abends kamen zwei fremde Reisende zu Ibrahims Haus und grüßten ihn: „Friede sei mit dir." „Und mit euch sei Friede, ihr Fremden", erwiderte Ibrahim und lud sie ein hereinzukommen. Dann beeilte er sich, ein gemästetes Kalb zu schlachten und für die Gäste ein gutes Essen zuzubereiten. Aber sie fingen nicht an zu essen, obwohl sie offensichtlich den ganzen Tag unterwegs gewesen waren und sicher hungrig und müde sein mussten. Ibrahim fragte höflich, ob sie denn nicht essen wollten, aber innerlich fürchtete er sich vor ihnen. Die Fremden aber sprachen:

„Fürchte dich nicht vor uns. Gott hat uns geschickt, damit wir dir mitteilen, dass du einen weisen Sohn bekommen wirst."

„Bringt ihr mir diese Botschaft jetzt, wo ich alt geworden bin?", fragte Ibrahim zweifelnd. Aber die Fremden erwiderten: „Diese Nachricht ist wahr. Gib die Hoffnung nicht auf." und Ibrahim sprach: „Wer kann die Hoffnung auf Gottes Barmherzigkeit verlieren außer denen, die irren?"

Sarah hatte das Gespräch mitangehört und traute ihren Ohren nicht. Ihr ganzes Leben lang hatte sie keine Kinder gehabt, und jetzt, im hohen Alter, sollte sie einen Sohn bekommen? Sie lachte und rief: „O weh! Soll ich jetzt einen Sohn haben, wo ich eine alte unfruchtbare Frau bin und mein Mann bald ein Greis? Das wäre noch ein echtes Wunder!" Aber die Fremden sagten: „Gott hat es beschlossen. Stellst du etwa Gottes Beschluss in Frage? Seine Gnade und Barmherzigkeit liegt über euch, ihr Leute dieses Hauses. Er allein ist des Lobes würdig."

Ibrahim fragte darauf die Fremden, was das Ziel ihrer Reise sei, und sie sprachen: „Wir sind zu einem ungerechten Volk entsandt, damit wir Steine aus gebranntem Ton über sie herabschicken für ihre Gier." Da wusste Ibrahim, dass die Fremden Engel waren und dass die Stadt Sodom sehr bald in einer schrecklichen Katastrophe untergehen würde. Er fürchtete, dass seinem Neffen Lût etwas zustoßen könnte und machte sich Sorgen. Er hatte auch Mitleid mit den Menschen in der Stadt, denn er hatte ein weiches Herz, sodass er angesichts des drohenden Unheils nicht an ihre Ungerechtigkeit dachte. Vielleicht wusste er auch nicht genau, wie boshaft diese Menschen wirklich waren. Er fing also an, mit Gott zu diskutieren, damit Er ihnen vielleicht noch eine Gelegenheit gäbe, sich zu bessern. Aber die Engel sagten zu ihm: „Ibrahim, bitte nicht um Schonung für sie. Wir haben nachgeforscht, ob es vielleicht einige Rechtschaffene unter ihnen gibt, aber wir haben keine gefunden außer in einem Haus. Nun hat Gott Seinen Beschluss gefasst. Sie wollen sich nicht von ihrer Menschenverachtung abwenden, und so wird Gott auch seinen Beschluss nicht rückgängig machen." Sie versicherten ihm aber, dass sie zuvor alle Rechtschaffenen retten würden. Das seien aber nur Lût und seine Familie, und sogar Lûts

Frau würde sich noch nach ihrer Rettung selbst ins Verderben bringen. Nachdem sie noch eine Weile gerastet hatten, zogen die Engel am gleichen Abend weiter, um ihren Auftrag zu erfüllen.

Nach einiger Zeit geschah es, wie die Engel vorausgesagt hatten. Ibrahim und Sarah bekamen einen Sohn, den sie Ishâq nannten. Er wuchs heran und wurde ein weiser und gerechter Mann und ein Gesandter Gottes wie sein Bruder Ismail. Sein Sohn Yaqûb, der auch Israel hieß und ein Gesandter Gottes war, hatte zwölf Söhne, von denen wir später mehr hören. Von ihnen stammen nämlich die zwölf Stämme der Bani Israel ab.

Gott schloss mit Ibrahim einen Bund und sprach zu ihm: „Ich habe dir die Rechtleitung offenbart und dich zum Imam für die Menschheit bestimmt." Ibrahim erwiderte: „Und was geschieht mit meinen Nachkommen?" Gott sprach: „Mein Bund umfasst nicht die Übeltäter unter ihnen."

Gott versprach Ibrahim noch einmal, ihn zum Stammvater eines großen Volkes zu machen. Tatsächlich ist er der Stammvater sowohl der Araber, die Ismails Nachkommen sind und von denen Gott Jahrhunderte später Seinen letzten Gesandten Muhammad in die Welt geschickt hat, als auch der Stammvater der Bani Israel, der Nachkommen Ishâqs und seines Sohnes Yaqûb, der auch den Beinamen Israel hat, unter denen es viele hervorragende Menschen und berühmte Gesandte Gottes gegeben hat. Ishâq wurde ein bedeutender Gesandter Gottes wie sein Vater und sein Bruder.

Aber nun wollen wir erst einmal hören, was inzwischen in der Stadt Sodom geschah, und wie Lût gerettet wurde.

*Gottes Friede sei mit Ishâq.*

## Zugrunde liegende Qur'antexte

| | |
|---|---|
| **Surah 11:69 – 73** | Ibrahims Gäste, Verheißung Ishâqs, Debatte um Sodom |
| **Surah 15:51 – 60** | Ibrahims Gäste, Verheißung Ishâqs |
| **Surah 37:112 – 113** | Prophet mit Segen, ambivalente Nachkommen |
| **Surah 51:24 – 30** | Ibrahims Gäste, Verheißung Ishâqs |

## Biblische und andere Parallelen

**Genesis 18:1 – 33; 21:1 – 7;** weitere Einzelheiten über Isaaks Leben u. a. **Genesis 24:1 – 67; 24:19 – 34**; Isaak und Ismail begraben ihren Vater **Genesis 25:8 – 9**.

## Anmerkungen

Ishâq entspricht dem biblischen Isaak. Chronologisch betrachtet ist dies das erste im Qur'an erwähnte Beispiel für mehrere prophetische Persönlichkeiten in einer Familie bzw. einer Generation. Das islamische Prinzip der materiellen Erbfolge ist, dass der Nachlass geteilt wird. Was geistiges Erbe angeht, so ist sie von der Fähigkeit und Bereitschaft des Einzelnen abhängig und davon, ob er sich des Erbes würdig erweist. Sowohl Ismail als auch Ishâq werden im Qur'an ausdrücklich als prophetische Gestalten hervorgehoben. Auch der Segen, der durch den Vater vermittelt wird, kommt von Gott und ist daher nicht begrenzt, sondern weit genug, beide Söhne zu umfassen.

## Die Geschichte von Lût

# 11 Der Große

Sodom war eine entsetzliche Stadt. Dort herrschte völlige Gesetzlosigkeit. Jeder tat, was ihm gerade einfiel. Und den Leuten von Sodom fielen nicht etwa schöne und gute Dinge ein, sondern sie hatten anscheinend großen Spaß daran, sich gegenseitig zu beleidigen und zu verachten. Niemand war davor sicher, von den anderen belogen, betrogen oder verleumdet zu werden. Die Männer ließen ihre Frauen und Kinder im Stich, überfielen Reisende auf den Straßen und taten schändliche Dinge. Sie achteten auch die Regeln der Gastfreundschaft nicht. Wenn ein Fremder in die Stadt kam, hießen sie ihn nicht etwa willkommen und halfen ihm, sich zurechtzufinden, sondern hielten ihn zum Narren, betrogen ihn und lachten über seine Hilflosigkeit.

In dieser Stadt wohnte nun Lût mit seiner Frau und seinen Töchtern. Beständig sprach Lût als Gesandter Gottes zu den Leuten: „Wollt ihr denn nicht gewissenhaft vor Gott sein und Seinen Geboten folgen? Er hat mich zu euch gesandt, und mein Lohn dafür kommt nur von Ihm, dem Herrn der Welten. Außer bei Ihm gibt es keine wirkliche Macht." Er ermahnte sie, einander zu achten und keine Schändlichkeiten zu begehen, und er erinnerte sie daran, dass Gott den Menschen eine besondere Würde gegeben hat, damit sie einander lieben und Frieden und Geborgenheit beieinander finden. Die Menschen sollen einander helfen und sich nicht gegenseitig ausnutzen, verachten und betrügen. Sie sollen ihre Eltern und Ehepartner achten und liebevoll zu ihren Kindern sein.

Anfangs lachten die Leute von Sodom Lût aus, aber als er immer noch unbeirrt weiter lehrte, wurden sie ärgerlich und riefen: „Wenn du nicht den Mund hältst, werfen wir dich hinaus!" Und sie hörten einfach nicht mehr auf ihn.

Lût sagte: „Es ist abscheulich, was ihr tut", und er betete zu Gott um Hilfe und Schutz. Endlich erschienen eines Tages die beiden Boten Gottes, die zuvor Ibrahims Gäste gewesen waren. Sie gingen geradewegs zu Lûts Haus. „Friede sei mit dir!", sagten sie. „Und mit euch sei Friede!", erwiderte Lût. Er ließ sie eintreten und verriegelte sofort von innen die Tür. „Ihr scheint ungewöhnliche Leute zu sein", begann er dann das Gespräch.

Indessen hatte sich aber auch schon in der Stadt herumgesprochen, dass Lût Gäste bekommen hatte. Betrunkene Männer kamen vor seinem Haus zusammengelaufen. Sie schlugen gegen die verriegelte Tür und schrien und verlangten von Lût, ihnen sofort die beiden Fremden auszuliefern, damit sie ihren Mutwillen mit ihnen treiben konnten. Lût wusste, dass er gegen den Pöbel nicht viel ausrichten konnte. Wie sollte er seine Gäste vor der tobenden Masse beschützen, wie es die Pflicht eines gewissenhaften Menschen ist?

„Was für ein schrecklicher Tag!", rief er aus. Schon wollte die Menge mit Gewalt in sein Haus eindringen. Verzweifelt sprach er zu ihnen: „Was für ein schreckliches Ansinnen! Das wäre ja noch schlimmer, als wenn ich euch meine eigenen Töchter ausliefern würde. Habt doch Ehrfurcht vor Gott und bringt mich nicht in Schande mit meinen Gästen. O weh, gibt es denn keinen einzigen anständigen Menschen unter euch?" „Wir brauchen deine Töchter nicht!", schrie der Pöbel. „Du weißt ganz genau, was wir wollen." Lût sagte: „Hätte ich doch die Macht, euch mit Gewalt an euren Schandtaten zu hindern! Oder hätte ich doch wenigstens einen mächtigen Freund hier, der mir helfen könnte!" Die Lage schien wirklich aussichtslos zu sein.

Da sagten die beiden Fremden zu Lût: „Wir sind Boten von deinem Schöpfer und Erhalter. Mache dir deshalb keine Sorgen um uns oder um deine Sicherheit. Sie werden nicht an dich herankommen können. Verlass noch in dieser Nacht mit deiner Familie diese Stadt und lass niemanden zurückschauen. Denn wenn einer zurückblickt, dann teilt er das Schicksal des Volkes. Beeil dich. Am Morgen trifft das Unheil ein. Sieh, der Morgen ist schon nah."

Da versammelte Lût seine Familie und führte sie heimlich aus dem Haus und aus der Stadt heraus. Alles ließen sie hinter sich zurück und eilten auf das Gebirge zu, ohne sich umzusehen. Nur Lûts Frau dachte beständig an das, was sie zurückgelassen hatte. Was nun, wenn das Unheil gar nicht käme? Dann wäre sie umsonst ohne alles Hab und Gut in die eisige Nacht hinausgeflohen. Sie blieb stehen und schaute sich um.

Inzwischen war der Morgen angebrochen, und mit gewaltigem Donnerschlag stürzten glühendheiße Steine vom Himmel auf Sodom. Die ganze Stadt ging in Flammen auf und wurde dann von der gewaltigen Steinmasse bedeckt, sodass nichts davon zurückblieb. Das Oberste wurde zuunterst gekehrt. Dieses schreckliche Ereignis muss Lûts Frau gesehen haben, denn

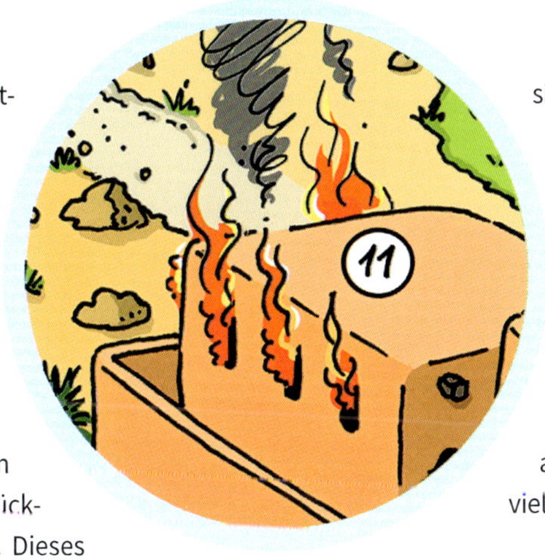


sie erstarrte vor Schreck und wurde zu einer Salzsteinsäule. Lût und die anderen aber gelangten an einen sicheren Ort und waren gerettet.

Der Ort, wo einst die Stadt Sodom lag, liegt heute auf dem Grund des Toten Meeres. Der Name kommt daher, dass sein Wasser so salzig ist, dass kein Wesen darin leben kann. Weder Fische noch andere Tiere gibt es dort. Auch in der umliegenden Wüste gibt es nichts als trockenes, lebloses Gestein. Dennoch ziehen viele Menschen aus dieser Geschichte keine Lehre.

*Gottes Friede sei mit Lût.*

## Zugrunde liegende Qur'antexte

| | |
|---|---|
| **Surah 6:86** | mit anderen prophetischen Persönlichkeiten: ausgezeichnet vor den Welten |
| **Surah 7:80 – 84** | Lehre, Rettung |
| **Surah 11:77 – 83** | Lûts Gäste, Rettung, Untergang Sodoms |
| **Surah 15:57 – 77** | Lûts Gäste, Rettung, Erfahrung als warnendes Beispiel |
| **Surah 21:74 – 75** | Rettung, Rechtschaffenheit |
| **Surah 26:160 – 175** | Lehre, Rettung mit Ausnahme der Frau |
| **Surah 27:54 – 58** | Auseinandersetzung mit dem Volk, Untergang Sodoms |
| **Surah 29:26 – 35** | Lût wandert mit Ibrahim aus, Lehre, Lûts Gäste |
| **Surah 37:133 – 138** | Rettung mit Ausnahme der Frau |
| **Surah 66:10** | Lûts Frau als warnendes Beispiel |

## Biblische und andere Parallelen

**Genesis 19:1 – 29**

## Anmerkungen

Im Qur'an wird Lûts Rolle als prophetischer Lehrer betont. In seiner Sorge um seine Gäste kommt die Heiligkeit des Gastrechts zum Ausdruck, ein Prinzip, das von den Bewohnern Sodoms offensichtlich grob verletzt wird.

Auch hier erscheint wieder das im Qur'an zentrale Motiv der individuellen Verantwortlichkeit: Lûts Frau, die wiederholt erwähnt wird, einmal sogar als allgemeines warnendes Beispiel, kann sich nicht auf die Verdienste ihres prophetischen Ehemannes berufen, sondern muss für ihre eigene Haltung einstehen.

## Ibrahim und Ismail bauen die Ka'ba

# 12 Der Bereichernde

Als Ismail erwachsen geworden war, konnte man das öde Wüstental, in dem Ibrahim ihn und seine Mutter einst zurückgelassen hatte, nicht mehr wiedererkennen. Statt kahler Felsen und trockenem Sand war um den Brunnen Zamzam herum eine richtige Stadt entstanden. Immer, wenn Ibrahim Hajara und Ismail besuchen kam, war die Stadt wieder um ein paar Häuser angewachsen. Auf dem Markt gab es viele verschiedene Waren und merkwürdige Dinge, denn die Stadt lag direkt an der Karawanenstraße zwischen Palästina und Jemen und hatte deshalb Verbindung mit vielen fernen Ländern. Die reisenden Kaufleute freuten sich, einen angenehmen Rastplatz gefunden zu haben. Sie luden ihre Waren ab: Elfenbein, Gewürze, seltsame Stoffe, edle Steine und Metalle. Sie tränkten ihre Tiere, ruhten sich aus und zerstreuten sich beim Geschichtenerzählen und beim Vortragen von Gedichten. Diese Stadt nannte man Makkah.

Gott gab Ibrahim und Ismail die Anweisung, in Makkah ein Haus zu bauen. Aber in diesem Haus sollte niemand wohnen. Darin sollten sich die Menschen versammeln, wenn sie zu Gott beten wollten, ohne dass sie jemand störte oder ablenkte.

Ibrahim und Ismail sammelten Steine und bearbeiteten sie, sodass sie richtige Bausteine wurden. Mitten in der Stadt auf einem großen freien Platz begannen sie dann mit der Arbeit. Als sie das Fundament gelegt hatten, beteten sie gemeinsam: „Unser Schöpfer und Erhalter, nimm diese Arbeit von uns an. Du bist doch der, der alles hört und weiß. Unser Herr, mach uns zu Deinen Dienern, und lass auch unsere Nachkommen Deine Diener sein. Zeig uns, wie wir zu Dir beten sollen, und vergib uns. Nur Du bist der Vergebende, der Barmherzige. Unser Schöpfer und Erhalter, erwecke aus der Mitte der Menschen aus Makkah einen als Deinen Gesandten, damit er den Menschen Deine Offenbarung vorträgt und sie in der Schrift und Weisheit unterweist, und lass die Stadt gedeihen und wachsen. Nur Du bist der Mächtige und Weise.“

Das Gebetshaus wurde ein einfaches, würfelförmiges Gebäude. Es war höher als die übrigen Häuser von Makkah, denn damals bauten die Menschen dort noch keine Häuser mit mehreren Stockwerken. Täglich versammelten sich die Einwohner der Stadt dort zum Gebet oder um den Weisen zuzuhören, wenn sie von Gott und Seinen Gesandten erzählten. Da dieses Gebetshaus wie ein Würfel aussieht, nennt man es auf arabisch Ka'ba. Jahrtausende sind bisher vergangen, und die Ka'ba steht noch immer im Zentrum von Makkah. In der Zwischenzeit hatten die Menschen sie für ihren Götzendienst missbraucht, bis unser Prophet Muhammad kam und die Götzen hinauswarf und die Menschen an den einzigen Gott erinnerte.

Jedes Jahr reisen Tausende von Muslimen nach Makkah. Sie laufen um die Kaaba herum, wie die Planeten um die Sonne kreisen. Längst ist dieses Gebetshaus zu klein für all die Menschen, die zu Gott beten. Wenn wir beten, zu Hause oder in der Moschee oder irgendwo auf der Welt, wenden wir uns in Richtung Makkahs. Denn von hier kam das Licht des Islam zu allen Menschen, erst durch Ibrahim, Gottes Freund, und seine Söhne Ismail und Ishâq und zuletzt durch Gottes letzten Gesandten Muhammad, der die ganze Menschheit dazu aufrief, Brüder und Schwestern vor Gott zu sein.

## Zugrunde liegende Qur’antexte

**Surah 2:124 – 136** Bund mit Ibrahim, Mekka, Bau der Ka‘ba, Fürbitte für Nachkommen, Religion Ibrahims

**Surah 3:65 – 68** Streit der Schriftreligionen um Ibrahim

**Surah 3:95 – 97** Religion Ibrahims, Mekka, Standplatz Ibrahims

**Surah 16:120** Ibrahim war eine Ummah

**Surah 53:37** Schrift Ibrahims

**Surah 87:19** Schrift Ibrahims

## Biblische und andere Parallelen

Zu den Erzählungen im Zusammenhang mit der Stadt Makkah gibt es keine biblischen Parallelen, abgesehen von möglichen Hinweisen darauf, dass Abraham an verschiedenen Stellen Gott einen Altar baut.

## Anmerkungen

Die Ka‘ba, die als das älteste Gebetshaus gilt, das dem Einen Gott geweiht ist, ist ein schlichtes, würfelförmiges Gebäude, das innen leer ist: ein Symbol für das Herz, das von allen Anhaftungen leer und frei sein soll, um Gottes Haus im menschlichen Inneren zu sein.

Die Pilger umschreiten die Ka‘ba und berühren nach Möglichkeit den Schwarzen Stein, der als Eckstein in die Wand eingelassen ist. Darauf folgen zwei Gebetseinheiten am „Standplatz Ibrahims“. Im übertragenen Sinne ist der „Standplatz Ibrahims“ die innere Haltung, mit der Ibrahim nach Gott gesucht, sich mit den Götzen auseinandergesetzt und eine Reihe von Lebensprüfungen bestanden hat.

Die Geschichte von Yusuf

# 13 Der Vergebende

Ishâq hatte einen Sohn, der Yaqûb hieß. Als dieser erwachsen war, heiratete er und bekam im Laufe der Jahre zwölf Söhne und zahlreiche Töchter. Diese halfen schon seit ihrer Jugend ihrem Vater bei verschiedenen Arbeiten auf dem Feld oder hüteten die Schafe und Ziegen. Yaqûb war ein guter Vater. Er hatte alle seine Kinder lieb. Am meisten aber liebte er seinen zweitjüngsten Sohn Yusuf. Da wurden seine Brüder auf ihn eifersüchtig.

Eines Nachts hatte Yusuf einen Traum, und als er am Morgen aufstand, erzählte er ihn seinem Vater: „Ich sah, wie sich elf Sterne, Sonne und Mond vor mir verbeugten." Da sah Yaqûb, dass Yusuf von Gott für eine besondere Aufgabe auserwählt war. Er sagte zu ihm: „Mein lieber Sohn, sprich nicht mit deinen Brüdern über diesen Traum, denn sie werden sonst vielleicht neidisch und versuchen, dir etwas anzutun. Das Böse ist ein verschworener Feind der Menschen und flüstert ihnen boshafte Gedanken ein. Du bist von Gott auserwählt, und Er wird dich die Deutung von Visionen und Ereignissen lehren und dir Gutes geben, so wie Er mir und meinen Vorfahren Gutes gegeben hat."

Yusufs eifersüchtige Brüder redeten untereinander: „Unser Vater liebt Yusuf und unseren jüngsten Bruder mehr als uns alle. Am meisten liebt er Yusuf. Wir anderen sind ihm gleichgültig. Wirklich, er ist alt, und sein Verstand ist nicht mehr klar." Einer der Brüder schlug vor: „Warum töten wir Yusuf nicht? Oder wir können ihn auch in ein fremdes Land schicken, dann hat der Vater nur noch uns. Später können wir dann ja immer noch Gutes tun, damit die Schandtat ausgeglichen wird." Ein anderer sagte: „Töten wollen wir ihn nicht, das ist zu grausam, und immerhin ist er ja unser Bruder. Wir können ihn ja in einen leeren Brunnen werfen. Dort finden ihn dann die Reisenden und nehmen ihn mit." Damit waren die anderen einverstanden, und sie machten einen Plan.

Am nächsten Tag sagten sie zu ihrem Vater: „Vater, warum lässt du nicht Yusuf mit uns gehen, damit er draußen spielen kann? Wir wollen auch gut auf ihn aufpassen, damit ihm kein Unheil geschieht. Das macht ihm sicher Freude." Yaqûb erwiderte: „Es macht mir wirklich Sorgen, wenn Yusuf nicht zu Hause ist. Ich fürchte, dass ihn der Wolf frisst, wenn ihr nicht auf ihn aufpasst." Die Brüder aber sagten: „Der Wolf wird ihn schon nicht fressen, denn wir sind viele, und er müsste uns schon alle töten, bevor er unseren Bruder angreifen kann."

Schließlich gab der Vater schweren Herzens seine Erlaubnis, und die Brüder nahmen Yusuf mit auf die Weide. Als sie weit draußen waren, wo kein Mensch sie hören konnte, packten sie Yusuf plötzlich und warfen ihn in einen ausgetrockneten Brunnen. Dann schlachteten sie ein Schaf, bespritzten Yusufs Hemd mit dem Blut und gingen nach Hause. „Vater!", riefen sie, „während wir beim Wettlauf waren, ließen wir Yusuf bei unseren Sachen zurück. Und da kam ein Wolf und verschlang ihn. Aber du wirst uns sicher nicht glauben, obwohl wir die Wahrheit sagen." Dabei weinten sie heuchlerische Tränen.

Yaqûb sah das blutbefleckte Hemd und sprach: „Nein, ihr sagt nicht die Wahrheit, sondern ihr habt euch eine Geschichte ausgedacht, um mich zu betrügen. Was kann ich tun, als mich auf Gott verlassen und Ihn um Hilfe bitten?" Er weinte sehr.

Inzwischen saß Yusuf einsam in dem verlassenen Brunnenloch. Es wurde dunkel, und die Nacht brach herein. Aber Yusuf hatte keine Angst. Er wusste, dass Gott ihn nicht verlassen hatte. Eines Tages würde er seinen Brüdern und seinen Eltern sagen können, was hier geschehen war.

Am nächsten Tag kam eine Karawane vorbei. Die Reisenden erblickten den Brunnen und hielten an, um Wasser zu schöpfen. Aber wie verwundert waren sie, als sie statt des Wassers einen Jungen aus dem Brunnen zogen! Sie wussten nicht so recht, was sie mit ihm anfangen sollten, aber da kamen auch schon Yusufs Brüder mit den Schafen, die sie zur Weide trieben. Sie sagten

zu den Fremden: „Wenn ihr diesen Jungen mitnehmen wollt, dann verkaufen wir ihn euch." Sie verkauften ihn sehr billig, weil sie ihn unbedingt loswerden wollten, und die fremden Kaufleute versteckten ihn unter ihren Waren, denn sie hatten bei alledem ein schlechtes Gewissen.

So zogen sie weiter, bis sie nach tagelanger beschwerlicher Wüstenreise nach Ägypten kamen. Dort verkauften sie ihre Waren und boten auf dem Markt auch Yusuf als Sklaven an. Nicht lange darauf kam ein reicher Mann auf den Markt. Er hieß Azîz und war ein hoher Beamter am Hof des Pharao. Da er gerade einen Sklaven brauchte und ihm der hübsche Junge gut gefiel, kaufte er Yusuf und brachte ihn nach Hause. Zu seiner Frau Sulaikha sagte er: „Behandle ihn gut, denn vielleicht bringt er uns Glück, oder wir nehmen ihn als Sohn an." Sie hatten nämlich keine Kinder.

So blieb Yusuf in Ägypten. Bald lernte er, die fremde Sprache fließend zu sprechen, und wuchs zu einem kräftigen und klugen jungen Mann heran. Noch bevor er erwachsen war, meisterte er alle Wissenschaften und Künste des Landes, und Azîz beobachtete ihn dabei mit Freude, denn Yusuf war für ihn tatsächlich wie ein eigener Sohn geworden. Das ganz Besondere an Yusuf war, dass Gott ihn lehrte, Träume und merkwürdige Ereignisse zu deuten.

Ägypten liegt an den Ufern des Flusses Nil. Jedes Jahr, wenn in den fernen Gebirgen in Afrika, wo die Nilquellen liegen, Regen fiel, überschwemmte der Fluss das ganze Land und brachte fruchtbaren schwarzen Schlamm auf die Felder. Wäre einmal der Regen im Gebirge ausgeblieben, so hätte der Nil im Sommer nicht genug Wasser geführt, und in Ägypten hätte nichts wachsen können. Dies ist ein großes Wunder Gottes. Aber die Ägypter hatten Gott längst vergessen. Ihre Priester lehrten, es sei der König, der jedes Jahr Wasser und fruchtbaren Schlamm nach Ägypten kommen ließ und das Volk versorgte, also sollte man ihn und seine Götzen verehren. Dem König war das nur recht. Er behandelte das Volk wie Sklaven. Selbstverständlich beteiligte sich Yusuf nicht an diesem Götzendienst. Er erinnerte sich an das, was seine Eltern ihm von Gott und Seinen Gesandten erzählt hatten, und er dachte auch selbst nach.

Im Laufe der Zeit gefiel der junge Mann Sulaikha immer besser. Die verwöhnte, gelangweilte Dame verliebte sich in ihn. Als ihr Mann eines Tages ausgegangen war, kam sie zu Yusuf, verschloss alle Türen, lächelte ihn an und sagte: „Komm nun, Lieber." Aber Yusuf antwortete: „Gott bewahre mich davor! Dein Mann ist mein Herr und hat Vertrauen zu mir, und ich werde ihn nicht betrügen, nachdem er mich so gut behandelt und mir das Leben im fremden Land so leicht gemacht hat! Untreue bringt nichts Gutes."

Aber Sulaikha ließ sich nicht abweisen, sondern versuchte mit Gewalt, Yusuf zu umarmen. Er wehrte sich und riss sich los, und sie wollte ihn am Hemd festhalten, aber das Hemd zerriss, und er war frei und lief zur Tür.

In diesem Augenblick kam Azîz nach Hause und fand die beiden so aufgeregt und seine Frau mit einem Fetzen von Yusufs Hemd in der Hand. Sie hatte natürlich Angst, ihr Mann könnte böse auf sie sein, deshalb versuchte sie schnell, sich herauszureden. „Dieser Taugenichts!", rief sie.

„Als du weg warst, wollte er mich belästigen. Ist das der Dank für unsere gute Behandlung? Man sollte ihn streng dafür bestrafen."

Yusuf dagegen sagte: „So war es nicht, sondern sie hat versucht, mich zu verführen.“ So sprachen sie beide vor dem Hausherrn, und dieser wusste nicht, was er tun sollte, bis jemand ihm riet: „Wenn Yusufs Hemd vorn zerrissen ist, dann ist ihre Anklage richtig, ist es aber von hinten zerrissen, dann lügt sie, und er sagt die Wahrheit.“

Azîz fand nun ganz richtig, dass Yusufs Hemd von hinten zerrissen war, und er war sehr enttäuscht, dass seine Frau versucht hatte, ihn zu betrügen und auch noch falsche Beschuldigungen gegen Yusuf vorzubringen. Er forderte sie auf, sich bei Yusuf zu entschuldigen und ihn in Zukunft in Frieden zu lassen.

Die Geschichte sprach sich jedoch bald bei den Damen der Stadt herum und wurde zu einem richtigen Skandal. Alle sprachen über Sulaikha und lachten sie aus. „Habt ihr schon gehört“, hieß es, „sie hat versucht, ihren Sklaven zu verführen. Wie kann man sich nur in einen Sklaven verlieben! Ach, vielleicht ist sie wirr im Kopf, die Arme!“

Das Gerede kam natürlich auch Sulaikha zu Ohren. Sie schämte sich, zum Gesprächsthema der ganzen Stadt geworden zu sein. Um sich zu rechtfertigen, lud sie alle einflussreichen Damen ein. Jede von ihnen bekam ein Messer, mit dem sie die Früchte schälen konnte, die Yusuf zum Nachtisch servierte. Als nun die Damen diesen hübschen jungen Mann erblickten, vergaßen sie darüber alles andere und riefen aus: „Gott bewahre uns! So schön kann doch kein Mensch sein! Vielleicht ist er ein Engel!“ Und so erstaunt waren sie, dass sie nicht achtgaben und sich in die Finger schnitten. Sulaikha sagte zu ihnen: „Das ist der Mann, für den ihr mir Vorwürfe macht. Ich war in ihn verliebt und wollte ihn verführen, aber er wehrte sich und gab nicht nach. Aber wenn er jetzt nicht tut, was ich verlange, will ich wirklich dafür sorgen, dass er ins Gefängnis geworfen wird und sein Ansehen verliert.“

Die Frauen stimmten ihr sofort zu. „Er soll alles tun, was du von ihm verlangst“, sagten sie, „sonst wollen wir alle dafür sorgen, dass er ins Gefängnis kommt.“ Yusuf aber sagte: „Das Gefängnis ist mir lieber als das, wozu mich diese Frauen erpressen wollen. Mein Herr, wenn Du nicht ihre Nachstellung von mir abgewendet hättest, dann hätte ich vielleicht gar in meinem jugendlichen Leichtsinn nachgegeben und damit zu den Unwissenden gehört.“

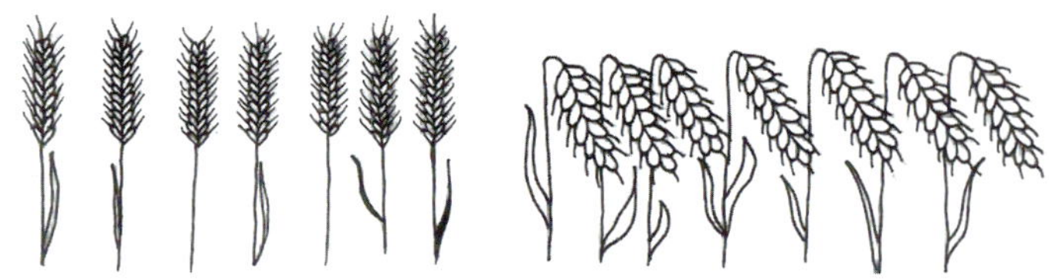

Die Frauen benutzten ihren ganzen Einfluss, um Yusuf ins Gefängnis zu bringen, und selbst Azîz war schließlich damit einverstanden, denn er meinte, dass dadurch der Skandal am ehesten in Vergessenheit geriete.

Bald lernte Yusuf auch seine Mitgefangenen kennen. Einer von ihnen war früher Mundschenk des Pharao gewesen.

Der andere war Bäcker am Königshof. Beide waren wegen irgendeines Vergehens ins Gefängnis gekommen, und beide beteuerten ihre Unschuld. Eines Tages hatten diese beiden Männer einen Traum und erzählten am nächsten Morgen Yusuf davon. Der eine sagte: „Ich sah, wie ich für den König Trauben auspresste.“ Der andere berichtete: „In meinem Traum ging ich eine Straße entlang und trug Brot auf meinem Kopf. Da kamen Vögel und fraßen von dem Brot.“ Und da sie wussten, dass Yusuf Träume deuten konnte, baten sie ihn, ihnen die Bedeutung zu enthüllen.

Yusuf sprach: „Bevor ihr euer Frühstück bekommt, werdet ihr die Bedeutung eurer Träume erfahren. Das ist ein Teil der Aufgabe, die Gott mir gegeben hat. Denn ich habe nicht die Lebensweise derer, die nicht an Gott glauben und das zukünftige Leben leugnen, sondern ich folge der Lebensweise meiner Väter, Ibrahim, Ishâq und Yaqûb.“ Und er erzählte ihnen viel von Gott und forderte sie auf, Ihm allein zu vertrauen und Ihm keine Götzen zur Seite zu stellen. Schließlich sagte er zu dem Mundschenk: „Dein Traum bedeutet, dass du in kurzer Zeit wieder als Mundschenk zum König zurückkehren wirst.“ Aber zu dem Bäcker sagte er: „Dein Traum bedeutet, dass du zum Tode verurteilt und gekreuzigt wirst, und die Vögel werden von deinem Kopf fressen. Zu dem Mundschenk sagte er noch: „Wenn du zu deinem Herrn zurückkommst, dann berichte ihm doch, wie ich deinen Traum gedeutet habe, und dass ich unschuldig im Gefängnis sitze."

Schon bald geschah es, wie Yusuf vorausgesagt hatte. Der Bäcker wurde zum Tode verurteilt und hingerichtet, und der Mundschenk wurde aus dem Gefängnis entlassen und kehrte an den Hof des Königs zurück. Aber er vergaß Yusuf sofort, und dieser musste noch ein paar Jahre lang im Gefängnis bleiben.

Eines Nachts hatte der König einen Traum und berichtete am nächsten Morgen seinen Beratern: „Ich sah im Traum sieben fette Kühe, und dann kamen sieben magere Kühe und verschlangen die sieben fetten Kühe. Davon wachte ich auf. Als ich wieder eingeschlafen war, sah ich sieben volle Kornähren, und dann kamen sieben leere Kornähren und verschlangen die sieben vollen. Was kann das nur bedeuten? Ich bin sehr besorgt. Könnt ihr mir die Deutung sagen?" Die Berater antworteten: „Ein merkwürdiger Traum! Aber wir haben nicht gelernt, Träume zu deuten."

Dies hörte auch der Mundschenk, und gleich fiel ihm ein, was er viele Jahre zuvor vergessen hatte. Er sagte zum König: „Ich kann vielleicht die Deutung von irgendwoher besorgen." Sogleich eilte er zum Gefängnis und fand Yusuf immer noch dort. „Yusuf", sagte er, „enthülle mir die Bedeutung von diesem Traum, damit ich sie dem König mitteilen kann." Yusuf erwiderte: „Dieser Traum ist äußerst wichtig für das ganze Land. Sieben Jahre lang wird nämlich der Nil genügend Wasser führen, sodass ganz Ägypten grünt und die Ernte reichlich wird. Alle werden genug zu essen und Früchte und Fleisch im Überfluss haben. Hütet euch aber, alles gleich zu verzehren. Ihr sollt vielmehr den größten Teil der Ernte als Vorrat speichern. Denn gleich darauf werden sieben Hungerjahre kommen, wo ihr diese Vorräte dringend braucht bis auf einen kleinen Teil, den ihr als Saatgut behalten sollt, denn danach wird es wieder genügend Wasser geben zum Säen und Ernten. Und nur Gott ist es, der den Menschen und Tieren Nahrung und Wasser gibt. So zeigt Gott die Wahrheit."

Der Mundschenk kehrte eilig in den Palast zurück und teilte den Beratern des Königs die Deutung mit. Diese wiederum beeilten sich, sofort dem König davon zu berichten, der sich außerordentlich wunderte und nachforschen ließ, woher sie die Deutung bekommen hatten. So erfuhr er schließlich von Yusuf und befahl, ihn augenblicklich freizulassen und zu ihm in den Palast zu bringen.

Sofort lief ein Bote ins Gefängnis, um Yusuf zu holen, aber dieser weigerte sich. „Geh zu deinem Herrn zurück", sagte er, „und frage ihn, ob jene Damen inzwischen zu Verstand gekommen sind, die sich damals in die Finger geschnitten hatten. Denn mein Herr kennt sicherlich ihre Nachstellungen."

So kehrte der Bote zum König zurück und berichtete, was Yusuf ihm gesagt hatte. Der König ließ sofort die Damen der Stadt holen und stellte sie zur Rede: „Was hattet ihr vor, als ihr ihn so schändlich erpressen wolltet?" Die Damen erwiderten: „Gott bewahre uns! Wir haben nichts Böses gegen ihn vor." Und Sulaikha sagte: „Jetzt liegt die Wahrheit klar und offen da. Ich war diejenige, die ihn verführen wollte, aber er gehört zu den Treuen und Ehrlichen. Sagt ihm, dass ich in seiner Abwesenheit nichts Schlechtes mehr geplant habe, denn Gott hilft den Bösen nicht. Die Seele der Menschen ist sicher schwach gegenüber schlechten Gedanken, bis Gott uns Seine Barmherzigkeit schenkt. Und Er ist der Vergebende und Barmherzige." Da befahl der König, Yusuf sofort aus dem Gefängnis freizulassen. „Ich will ihn zu meinem persönlichen Berater ernennen", dachte er sich dabei.

Als er diese Nachricht vernahm, badete Yusuf und zog neue Kleider an, die der König Pharao ihm hatte bringen lassen. Als er in den Palast eintrat, sprach er: „Gott, ich bitte Dich um ein wenig Gutes von ihm und nehme Zuflucht zu Dir vor dem Bösen an ihm." Dann grüßte er den König in seiner eigenen Muttersprache. Der König war sehr verwundert. Er verstand nämlich zahlreiche Sprachen, diese aber hatte er noch nie gehört. „Was ist das für eine Sprache?", fragte er. Yusuf erwiderte: „Das ist die Sprache meiner Vorfahren."

Darauf redete der Pharao mit Yusuf in allen Sprachen, die er kannte, und Yusuf versäumte nicht, ihm in jeder Sprache zu antworten, wovon der Pharao sehr beeindruckt war. Er sagte zu Yusuf: „Ich will dich heute besonders auszeichnen und dich zu meinem Minister machen." Yusuf erwiderte: „Lass mich dann die Getreidespeicher verwalten, denn von ihnen hängt das Schicksal des ganzen Landes ab." So wurde Yusuf zum obersten Verwalter der Kornspeicher, und er war verantwortlich dafür, dass selbst während der sieben mageren Jahre niemand im Land zu hungern brauchte.

Alles traf nämlich so ein, wie der König geträumt hatte. Sieben Jahre lang wuchsen Korn und Früchte im Überfluss. Der größte Teil der Ernte wurde in den Speichern gelagert. Dann kamen sieben Jahre, in denen es nicht genug Wasser gab und die Pflanzen auf den Feldern vertrockneten. Da wurden die Speicher geöffnet, und das Korn wurde an die Bevölkerung verteilt.

Auch da, wo Yaqûb mit seinen Söhnen wohnte, kamen sieben trockene Jahre, und da die Menschen dort nichts von der nahenden Hungersnot gewusst und deshalb auch kein Getreide aufbewahrt hatten, gab es bald nichts mehr zu essen. Yaqûb hörte, dass es in Ägypten Getreide gab, und er gab seinen Söhnen Geld, damit sie dort welches einkauften. Die zehn älteren Söhne machten sich auf den Weg, aber der jüngste blieb bei den Eltern zu Hause.

Als die Brüder nach Ägypten kamen, fragten sie, wo man denn hier Getreide kaufen könnte, und sie wurden zu Yusuf geschickt, der in seinen ägyptischen Kleidern ganz fremd aussah und außerdem die ägyptische Sprache sprach, sodass sie ihn überhaupt nicht erkannten. Yusuf dagegen wusste wohl, wen er vor sich hatte, aber er gab sich nicht zu erkennen, sondern erkundigte sich höflich nach ihrer Herkunft und ihrer Familie, während sie den Preis für das Korn aushandelten. Sie erzählten von ihrem alten Vater und von ihrem jüngsten Bruder, der zu Hause geblieben war, und Yusuf konnte nur mit Mühe die Tränen zurückhalten. Schließlich sagte er zu ihnen: „Wenn ihr das nächste Mal wiederkommt, müsst ihr euren jüngsten Bruder unbedingt mitbringen. Ich mache ein ehrliches Geschäft mit euch. Aber wenn ihr wiederkommt, ohne ihn mitzubringen, sollt ihr überhaupt nichts bekommen und braucht gar nicht erst in meine Nähe zu kommen." Darüber wunderten sich die Brüder, aber sie sagten: „Wir wollen ganz bestimmt versuchen, von unserem Vater die Erlaubnis dazu zu bekommen."

Inzwischen hatten die Diener die Kornsäcke aufgeladen, und Yusuf hatte ihnen befohlen, heimlich auch das Geld der zehn Brüder mit in die Säcke zu legen, denn er wollte sicher sein, dass sie auch wiederkamen. Dann reisten die Brüder in ihre Heimat zurück. Als sie zu Hause ankamen, erzählten sie ihrem alten Vater alles, was unterwegs geschehen war. Sie sagten: „Der ägyptische Verwalter will uns kein Korn mehr verkaufen, wenn wir nicht das nächste Mal unseren jüngsten Bruder mitbringen. Lass ihn deshalb mit uns nach Ägypten reisen. Wir wollen auch gut auf ihn achtgeben."

Der Vater schüttelte misstrauisch den Kopf. „Soll ich euch meinen jüngsten Sohn anvertrauen und dann das gleiche erleben wie mit Yusuf?", fragte er. „Gott kann am besten auf die Menschen achtgeben."

Schließlich packten die Brüder das mitgebrachte Korn aus und fanden in den Säcken ihr Geld wieder. „Sieh nur, Vater", riefen sie, „was können wir Besseres erwarten? Wir haben unser Geld zurückbekommen, und nun können wir mehr Korn für unsere Familie kaufen, wenn wir nur unseren jüngsten Bruder mitnehmen können. Vielleicht schenkt uns der ägyptische Verwalter sogar noch etwas."

Yaqûb sprach: „Ich will ihn nicht mit euch reisen lassen, wenn ihr nicht feierlich in Gottes Namen versprecht, dass ihr ihn gesund zurückbringt, es sei denn, ihr wäret selbst in Gefahr." Da legten die Brüder ein feierliches Versprechen ab und sprachen: „Gott sieht und hört alles, was wir sagen." Bevor sie abreisten, ermahnte der Vater sie noch: „Meine Söhne, tretet nicht alle durch das gleiche Stadttor in die Stadt ein, damit euch die Leute nicht verdächtigen. Das soll nur ein guter Rat sein, und niemand kann im Voraus wissen, was Gott beschlossen hat. Auf Ihn allein sollt ihr vertrauen."

Die Brüder taten alles, was der Vater ihnen aufgetragen hatte, und schließlich kamen sie wieder zu Yusuf. Yusuf empfing sie sehr freundlich und konnte kaum seine Freude über das Wiedersehen mit dem jüngsten Bruder verbergen. Aber noch gab er sich nicht zu erkennen. Nur den Jüngsten nahm er beiseite und sagte zu ihm: „Ich bin in Wirklichkeit dein Bruder Yusuf. Sei nicht mehr traurig über mein Verschwinden, denn Gott hat alles zum Besten gelenkt."

Aber nun, nach diesem Wiedersehen, wollte er sich nicht mehr von seinem jüngsten Bruder trennen, und auch den alten Vater wollte er so bald wie möglich wiedersehen. Während er also die Brüder zum Essen in seinen Palast einlud, befahl er den Dienern, nicht nur wie das erste Mal das Geld wieder in die Kornsäcke zu stecken, sondern seinen eigenen wertvollen Becher, den er vom König als Ehrengeschenk erhalten hatte, dem Jüngsten in die Satteltasche zu legen.

Zufrieden reisten bald darauf die Brüder ab. Aber sie kamen nicht weit, bis sie von Reitern eingeholt wurden. „Halt! Stehenbleiben!", riefen diese. „Ihr seid Diebe!" Erstaunt wandten sich die Brüder um. „Was fehlt euch denn?", fragten sie die Verfolger, die ägyptische Soldaten waren. „Wir vermissen den Becher des Königs. Wer ihn zurückbringt, erhält eine Belohnung", erwiderten die Reiter. Die Brüder sprachen: „Gott ist unser Zeuge, ihr wisst, dass wir nicht ins Land gekommen sind, um Verbrechen zu begehen, und wir sind keine Diebe." „Und wenn ihr nun lügt?", fragten die Reiter. „Was sollen wir tun, wenn wir beweisen, dass einer von euch der Schuldige ist?" Die Brüder sagten: „Ihr könnt unser Gepäck durchsuchen, und wenn ihr bei einem von uns den Becher findet, könnt ihr ihn zurückhalten und bestrafen."

So fingen die Reiter an, das Gepäck der Brüder zu durchsuchen, bis sie schließlich bei den Satteltaschen des jüngsten Bruders ankamen. Und hier fanden sie den Becher. Entsetzt dachten die Brüder an das Versprechen, das sie ihrem alten Vater gegeben hatten. Gleichzeitig waren sie froh, auch ihn loszuwerden, denn noch immer waren sie neidisch und eifersüchtig.

Alle kehrten sie mit den Reitern zusammen in die Stadt zurück, und als sie Yusuf wieder gegenüberstanden, sprachen sie zu ihm: „Wenn er gestohlen hat, dann ist das nicht weiter merkwürdig. Er hatte einen Bruder, der auch gestohlen hat." Damit meinten sie Yusuf, denn sie wollten sagen, er hätte die Liebe ihres Vaters gestohlen. Yusuf verstand wohl, was sie in Wirklichkeit meinten, aber er ließ sich nichts anmerken und dachte nur im Stillen: „Ihr seid in einer schlimmeren Lage als er, und Gott weiß am besten, was in Wirklichkeit geschehen ist." Die Brüder dachten aber auch daran, dass der Vater zornig auf sie werden könnte, wenn sie ihr Versprechen nicht hielten. Darum versuchten sie scheinheilig, für den Jüngsten ein gutes Wort einzulegen:

„Denk doch, er hat einen alten, ehrwürdigen Vater, der um ihn trauern wird, wenn er nicht zurückkommt. Darum nimm doch einen von uns an seiner Stelle. Wir sehen, dass du ein großzügiger Mann bist."

Aber Yusuf erwiderte: „Das verhüte Gott, dass wir einen anderen bestrafen als den, bei dem wir den gestohlenen Becher gefunden haben. Denn das wäre ja wirklich eine Ungerechtigkeit!" Als die Brüder sahen, dass Yusuf nicht nachgeben wollte, sagte der Älteste zu den anderen: „Nun stehen wir hier mit dem Versprechen an unseren Vater, das wir nicht halten können. Und zuvor haben wir uns an Yusuf vergangen, nur wegen eurer Eifersucht. Darum will ich dieses Land nicht verlassen, bis mein Vater es mir erlaubt oder Gott es mir befiehlt. Kehrt zu unserem Vater zurück und berichtet wahrheitsgemäß, was geschehen ist." Selbst blieb er in Ägypten zurück, um den jüngsten Bruder nicht im Stich zu lassen.

Mit schlechtem Gewissen reisten die Brüder heim, und als sie ihrem Vater gegenüberstanden, sagten sie: „Vater, dein jüngster Sohn hat in Ägypten einen Diebstahl begangen, heimlich und ohne unser Wissen. Wir haben nur gesehen, dass der gestohlene Becher bei ihm gefunden wurde. Wenn du uns nicht glaubst, kannst du in der Stadt nachfragen, wo wir gewesen sind, oder bei den Reisegefährten in unserer Karawane, denn diesmal sagen wir wirklich die Wahrheit."

Aber Yaqûb erwiderte: „Nein, diese Geschichte könnt ihr nicht einmal selbst glauben. Ich weiß nicht, was wirklich geschehen ist, darum bleibt mir nichts anderes übrig als Geduld zu üben und mich auf Gott zu verlassen. Vielleicht bringt Er am Ende alle wieder zu mir zurück." Dann wandte er sich von ihnen ab und weinte, bis seine Augen trübe wurden. Seine Söhne machten ihm Vorwürfe: „Du wirst nie aufhören, an Yusuf zu denken, bis du krank wirst oder stirbst", aber er erwiderte: „Ich klage nur vor Gott meinen Schmerz, und ich weiß von Gott, was ihr nicht wisst." Denn tief in seinem Herzen glaubte er, dass irgendwo in der Welt Yusuf noch am Leben war und dass sein jüngster Sohn kein Dieb sein konnte.

Schließlich schickte Yaqûb seine Söhne wieder nach Ägypten. Diesmal hatten sie nicht einmal genug Geld übrig, aber Yaqûb sprach: „Geht und sucht nach Yusuf und seinem Bruder, und gebt die Hoffnung auf Gottes Barmherzigkeit nicht auf, denn niemand kann Gottes Barmherzigkeit aufgeben außer denen, die keinen Glauben haben."

In Ägypten traten die Brüder wieder vor den Verwalter der Kornspeicher. Verschämt sagten sie zu ihm: „Hoher Herr, Verzweiflung hat uns und unsere Familie ergriffen. Wir haben nicht genug Geld. Gib uns doch bitte ein volles Maß an Korn, und gib uns als Almosen, was wir nicht bezahlen können, denn Gott belohnt die Freigiebigen." Yusuf schaute sie streng an. „Nun kommt ihr und bittet um Almosen und sprecht von Gottes Belohnung. Habt ihr bei allem, was ihr Yusuf und seinem Bruder angetan habt, auch einmal an Gottes Gerechtigkeit gedacht?" Erschrocken schauten die Brüder einander an. Wie konnte der fremde Verwalter wissen, wie sie sich ihren Brüdern gegenüber verhalten hatten? Sie erinnerten sich, wie sie Yusuf an die fremden Reisenden verkauft hatten, die auf dem Weg nach Ägypten waren, und endlich fragten sie zaghaft: „Bist du etwa Yusuf?" „Ich bin Yusuf", bestätigte der Verwalter, „und dieser Junge ist mein Bruder. Gott war uns allen gnädig. Er lässt nicht zu, dass Unrecht sich vermehrt." Da riefen die Brüder: „Gott hat dich auserwählt, und wir haben großes Unrecht begangen." Sie schämten sich sehr und hatten Angst.

Yusuf aber sagte: „Ich mache euch heute keine Vorwürfe. Gott wird euch vergeben, denn Er ist der Barmherzige. Kehrt heim zum Vater und legt mein Hemd auf sein Gesicht, dann kann er wieder klar sehen. Dann kommt alle zu mir."

Voll Freude machten sich die Brüder auf den Heimweg. Noch während sie unterwegs waren, sagte Yaqûb zu Hause: „Mir ist, als wenn ich Yusufs Geruch spüren würde." Seine Angehörigen sagten: „Ach was, du bist alt geworden, und nun bist du zerstreut." Aber dann kam einer seiner Söhne der Karawane vorausgeritten mit der frohen Nachricht. Er legte Yusufs Hemd auf das Gesicht seines Vaters, und schon konnte dieser wieder sehen. Yaqûb sagte: „Habe ich euch nicht gesagt, dass ich von Gott weiß, was ihr nicht wisst?" Als alle zu Hause waren, sagten sie zu ihrem Vater: „Wir haben wahrhaftig großes Unrecht begangen. Bitte doch Gott um Vergebung für uns." Yaqûb erwiderte: „Sicher will ich trotz allem Gott um Vergebung für euch bitten, denn Er ist der Verzeihende und Barmherzige." Bald brach die ganze Familie nach Ägypten auf. Yusuf empfing seine Eltern mit großer Freude. Er gab ihnen ein schönes Haus, sodass sie in Frieden dort wohnen konnten. Da verbeugten sich seine Eltern und Brüder vor Yusuf, und dieser sagte: „So hat dann Gott den Traum in Erfüllung gehen lassen. Gott kennt doch alle Geheimnisse."

Als Yaqûb spürte, dass er bald sterben musste, rief er seine zwölf Söhne zu sich. Er machte sich Sorgen, dass sie vielleicht in diesem fremden Land Gott vergessen könnten. Er fragte sie: „Wem werdet ihr dienen, wenn ich nicht mehr am Leben bin?" Sie antworteten: „Wir werden Gott dienen, dem du und deine Vorfahren gedient haben, Ibrahims, Ismails und Ishâqs Gott. Er ist der einzige und wahre Gott. Ihm wollen wir uns hingeben." Dieses Versprechen haben alle zwölf Söhne ihr Leben lang gehalten.

*Gottes Friede sei mit Yaqûb und Yusuf.*

## Zugrunde liegende Qur'antexte

| | |
|---|---|
| **Surah 2:133** | Jaqûb ermahnt seine Söhne, dem Einen Gott zu dienen |
| **Surah 12:3 – 102** | Verschwörung der Brüder, Aziz' Frau, Gefängnisaufenthalt, Traum des Königs, Einsetzung als Verwalter, Brüder kaufen Korn, der Becher des Königs, Wiedererkennen und Versöhnung |

## Biblische und andere Parallelen

**Genesis 37:1 – 36; 39:1 – 47:12**

## Anmerkungen

Yaqûb entspricht dem biblischen Jakob, der den Beinamen Israel hat und durch seine 12 Söhne Stammvater der 12 Stämme der Kinder Israel ist.

Yusuf entspricht dem biblischen Joseph. Die Namen der Brüder werden nicht im Qur'an, wohl aber einzelne von ihnen in der Kommentarliteratur erwähnt.

Im Qur'an wird Jaqûbs und Yusufs prophetische Rolle und die Treue gegenüber dem Einen Gott besonders hervorgehoben. Yusuf steht sprichwörtlich für menschliche Schönheit, in der sich die Schönheit des Schöpfers offenbart. In der Mystik gibt es daher die besonders ausgeschmückte Liebesgeschichte von Yusuf und Sulaikha, der noch unreifen Seele, für die Liebe eine Art des Besitzen- und Kontrollierenwollens ist. Diese Liebe ist jedoch der göttlichen Schönheit gegenüber nicht angebracht, und die Seele muss erst durch schmerzhafte Erfahrungen zu dieser Erkenntnis heranreifen, u. a. durch die Erfahrung, dass sie den Geliebten verliert, wenn sie versucht, Ihn besitzen zu wollen. Reife Liebe ist in der Lage, sich an der Betrachtung des Geliebten zu freuen und im Einklang mit Ihm zu handeln; dementsprechend endet eine Version der mystischen Liebesgeschichte damit, dass Yusuf und Sulaikha schließlich zueinanderfinden.

## Die Geschichte von Shuaib

# 14 Der Feste

Während sich Yaqûbs zwölf Söhne und deren Nachkommen in Ägypten ansiedelten, lebte in der Landschaft Madyan ein Volk, das im Laufe der Zeit immer größer geworden war. Madyan lag genau an der Karawanenstraße, die Ägypten und das babylonische Reich miteinander verband. Diese beiden großen Weltmächte der damaligen Zeit tauschten Waren miteinander aus, die alle mit Kamelen über diese Straße transportiert wurden.

Zuerst gab es in Madyan Rastplätze für die Reisenden. Schon bald entstanden auch Märkte, und im Laufe der Zeit wurde das Volk von Madyan immer gieriger nach Geld und Luxuswaren. Sie fingen an, die Kaufleute zu bestehlen und zu betrügen. Da es im Land viel Wald gab, lauerten sie auch nicht selten im Hinterhalt, um eine Karawane zu überfallen und die Diebesbeute selbst weiterzuverkaufen. Solche Lebensweise verbreitete sich im ganzen Volk, und die Leute waren stolz auf ihren wachsenden Reichtum. Sobald aber einer von ihnen auf den Gedanken kam, hilfsbereit und ehrlich zu sein, Gier und Neid in seinem Herzen zu bekämpfen und dadurch den Weg zu Gott zu finden, dann machten seine Landsleute ihm das Leben unerträglich schwer. Sie sagten zu ihm: „Gott hat uns Reichtum gegeben. Warum nicht so viel davon nehmen wie möglich?" Damit verdrehten sie alles, was Gott jemals den Menschen hatte sagen lassen.

Dennoch gab es einige Menschen im Land, die daran dachten, dass aller Reichtum vergeht und sie einst zu Gott zurückkehren und Rechenschaft ablegen müssen. Diese Menschen waren ehrlich und hilfsbereit zu Fremden und strebten danach, in sich selbst gute Charaktereigenschaften zu entwickeln. Unter diesen Menschen gab es einen Mann namens Shuaib, und diesen wählte Gott als Seinen Gesandten aus, um das Volk von Madyan zu ermahnen.

Shuaib sprach zu seinem Volk: „Mein Volk, dient Gott. Es gibt keinen Gott außer Ihm. Jetzt ist ein klares Zeichen von eurem Schöpfer und Erhalter zu euch gekommen. Gebt den Leuten volles Maß und Gewicht und unterschlagt nicht, was ihnen zusteht. Und bringt kein Unrecht in die Welt, nachdem Recht geschaffen worden ist. Das ist besser für euch, wenn ihr nur ein Einsehen hättet. Und lauert nicht an jeder Straße, um die Menschen zu bedrohen und sie von ihrem Weg zu Gott abzubringen, wenn sie an Ihn glauben. Erinnert euch doch, wie ihr klein wart und Gott hat euch groß werden lassen. Vergesst nicht, wie die Übeltäter enden. Und wenn es unter euch solche gibt, die an die Botschaft glauben, mit der Gott mich gesandt hat, und solche, die nicht glauben, übt euch in Geduld und Standhaftigkeit, bis Gott zwischen uns die Entscheidung trifft. Er ist der beste Richter."

Die arroganten Führer des Volkes erwiderten: „Shuaib, wir werden ganz sicher dich und deine Nachfolger aus der Stadt verweisen, wenn ihr nicht zu unseren Traditionen zurückkehrt." Denn auf ihr Räuberhandwerk und ihren angehäuften Reichtum waren sie sehr stolz und nannten jede Schandtat ihre Tradition.

Shuaib sprach: „Eure abscheulichen Traditionen lehnen wir ab. Wir würden tatsächlich eine Lüge gegen Gott erfinden, wenn wir eurer Lebensweise folgen würden, nachdem uns Gott davon befreit hat. Gott kennt die verborgensten Dinge, und Ihm vertrauen wir. Gott, entscheide Du zwischen uns und unserem Volk, denn Du bist der beste Richter."

Die Führer des Volkes versuchten nun, die Gewissenhaften von ihrem Weg abzubringen. Sie sprachen zu ihnen: „Wenn ihr Shuaib nachfolgt, habt ihr nur Nachteile davon. Ihr werdet verachtet und verfolgt, und wenn ihr nicht Geld erwerbt, wo immer ihr könnt, und ehrliche, selbstlose Menschen sein wollt, werdet ihr sicher arm oder jedenfalls nicht so reich wie wir."

Shuaib erwiderte: „Jetzt seid ihr scheinbar reich, weil ihr glaubt, viel Geld zu haben. Aber zu Unrecht erworbenes Gut kann auf die Dauer kein Glück bringen. Euer Reichtum kann euer Leben nicht verlängern und euch nicht von den Folgen eures Tuns freikaufen. Seid zu-

frieden mit dem, was Gott euch zugedacht hat, und beherrscht eure Gier. Wolltet ihr doch nur die Warnung annehmen! Aber ich kann nicht mehr tun als euch ermahnen. Ich bin nicht als Wächter über euch eingesetzt. Ich bin ein Gesandter meines Herrn und verlange nur, dass ihr euch Ihm zuwendet." Sie erwiderten: „Willst du uns vorschreiben, dass wir deinem Gott dienen, statt unseren Traditionen zu folgen, und uns verbieten, mit unserem Eigentum zu machen, was wir wollen? Du bist wohl so ein Moralprediger, der langweilige Reden hält."

Shuaib erwiderte: „Seht doch, dass ich klare Zeichen von Eurem Herrn bringe. Hat Er mir nicht meinen Unterhalt gegeben? Ich will darum nicht so wie ihr Verbotenes tun und an mich reißen, was mir nicht gehört. Ich will nur das Beste für euch und vertraue allein auf Gott. Seid nicht eigensinnig und trotzig, nur weil ich euch ermahne, sondern wendet euch Gott zu, damit ihr nicht ein ähnliches Schicksal erleidet wie die Völker vor euch. Bittet um Vergebung und kehrt zu Gott zurück, denn Er ist der Vergebende und Barmherzige."

Einige sagten: „Das meiste von dem, was du sagst, verstehen wir nicht. Wir sehen nur, dass du keine Macht hast. Nur deiner Familie zuliebe haben wir dich nicht gesteinigt, denn du versuchst, uns Vorschriften zu machen, ohne dass du dazu berechtigt bist." Shuaib antwortete: „Nehmt ihr mehr Rücksicht auf meine Familie als auf Gott? Denn Ihn missachtet ihr, obwohl Ihm die eigentliche Macht gehört. Er hat euch von allen Seiten eingekreist. Tut, was der Wahrheit entspricht. Seht euch vor, und ich will mich vorsehen." Sie aber erwiderten: „Du bist ein gewöhnlicher Sterblicher wie wir, und wir sind davon überzeugt, dass du lügst, um dich wichtig zu machen. Lass doch den Himmel auf uns herunterfallen, wenn du die Wahrheit sagst." Damit wandten sie sich ab und überlegten, ob sie den Gesandten Gottes nicht doch töten oder wenigstens aus dem Land vertreiben sollten, so sehr waren ihre Herzen von der Gier nach Reichtum besessen. Ja, die Leute von Madyan unterschieden sich dabei nicht von anderen Völkern, die Gottes Gesandte verhöhnten und sie sogar töten wollten.

Sie waren noch dabei, heimlich in der Nacht zu beratschlagen, wie sie Shuaib loswerden könnten, da forderte Gott Seinen Gesandten auf, mit den Gewissenhaften das Land zu verlassen. Noch in der gleichen Nacht machten sie sich auf den Weg. Kaum waren sie fortgezogen, da brach in Madyan ein gewaltiges Erdbeben los. Alle die hochmütigen Männer, deren Lebensweise aus Raub und Betrügerei bestanden hatte und die sogar Gottes Gesandten hatten töten wollen, wurden davon überrascht, während sie noch beratschlagten, und lagen am Morgen erschlagen unter den Trümmern ihrer Häuser.

*Gottes Friede sei mit Shuaib.*

## Zugrunde liegende Qur'antexte

| | |
|---|---|
| **Surah 7:85 – 93** | Lehre, Auseinandersetzung mit dem Volk, Auswanderung |
| **Surah 11:84 – 95** | Lehre, Auseinandersetzung mit dem Volk, Rettung und Untergang Madyans |
| **Surah 29:36 – 37** | Lehre, Abweisung, Strafe |

## Biblische und andere Parallelen

Keine biblische Parallele vorhanden.

## Anmerkungen

Shuaib stammt aus der arabischen Tradition. In der späteren Tradition wird er oft mit Musas Schwiegervater identifiziert, bei dem sich Musa im Exil in Madyan aufhielt.
Eine solche Verbindung ist jedoch nicht im Qur'an belegt.

## Gott rettet Musa vor dem Pharao

# 15 Der Leitende

Yusuf und seine Brüder hatten Kinder und Enkelkinder. Sie wurden alt und starben, aber ihre Nachkommen blieben in Ägypten und wurden zu einem großen Volk. Man nannte sie Bani Israel, Kinder von Israel, nach ihrem Stammvater Yaqûb, der auch Israel hieß. So vergingen die Jahrzehnte und Jahrhunderte.

Längst war auch eine neue Königsfamilie an die Macht gekommen, und längst erinnerte sich niemand mehr daran, wie Yusuf einst mit Gottes Hilfe das Land vor einer Hungersnot bewahrt hatte. Der neue König oder Pharao war ungerecht und behandelte das Volk als seine Sklaven. Gleichzeitig hatte er Angst, dass das Volk eines Tages einen Aufstand anfangen würde, um sich zu befreien. Deshalb stiftete er Uneinigkeit und Hass zwischen den verschiedenen Gruppen im Volk. Besonders ungerecht war er gegen die Kinder Israel, weil sie eine andere Sprache und Lebensweise hatten. Deswegen ließ er sie nicht nur hart arbeiten und machte ihnen das Leben schwer, sondern beschloss auch, das Volk langsam auszurotten. Er befahl, alle neugeborenen Jungen der Kinder Israel zu töten und nur die kleinen Mädchen am Leben zu lassen.

Als so das Leid am größten war, wurde ein Junge geboren, der später als Gottes Gesandter das Volk von dem grausamen Tyrannen befreien und ihm Gottes Gebote überbringen sollte. Aber zunächst war der kleine Junge in größter Gefahr, denn überall lauerten die Soldaten des Pharao, um jeden neugeborenen Jungen zu töten. Die ersten paar Tage gelang es der Mutter, ihn zu verstecken. Sie betete zu Gott um Hilfe, denn das Kind wuchs und wurde immer lebhafter.

Da gab Gott der Mutter einen Gedanken ein: „Leg das Kind in einen wasserdichten Kasten und setze es im Nil aus. Die Wellen werden es dann an den Strand treiben, und seine Feinde werden sich seiner annehmen. Sie werden das Kind aber nicht töten, sondern bei sich aufziehen.“ Dies tat die Mutter schweren Herzens und vertraute auf Gott, und die ältere Schwester Miryam blieb heimlich am Fluss, um zu beobachten, was mit dem Brüderchen geschehen würde.

Bald schwemmte der Fluss den Kasten in ein Schilfdickicht. Und kurze Zeit später stieg vom königlichen Palast Azia, die Frau des Pharao, zum Fluss hinunter. Sie ging mit ihren Dienerinnen geradewegs ins Schilf, um zu baden.

Plötzlich hörte sie ein kleines Kind schreien, und als sie dem merkwürdigen Laut nachging, fand sie den Kasten mit dem Baby darin. Wie mochte das Baby mit dem Kasten ins Schilf gekommen sein? Sofort fühlte sie Mitleid in sich aufsteigen, denn sie hatte ein gutes Herz. Sie nahm den kleinen Jungen aus dem Kasten und trug ihn in den königlichen Palast.

Als der Pharao seine Frau mit einem kleinen Baby im Arm daherkommen sah, fragte er: „Was ist denn das für ein Kind?“ „Ich habe es im Nil gefunden“, antwortete Azia, und als sie seinen zornigen Blick bemerkte, fügte sie schnell hinzu: „Ich habe es liebgewonnen, und auch dir wird es sicher Freude machen, darum töte es nicht. Vielleicht bringt es uns Glück, und wir können es ja an Kindes statt annehmen.“ Der Pharao brummte unwillig, aber dann ließ er seiner Frau ihren Willen. Mit großer Freude behielt Azia den Jungen bei sich und nannte ihn Musa.

Nun galt es, eine Kinderfrau für Musa zu finden. Die Königin ließ überall verkünden, dass sie eine Kinderfrau suchte. Aber sobald sie eine Frau in Dienst nahm, fing das Baby an zu weinen und wollte sich nicht füttern lassen. Das alles hatte Musas Schwester Miryam unbemerkt beobachtet. Schließlich ging sie selbst zu der Königin und sagte: „Soll ich eine Kinderfrau für den Kleinen finden?“ Azia war gleich einverstanden, denn sie machte sich große Sorgen um das vermeintliche Findelkind, das sie in ihr Herz geschlossen hatte, und Miryam beeilte sich und holte ihre eigene Mutter. Diesmal weinte der kleine Musa nicht, als die Mutter ihn in die Arme nahm und fütterte. So lenkte Gott, dass er trotz der drohenden Gefahr mit seiner Mutter zusammenbleiben konnte, während er am Königshof heranwuchs.

Als der Junge größer wurde, suchte der Pharao die besten Lehrer und Erzieher für ihn aus. Bei ihnen lernte Musa alle damals bekannten Wissenschaften, wie es sich für einen Prinzen gehörte. Musa war außerordentlich klug und lernte schnell, aber er durchschaute auch, wie die Fürsten und Götzenpriester das Volk betrogen und unterdrückten. Wie Sklaven mussten die Bauern in der Hitze auf ihren Feldern arbeiten und dennoch fast ihre ganze Ernte dem König abliefern, bis sie selbst kaum noch etwas zu essen hatten. Musa sah auch, wie die Kinder Israel unterdrückt und ihre Kinder getötet wurden. Insgeheim hatte er längst erfahren, dass er selbst aus diesem Volk stammte und vor welchem grausamen Schicksal Gott ihn so wunderbar bewahrt hatte. Er beteiligte sich auch nicht am Götzendienst, und da er selbst als ein Mitglied der königlichen Familie angesehen wurde, verlangte auch niemand von ihm, dass er den Pharao verehrte.

Eines Tages entkam Musa seinen Lehrern und Erziehern und schlüpfte aus dem Palast, um unbeaufsichtigt in der Stadt herumzustreifen. Da fand er zwei Männer, die miteinander stritten. Einer von ihnen war ein ägyptischer Sklavenaufseher und der andere ein Mann von den Kindern Israel. Es stellte sich bald heraus, dass der Ägypter der Stärkere war. Der Mann von den Kindern Israel rief daher Musa zu Hilfe. Da griff Musa den Ägypter an, um den schwächeren Mann zu befreien. Aber er hatte wohl zu hart zugeschlagen, denn der Ägypter fiel um und war auf der Stelle tot.

Das hatte Musa nicht gewollt. Er hatte ja nur dem Mann aus seinem eigenen Volk helfen wollen. Er betete zu Gott um Vergebung und sagte: „Mein Herr, nachdem Du mir Deine Gnade geschenkt hast, will ich nie wieder jemandem helfen, bevor ich weiß, ob er im Recht oder im Unrecht ist. Einen Streit kann man nicht schlichten, indem man unüberlegt zuschlägt."

Am nächsten Tat gelang es ihm wieder, aus dem Palast zu entkommen, und als er durch die Stadt ging, traf er den Mann wieder, der ihn zuvor um Hilfe gebeten hatte. Wieder stritt dieser mit einem ägyptischen Mann, doch als er diesmal um Hilfe rief, antwortete Musa: „Du fängst überall Streit an." Aber bald sah er, dass der Ägypter im Unrecht war, und er kam näher, um die beiden Streitenden auseinanderzubringen. „Willst du mich auch totschlagen wie den Mann gestern?", fragte der Ägypter da. „Du willst wohl ein Gewalttäter hier im Lande werden, unter dem Vorwand, für Gerechtigkeit zu sorgen."

Da wusste Musa, dass er zuvor beobachtet worden war. Zwar war er verkleidet, sodass ihn niemand als königlichen Prinzen erkennen konnte, aber vielleicht waren die Wachen längst auf seiner Spur. Und richtig, bald kam auch schon einer seiner Freunde aus einem entfernten Stadtviertel angelaufen, um ihn zu warnen. „Musa", rief er, „sie suchen nach dir, um dich zu töten. Ich kann dir nur raten, fliehe um dein Leben."

Da sah Musa, dass er nicht länger in Ägypten bleiben konnte, ohne sein Leben aufs Spiel zu setzen. Noch in der gleichen Nacht ging er heimlich fort und wanderte jahrelang durch fremde Länder.

Auf seiner Flucht kam Musa nach langer Wüstenreise ins Land Madyan. Er war erschöpft und hungrig und wusste nicht, was er nun anfangen sollte. Er sprach zu sich selbst:

„Ich hoffe nur, dass Gott mir den richtigen Weg zeigt."

Bald kam er an einen Brunnen, wo einige Männer damit beschäftigt waren, das Vieh zu tränken. Etwas abseits standen zwei Mädchen mit ihren Schafen. „Warum steht ihr hier?", fragte Musa die beiden Mädchen, und sie antworteten: „Wir können unsere Schafe nicht tränken, weil diese Männer uns nicht an den Brunnen lassen, und unser Vater ist ein sehr alter Mann. Er kann nicht herkommen, um uns zu helfen."

Da bahnte sich Musa einen Weg zum Brunnen und half den beiden Mädchen, die Schafe zu tränken. Als sie gegangen waren, setzte er sich erschöpft in den Schatten unter einen Baum und sagte: „Mein Herr, ich bitte Dich, schick mir in meiner Not etwas Gutes."

Nicht lange danach, als schon der Abend hereinbrach, sah Musa auf einmal eines der beiden Mädchen wiederkommen. Es trat schüchtern auf ihn zu und sagte: „Mein Vater lädt dich ein, damit er sich dafür bedanken kann, dass du uns geholfen hast."

Musa folgte dem Mädchen und kam zum Haus des alten Vaters, der ihn herzlich willkommen hieß und bei einem reichlichen Abendessen freundlich nach seiner Herkunft fragte. Musa berichtete, warum er aus Ägypten geflohen war und was er unterwegs erlebt hatte, und der alte Mann sagte tröstend: „Nun brauchst du keine Angst mehr zu haben, denn du bist dem ungerechten Volk entkommen." Bis spät in die Nacht hinein saßen sie beisammen und beschlossen endlich, dass Musa bei ihnen bleiben sollte. Die eine Tochter des Mannes schlug vor: „Vater, du kannst ihn doch anstellen. Es ist gut, wenn ein Mann für dich arbeitet, der stark und vertrauenswürdig ist." So trat Musa in den Dienst des alten Mannes.

Im Laufe der Zeit gewann Musa das Mädchen lieb, das ihn an jenem Abend zum Haus ihres Vaters geführt hatte. Das war dem alten Mann gerade recht, und er sprach zu Musa: „Es wäre schön, wenn du eine meiner Töchter heiraten würdest, und zwar unter der Bedingung, dass du acht Jahre lang für mich arbeitest. Es wäre sogar noch besser, wenn du zehn Jahre lang bleiben würdest, aber ich will es dir nicht schwer machen. Und wenn Gott will, werde ich dir ein guter Dienstherr sein." Damit war Musa gern einverstanden, und sie schlossen einen Vertrag.

Nach einiger Zeit heiratete Musa wie vereinbart das Mädchen und arbeitete zehn Jahre lang für seinen Schwiegervater. Aber es war ihm klar, dass er nicht sein ganzes Leben als Viehzüchter im Land Madyan verbringen, sondern jede Gelegenheit nutzen wollte, sein Wissen zu erweitern.

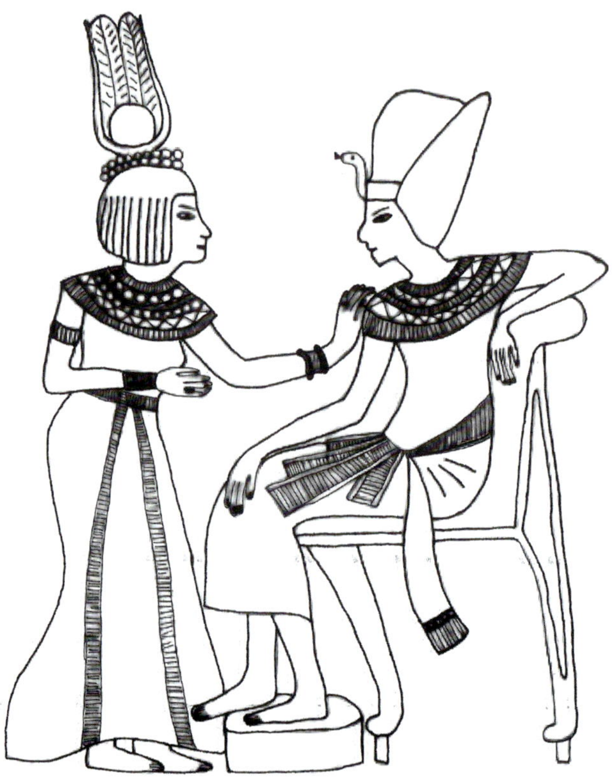

## Zugrunde liegende Qur'antexte

**Surah 20:37 – 40** Rettung als Kind, Tötung des Ägypters, Aufenthalt in Madyan

**Surah 28:4 – 28** Rettung als Kind, Erziehung an Pharaos Hof, Tötung des Ägypters, Aufenthalt in Madyan und Heirat

**Surah 66:11** Pharaos Frau als Beispiel für diejenigen, die glauben; ihr Gebet um Befreiung

## Biblische und andere Parallelen

**Exodus 1:1 – 2:25**

## Anmerkungen

Musa entspricht dem biblischen Mose.

Im Qur'an steht allerdings nicht so sehr der ethnische Aspekt im Vordergrund, sondern Pharao als Typ des tyrannischen Herrschers, der Bevölkerungsgruppen seines Reiches gegeneinander ausspielt, um seine Macht zu sichern, und dabei zu unmenschlichen Mitteln greift.

Es fällt auf, dass in der qur'anischen Darstellung die Betonung darauf liegt, dass Musas Mutter auf Gottes offenbarte Anweisung hin und im Vertrauen auf Seine Fürsorge ihr Kind im Fluss aussetzt.

Im Unterschied zur biblischen Darstellung, die von Pharaos Tochter spricht, ist im Qur'an und in den islamischen Überlieferungen von Pharaos Frau die Rede, die traditionell den Namen Azia trägt. Dies muss hinsichtlich der historischen Fakten kein Widerspruch sein, denn in den ägyptischen Königshäusern wurde unter engsten Verwandten geheiratet. Jedenfalls gehört ihr Beispiel in den Themenbereich der individuellen Verantwortung. Im Gegensatz zu Lûts Frau, die sich, obgleich sie mit einem Gesandten Gottes verheiratet ist, mit dem Unheil in Sodom identifiziert, steht Azia ihrem tyrannischen Mann gegenüber für menschliches und gerechtes Verhalten ein. Einzelheiten des Konflikts werden nicht erwähnt, aber Azias in Sura 66:11 wiedergegebenes Gebet um Befreiung weist auf das hin, was auch in überlieferten Geschichten zur Sprache kommt, wo Azia nach einer Version hingerichtet wird, nachdem Musa ins Exil gehen musste, nach einer anderen Version nach langem Leiden mit Musa und den Kindern Israel das Land verlässt. Sie gilt als besonderes Beispiel für gläubige Menschen.

## Musa und Khidhr

# 16 Der Weise

Wie kann man mehr Wissen erlangen als auf der Reise durch fremde Länder? Täglich sieht und hört man neue, interessante Dinge oder trifft Menschen, die Merkwürdiges zu berichten haben.

So erfuhr Musa bald von einem Diener Gottes, der uralt und weise war und irgendwo versteckt in der Nähe einer Stelle wohnte, die man den Zusammenfluss der beiden Meere nannte. Niemand kannte genau diesen geheimnisvollen Ort, aber Musa erfuhr, dass ein Fisch ihm den Weg zeigen konnte. So machte er sich zusammen mit einem Burschen und einem Fisch auf den Weg. Musa sagte zu seinem Gefährten: „Ich will nicht eher rasten, bis ich den Zusammenfluss der beiden Meere erreicht habe, und wenn ich mein ganzes Leben lang wandern muss." Musa war, wie wir wissen, ein gelehrter Mann. Der Mann aber, den er suchte, war niemand anderes als Khidhr. Sein Name bedeutet grün, denn sein Wissen ist stets frisch und blühend wie junge Pflanzen im Frühling, nicht trocken und verstaubt wie die Bücherweisheiten. Sein Wissen kam nämlich direkt von Gott. Als Musa und seine Gefährten aber endlich am Zusammenfluss der beiden Meere angekommen waren, vergaßen sie den Fisch, und dieser entkam und schwamm im Meer davon.

Erschöpft hielten sie schließlich an, und Musa sagte zu seinem Burschen: „Mach uns etwas zu essen. Die Reise war wirklich sehr anstrengend, und wir wollen uns ein bisschen ausruhen." Da fiel dem Burschen plötzlich wieder der Fisch ein. „Hast du nicht gesehen, was mit dem Fisch geschah, als wir an jenem Felsen waren?", fragte er. „Der Fisch gelangte auf wundersame Weise ins Wasser und schwamm davon."

„Das war dann der Ort!", rief Musa aus. Und ohne sich lange zu besinnen oder an ihre Müdigkeit zu denken, kehrten sie auf dem gleichen Weg um und suchten, bis sie endlich Khidhr trafen.

Musa grüßte ihn ehrerbietig und fragte: „Darf ich dir folgen, damit du mich etwas von dem lehren kannst, das Gott dich gelehrt hat?" Khidhr erwiderte: „Du wirst keine Geduld mit mir haben können. Denn wie kannst du Geduld mit Dingen haben, die du nicht vollständig verstehst?" Musa ließ sich nicht entmutigen. „Du wirst mich geduldig finden, wenn Gott will", sagte er, „und ich will dir ohne Zögern in allen Dingen gehorchen." Khidhr sagte: „Wenn du mir also folgen willst, dann frage mich nach nichts, bevor ich dir nicht selbst sage, was es bedeutet." Unter dieser Bedingung wurde Musa Khidhrs Schüler und folgte ihm, wohin er auch immer ging.

Bald kamen sie in eine Stadt am Meer, wo es einen Hafen gab. Gerade waren Fischer dabei, mit ihrem Boot in See zu stechen. Da stieg Khidhr an Bord und schlug ein Loch in den Rumpf, sodass das Boot unterging.

Darüber war Musa empört. „Hast du das Schiff versenkt, um die fleißigen Fischersleute zu ertränken?", fragte er. „Das ist wirklich eine seltsame Tat!" Khidhr erwiderte:

„Hatte ich nicht gesagt, dass du mit mir keine Geduld haben kannst?" Musa entschuldigte sich und sagte: „Sei mir nicht böse, ich hatte nur vergessen, dass ich nicht fragen darf."

Sie wanderten weiter und trafen unterwegs einen jungen Mann. Den schlug Khidhr tot.

Darüber war Musa sehr empört. Man kann doch nicht einfach einen Menschen töten! „Hast du einen unschuldigen Menschen getötet?", fragte er erregt. „Das ist doch entsetzlich." Khidhr erwiderte nur: „Habe ich dir nicht von Anfang an gesagt, dass du keine Geduld mit mir haben kannst?" Musa schämte sich und sagte: „Gib mir noch einmal die Gelegenheit, meine Geduld zu üben. Wenn ich dich dann noch einmal etwas frage, kannst du mich wegschicken.

Lange wanderten sie weiter, bis sie endlich müde und hungrig in eine Stadt kamen. Aber als sie die Einwohner um etwas zu essen und einen Schlafplatz baten, wurden sie mit Schimpf und

Schande fortgeschickt. Die Leute in jener Stadt kannten weder Gastfreundschaft noch Freigiebigkeit.

In jener Stadt entdeckten die beiden Wanderer eine Mauer, die fast zusammengebrochen war. Mit großer Mühe richtete Khidhr sie wieder auf und befestigte sie. Müde und erschöpft von der Arbeit murrte Musa: „Du hättest von diesen herzlosen Leuten wenigstens Bezahlung verlangen können, wenn du schon ihre Mauer reparierst."

„Hier trennen wir uns", erwiderte darauf Khidhr, aber bevor wir auseinandergehen, will ich dir erklären, was du nicht verstanden hast und worüber du keine Geduld haben konntest. Das Schiff gehörte, wie du gesehen hast, armen Fischersleuten, die damit ihren Lebensunterhalt erwarben. Der König jenes Landes ist aber ein ungerechter Tyrann, der gerade dabei ist, alle Schiffe zu beschlagnahmen, um sie als Kriegsschiffe zu Raubzügen gegen andere Völker zu benutzen. Ich habe das Schiff versenkt, damit die Beamten des Königs es nicht finden können. Wenn sie wieder weggegangen sind, können die Fischer das Schiff bergen und ausbessern, und so bleibt ihr Lebensunterhalt erhalten.

Was den jungen Mann angeht, so war er der Sohn rechtschaffener Eltern. Er selbst war aber unterwegs, ein schlimmes Verbrechen zu begehen, das viel Leid bringt und den Eltern vielleicht vor Kummer das Herz bricht. Es gab keine andere Möglichkeit, als ihn zu töten, um die Menschen vor diesem Verbrechen zu schützen. Nun kann man nur hoffen, dass Gott den armen Eltern einen besseren Sohn gibt, der ihnen Freude macht und sie liebt.

Die Mauer schließlich gehörte zwei Waisenkindern in der Stadt, die bei Pflegeeltern aufwuchsen. Ihr Vater war ein guter Mann gewesen, und bevor er starb, vergrub er das Geld, das die Kinder erben sollten unter der Mauer, damit die ungerechten Menschen es nicht den wehrlosen Waisen wegnehmen konnten. Erst später, wenn sie erwachsen werden, sollen sie das Geld finden. Wenn aber nun die Mauer eingestürzt wäre, dann hätten die gierigen Nachbarn schon jetzt den Schatz entdeckt und geraubt.

Dieses Wissen stammt aber nicht von mir, sondern von Gott. Du aber konntest deine Ungeduld darüber nicht zügeln und hattest zu wenig Vertrauen zu mir."

Auch Khidhr wusste nur einen kleinen Teil von dem, was Gott weiß. Denn Gott kennt alle Menschen und weiß, was sie offen bekanntmachen und was sie verheimlichen. Vieles von dem, was in der Welt geschieht, ist schwierig zu verstehen, und manchmal wissen wir nicht, was hinter den Dingen steckt, die wir sehen. Da ist es wichtig, auf Gott zu vertrauen.

## Zugrunde liegende Qur'antexte

**Surah 18:60 – 82** Suche nach dem „Zusammenfluss der beiden Meere", Lehrvertrag mit Khidhr; Erfahrungen mit der Versenkung des Schiffes, der Tötung des jungen Mannes und der Aufrichtung der Mauer; Auflösung der Fragen

## Biblische und andere Parallelen

Keine biblische Parallele vorhanden. Es gibt allerdings eine ähnliche Geschichte im jüdischen Midrash, wo sich einer der Rabbinen als Schüler Elias anschließt und ähnliche Erfahrungen macht.

## Anmerkungen

Der Name Khidhr oder Khadir wurde dem im Qur'an namentlich nicht genannten Lehrer in der Überlieferung beigelegt. Bisweilen wird er in der Legende mit Ilyâs und/oder Idrîs identifiziert, aber abgesehen von chronologischen Problemen, die dabei auftreten, besteht dazu keine Veranlassung. Historisch ist Khidhr als Person nicht erfassbar, aber er manifestiert das Prinzip der Weisheit, die tiefere Zusammenhänge und Zukunftsperspektiven erkennt. Wichtig ist demgegenüber der Prozess, bei dem Musa lernt, hinter die äußeren Phänomene zu schauen und vom formal korrekten Verhalten zum tieferen Sinn zu gelangen.

Die Geschichte wird gelegentlich Kindern gegenüber dahingehend gedeutet, dass man keine Fragen stellen solle. Das ist aber ein Trugschluss: Die Vereinbarung besagt lediglich, dass Musa nicht nach der Bedeutung von Khidrs Handeln fragen soll, bevor dieser es ihm selbst mitteilt: eine „Grundsatzdebatte" vor Ort wäre unter den geschilderten Umständen zumindest kontraproduktiv.

## Musa führt die Kinder Israel aus Ägypten

# 17 Der Sachwalter

Musa hatte nun Frau und Kinder, Diener und seine eigene Viehherde, aber er war rastlos, denn er wusste, dass Gott ihn für eine besondere Aufgabe vorgesehen hatte. Ständig war er auf der Wanderschaft, begleitet von seiner Familie, dem Gesinde und den Tieren.

Als sie einmal in der Wüste rasteten, erblickte Musa in der Ferne ein Feuer. Er sagte zu seinen Leuten: „Wartet hier einen Augenblick, ich sehe dort in der Ferne ein Feuer. Vielleicht kann ich euch einen brennenden Hozscheit mitbringen, damit ihr euch wärmen könnt, oder vielleicht kann ich dort einen neuen Weg finden." Damit machte er sich auf den Weg dorthin und gelangte bald an einen brennenden Busch. Daraus erklangen Stimmen, die sprachen: „Heilig sind diejenigen im Feuer und diejenigen in seiner Nähe, und Lob sei Gott, dem Schöpfer und Erhalter der Welten."

Als er nähertrat, sprach eine Stimme zu ihm: „Musa, Ich bin Dein Herr. Ziehe deine Schuhe aus, denn du befindest dich im heiligen Tal Tuwa! Ich habe dich erwählt, darum höre, was Ich dir sage. Ich bin Gott, außer Mir gibt es keinen Gott. Darum diene nur Mir und verkünde Mein Lob in Wort und Tat. Die Zeit wird kommen, wo jede Seele ihren Lohn zugemessen bekommt nach dem, worum sie sich bemüht. Darum lass dich nicht ablenken von denen, die nicht daran glauben, damit du nicht verloren gehst."

Die Stimme sprach weiter: „Was hast du da in deiner rechten Hand?" Musa erwiderte: „Das ist mein Stab. Ich stütze mich darauf, wenn ich müde bin, und ich schlage damit Blätter von den Sträuchern als Futter für die Tiere, und er dient noch vielen anderen nützlichen Zwecken."

Gott sprach: „Wirf ihn auf den Boden!" Musa tat, wie ihm geheißen war, und plötzlich verwandelte sich der Hirtenstab in eine lebendige Schlange, die zischend herumkroch, sodass Musa einen richtigen Schrecken bekam und ein paar Schritte zurücktrat. Aber Gott sprach: „Hab keine Angst. Fass sie nur am Schwanz an, dann will Ich ihr wieder ihre alte Gestalt geben." Zögernd fasste Musa die Schlange an, aber da hatte er nichts anderes in der Hand als seinen Hirtenstab.

„Stecke nun deine Hand in dein Gewand", sprach Gott. „Wenn du sie herausziehst, wird sie schneeweiß aussehen, aber nicht etwa wegen einer Krankheit, wie die Leute glauben werden, sondern wie ein helles Licht. Denn Ich will dir und den Menschen Meine Macht zeigen. Reise nach Ägypten und gehe zum Pharao, denn er hat alle Grenzen der Menschlichkeit überschritten."

Bei dem Gedanken, dem Pharao gegenübertreten zu müssen, fühlte sich Musa nicht wohl. Er wusste, dass er die ägyptische Sprache nicht mehr so gut sprechen konnte. Wenn er nun den Tyrannen nicht überzeugen konnte? Aber er wusste auch, dass er vor Gottes Auftrag nicht weglaufen konnte. Darum sagte er: „Mein Schöpfer und Erhalter, mache meine Brust weit und löse den Knoten in meiner Zunge, damit sie verstehen, was ich sage. Und gib mir einen Helfer von meiner Familie, meinen Bruder Harûn, damit er mich unterstützt und mir bei meiner Aufgabe hilft, sodass wir Dich unablässig loben und an Dich denken, denn Du bist der, der unser Innerstes kennt."

„Deine Bitte soll gewährt sein", sprach Gott. Er erinnerte ihn daran, wie Er ihn als kleines Kind gerettet hatte, und gab ihm auch die Worte ein, mit denen er zu dem Pharao sprechen sollte. „Sprich aber sanft und freundlich zum Pharao“, ermahnte Gott ihn noch, „denn vielleicht lässt er sich warnen.“

Unverzüglich machte sich Musa auf den Weg. Unterwegs traf er seinen Bruder Harûn, den er so lange Jahre hindurch nicht gesehen hatte. Sie sprachen über Musas Auftrag und über Ägypten, wo der Pharao immer grausamer die Menschen unterdrückte und immer ehrgeizigere Pläne machte. Wenn er sich früher noch an seine eigenen Gesetze und Regeln gehalten hatte, so kannte er jetzt nur noch blinde Willkür. Musa und Harûn sagten: „Unser Herr, wir befürchten, dass der Pharao sich an uns vergeht, wo er doch alle Grenzen der Menschlichkeit überschritten hat.“ Aber Gott sprach zu ihnen: „Habt keine Angst, denn Ich bin bei euch. Ich höre und sehe alles.“

Noch etwas anderes hatte Musa auf dem Herzen. Er sprach: „Unser Herr, ich habe vor langen Jahren in Ägypten einen Mann getötet und fürchte, dass mir der Pharao deshalb nach dem Leben trachtet.“ Aber Gott erwiderte: „Der Pharao wird dir nichts antun, und du brauchst keine Angst zu haben. Nun aber geht und erfüllt euren Auftrag.“

So gingen Musa und Harûn in die Hauptstadt zum königlichen Palast und wurden bald vor den Pharao geführt. „Wir sind Gesandte von deinem Herrn“, stellten sie sich vor, „und wir fordern dich in Seinem Namen auf, Gerechtigkeit im Land zu üben. Die Kinder Israel sollst du nicht länger unterdrücken, sondern sie mit uns aus dem Land ziehen lassen. Friede sei mit allen, die Gottes Gebote befolgen. Uns ist mitgeteilt worden, dass schweres Leid auf alle wartet, die sich von Gottes Recht abwenden.“

„Was redet ihr da?“, fragte der Tyrann. „Ich bin der Herr in diesem Land. Was meint ihr zwei denn, wer mein Herr sein sollte?“ Musa und Harûn sagten: „Unser Herr ist der, der alle Dinge geformt und ihnen ihre Eigenschaften gegeben hat und der außerdem alles lenkt und leitet.“

„Was soll das heißen“, fuhr der Pharao ihn an, „einer, der alles lenkt und leitet?“ Musa erwiderte: „Der Himmel und Erde lenkt und leitet und alles, was es zwischen ihnen gibt, wenn du es genau wissen willst.“ „Ihr wollt wohl die Leute von ihrer Kultur abbringen“, sprach der Pharao. „Was glaubt ihr denn, was aus unseren Ahnen geworden ist, die das Land zu dem gemacht haben, was es heute ist? Ihr wollt doch nicht etwa sagen, sie wären Irrlehren gefolgt?“

„Das weiß nur Gott“, erwiderte Musa, „Er irrt sich nicht und vergisst nichts. Er ist es in Wirklichkeit, der die Erde ausgebreitet und euch gelehrt hat, Straßen und Kanäle zu bauen, und der Wasser vom Himmel schickt und dadurch verschiedene Arten von Pflanzen wachsen lässt, damit ihr essen und das Vieh weiden könnt. Das sind Zeichen von Gott für Menschen mit Verstand. Von der Erde hat Gott die Menschen erschaffen, und in die Erde kehren sie zurück, und aus der Erde bringt Gott sie einst wieder hervor.“

Der Pharao merkte, dass seine Berater dem Gesandten Gottes gespannt zuhörten. „Ihr hört doch nicht etwa auch noch auf diesen Schwätzer!“, schrie er sie an. „Er ist offensichtlich geistesgestört.“ Musa aber fuhr unbeirrt fort: „Es gibt keinen Gott außer Gott. Er ist unser und euer Herr von Anfang an. Er ist der Herr über Ost und West und was dazwischen liegt. Hättet ihr doch nur Verstand!“

„Wenn du weiterhin von einem anderen Gott außer mir redest“, sagte der Pharao, „werde ich dich auf der Stelle ins Gefängnis werfen oder töten lassen.“ Ein Beamter, der Musa glaubte und die Wahrheit einsah, wandte ein: „Willst du einen Mann töten, weil er Gottes Diener ist, wo er doch klare Zeichen bringt? Wenn er ein Lügner wäre, dann würde er Schande über sich selbst bringen. Wenn er aber wirklich von Gott gesandt ist, dann wird das, wovor er warnt, eines Tages eintreffen.“ Und zu seinen Landsleuten sprach er: „Seid nicht hochmütig, weil ihr bis heute sicher in diesem Land wohnt. Wer kann uns vor Leid bewahren außer Gott?“

„Ich bin derjenige, der das Volk rechtleitet“, rief der Pharao dazwischen. „Ich sehe und verstehe alles, und dementsprechend befehle ich.“ Aber Pharao führte sein Volk auf den falschen Weg und nicht auf Gottes Weg.

Aber der Mann fuhr unbeirrt fort: „Denkt doch einmal daran, was mit früheren Völkern geschehen ist, die zu stolz waren! Eines Tages wird euch euer Stolz verlassen.“ Er sprach weiter: „Dieses Leben ist nur eine vorübergehende Sache, bis der Mensch zu seinem Schöpfer heimkehrt. Wer ungerecht ist, wird die Folgen davon sehen, und wer Gutes tut, ob Mann oder Frau, wird Gutes im Überfluss haben.“ So mahnte er seine Landsleute, aber die meisten von ihnen hatten doch Angst vor dem Pharao und seinen Wächtern und hörten nicht auf ihn.

Da hielt Pharao eine Rede: „Bin ich nicht der Herr in Ägypten? Seht ihr nicht, wie der Nil, der an meinem Palast vorbeifließt, meinem Befehl gehorcht und jedes Jahr Wasser und fruchtbaren Schlamm auf eure Felder trägt? Ohne mich wäret ihr längst verhungert. Bin ich nicht besser als dieser dahergelaufene Ausländer, der nicht einmal richtig Ägyptisch sprechen kann? Warum kommt er nicht mit goldenen Armreifen und einer Leibwache von Engeln?" Tatsächlich glaubten die Ägypter, der Pharao könne dem Fluss Befehle erteilen, und ihr Lebensunterhalt hinge davon ab. Darum hörten die meisten von ihnen nicht auf Musa. Musa sagte zum Pharao: „Wehe dir! Erfinde nicht eine Lüge gegen Gott. Lügen führt zu nichts. Gott hat uns mit deutlichen Zeichen zu dir geschickt." Mit diesen Worten warf Musa seinen Stab auf den Boden, und er wurde zur Schlange. Dann steckte er seine Hand in sein Hemd und zog sie schneeweiß wieder heraus, sodass jeder es deutlich sehen konnte.

Da sagten die Berater zum Pharao: „Dieser Mann scheint tatsächlich ein geschickter Zauberer zu sein. Vielleicht will er einen Aufstand entflammen und dich von deinem Thron und aus deinem Land vertreiben. Jedenfalls ist er ein gefährlicher Mann. Was sollen wir also tun?"

Jemand schlug vor, Musa und Harûn eine Zeitlang hinzuhalten und in der Zwischenzeit alle Zauberer des Landes zusammenzurufen, damit sie bei einem Wettkampf feststellen konnten, wessen Zauber der mächtigste war. Und so geschah es dann auch. Der Pharao ließ im ganzen Land alle Zauberer zusammenrufen und versprach ihnen eine fürstliche Belohnung, wenn sie Musa besiegen konnten. Er hoffte, Musa würde sich in aller Öffentlichkeit blamieren und von sich aus aufhören, von seinem Gott zu reden. An einem festgesetzten Tag standen Musa und Harûn also den ägyptischen Zauberern gegenüber. Sie alle hatten Stäbe mitgebracht, denn sie wollten zeigen, dass sie das gleiche konnten wie Musa und noch mehr. Hinterlistig fragten sie: „Willst du deinen Stab zuerst werfen, oder sollen wir anfangen?" Musa erwiderte: „Werft ihr nur zuerst."

Da warfen die Zauberer ihre Stäbe auf den Boden, und sofort verwandelten sich alle in Schlangen und krochen wild durcheinander. Bei diesem Anblick wurden die Zuschauer von Angst und Grauen gepackt. Selbst Musa war es nicht wohl, als er das Schlangengewimmel sah. Aber Gott sprach zu ihm: „Hab keine Angst. Das ist alles nur Trug, der die Augen täuscht. Du wirst mit der Wahrheit über ihren Schwindel siegen. Wirf deinen Stab hin!" Dies tat Musa, und sofort verwandelte sich der Stab in eine noch größere Schlange. Die stürzte sich fauchend auf die anderen Schlangen und verschluckte sie allesamt.

Da sahen die Zauberer, dass Musa und Harûn in Gottes Namen viel mächtiger waren als sie mit ihrem Zauber, der nur das Volk erschrecken konnte. Sie fielen nieder und sprachen: „Wir glauben an Gott, den Herrn der Welten, den Herrn von Musa und Harûn. Es gibt keine wirkliche Macht außer bei Ihm." Das hatte der Pharao nicht erwartet. Außer sich schrie er: „Wollt ihr etwa diesem Mann glauben, ohne dass ich euch meine Erlaubnis erteilt habe? Das ist wohl eine Verschwörung gegen mich. Dieser Mann ist wohl insgeheim euer Anführer. Aber wartet nur ab, ich lasse euch allesamt kreuzigen. Ich lasse euch die Hände und Füße wechselseitig abhauen!" Aber die Zauberer entgegneten: „Wir haben die Wahrheit mit unseren eigenen Augen gesehen und sind zu unserem wirklichen Herrn zurückgekehrt. Du willst dich ja nur rächen, weil wir die Zeichen unseres Herrn erkannten, als sie deutlich zu uns kamen." Sie beteten: „Unser Herr, gib uns Geduld und Standhaftigkeit, und lass uns als Deine Diener zu Dir zurückkehren."

Die Fürsten und Priester fühlten sich betrogen und sagten zum Pharao: „Willst du Musa und seine Leute im Land Aufruhr anstiften lassen, sodass das Volk dir und den Göttern den Rücken kehrt?" Sie waren sich einig, dass sie das nicht zulassen wollten, und der Pharao befahl erneut, alle männlichen Kinder der Kinder Israel zu töten und nur die Mädchen am Leben zu lassen. „Sie sind in unserer Gewalt", sagte er. „Für euch gibt es keinen Gott außer mir!", rief der Pharao seinen Beratern zu, und zu seinem Minister sagte er spöttisch: „Haman, lass Ziegelsteine brennen und einen hohen Turm bauen, damit ich zu Musas Gott hinaufsteige und ihm die Meinung sage. Aber in Wirklichkeit halte ich Musa für einen Lügner." So wollte er in seinem Spott seine Angst verbergen. Aber innerlich hoffte er immer noch, er könnte Musa auf irgendeine Weise loswerden. Unter vier Augen sagte er zu ihm: „Was fällt dir eigentlich ein? Haben wir dich deswegen am königlichen Hof aufgezogen und dir die beste Erziehung gegeben, damit du jetzt kommst und uns Vorhaltungen machst?

Jahrelang bist du einer von uns gewesen, bis du jemanden totgeschlagen hast und davongelaufen bist."

„Damals war ich im Irrtum", erwiderte Musa, „und ich floh vor euch, weil ich Angst hatte. Aber inzwischen hat mir Gott Weisheit gegeben, dass ich klar urteilen kann, und mich zu Seinem Gesandten erwählt. Und welchen Gefallen hast du mir eigentlich getan? Dass du mein Volk, die Kinder Israel, versklavt hast und ausrotten willst? Soll ich etwa dafür auch noch dankbar sein? Mich hättest du schließlich auch getötet, wenn nicht die Königin dich überredet hätte." Denn Musa wusste sehr gut, dass nur die Überredungskunst der Königin den Pharao dazu bewegt hatte, ihn überhaupt am Leben zu lassen. Sie war eine liebe, gute Frau, die unter der Grausamkeit ihres Mannes viel zu leiden hatte. Als Musa mit seiner Botschaft zum Pharao kam, wusste sie gleich, dass er die Wahrheit sprach. Sie betete zu Gott um Hilfe und sprach: „Mein Herr, lass mich dereinst im Garten in Deiner Nähe wohnen und rette mich vor dem Pharao und seinen Plänen und vor den Ungerechten."

Gott sprach zu Musa: „Sage den Kindern Israel, dass sie ihre Wohnstätten in Ägypten zu Gebetsstätten machen sollen. Dort sollt ihr beten und die Botschaft denen weitergeben, die glauben." Musa sagte zu seinem Volk: „Bittet Gott um Hilfe und wartet in Standhaftigkeit und Geduld. Denn Gott gehört die ganze Erde, und Er wird Seinen Dienern einen schönen Ort geben, wo sie in Frieden leben können. Für die Gerechten wird endlich alles gut." Die Kinder Israel murrten: „Wir haben nichts als Schwierigkeiten, bevor du kamst und danach." Viele hörten nicht auf ihn, denn sie fürchteten die Rache des grausamen Herrschers. Nur einige wenige nahmen seine Botschaft an. Sie beteten um Befreiung von ihrer Unterdrückung. Musa sagte: „Mein Volk, wenn ihr wirklich an Gott glaubt, dann vertraut nur auf Ihn. Ihr braucht euch nicht vor euren Feinden zu fürchten." Musa betete: „Unser Herr, Du hast dem Pharao und seinen Fürsten Pracht und Reichtum in diesem Leben gegeben. Darum lasse den Reichtum für sie zum Fluch werden, denn ihre Herzen sind verhärtet, und sie kehren nicht um, bis sie die Folgen sehen." Gott antwortete ihm: „Deine Bitte ist schon erfüllt. Stehe nur aufrecht und folge nicht dem Weg der Unwissenden."

Schülerin, Gymnasium Winsen, siebte Klasse

Immer wieder forderte Musa den Pharao auf, die Kinder Israel aus dem Land ziehen zu lassen, aber dieser weigerte sich und ließ die Grenzen schärfer bewachen. Da ließ Gott eine große Trockenheit über das Land kommen, sodass eine Hungersnot ausbrach. In dieser Zeit wandten sich viele Ägypter zu Gott und beteten um Hilfe. Aber als die Hungersnot zu Ende war, sprachen sie untereinander: „Wir haben selbst die schlechten Zeiten überwunden, die Musa mit seiner Zauberei über das Land gebracht hat." Und zu Musa sagten sie: „Was auch immer für Zeichen du mit deiner Zauberei zeigst, wir werden dir doch nicht glauben."

Da ließ Gott allerlei Plagen über Ägypten hereinbrechen. Scharenweise kamen Heuschrecken, die alles Grün verschlangen und das Land verwüsteten. Frösche stiegen aus den Gewässern heraus und drangen in die Häuser ein, und allerlei Ungeziefer überfiel den Pharao und das starrsinnige Volk. Jedes Mal, wenn eine Plage am schlimmsten im Lande herrschte, riefen die Ägypter: „Musa, bitte deinen Gott für uns, dass Er sich an Sein Versprechen an Dich erinnert, damit Er die Plage von uns abwendet. Wir wollen dir dann auch glauben und die Kinder Israel mit dir ziehen lassen." Aber sobald die Plage vorüber war, brachen sie ihr Wort und nahmen ihren alten Hochmut und Starrsinn wieder an.

Dann wieder ließ Gott alles Wasser im Nil über Nacht zu Blut werden. Voller Entsetzen wandten sich die Ägypter an Musa und sagten zu ihm: „Du fremder Zauberer, du hast mit deinem Gott einen Vertrag gemacht. Bitte Ihn doch, dass Er die Plage von uns nimmt, dann wollen wir auch auf dich hören." Doch kaum war wieder Wasser im Fluss, da waren die Ägypter hochmütig wie nie zuvor, und der Pharao sagte: „Glaubt nicht, dass ihr mit eurer Zauberei etwas erreichen könnt, du und dein Bruder." „Du weißt sehr wohl, dass diese Dinge keine Zauberei sind, sondern vom Herrn der Welten kommen, damit dir die Augen geöffnet werden", entgegnete Musa.

Schließlich forderte Gott Musa auf, mit den Kindern Israel ohne die Erlaubnis des Pharao aus dem Land zu ziehen. In je-

ner Nacht sollten sie alle bereit sein. „Habt keine Angst", sprach Gott zu Musa, „Ich will euch den Weg zeigen, und wenn die Ägypter euch verfolgen, wirst du mit deinem Stab einen trockenen Weg durch das Meer schlagen, und nichts Böses wird euch geschehen." Heimlich packten da die Kinder Israel ihre Habe zusammen. Als die bestimmte Nacht hereinbrach und sie alle zum Aufbruch bereit waren, ließ Gott in vielen ägyptischen Familien die Kinder sterben.

Die Ägypter blieben zu Hause und weinten und klagten. Sie wünschten, der grausame Pharao würde endlich die Kinder Israel gehen lassen, wohin sie wollten, damit nur diese schrecklichen Plagen aufhörten. Da gab Musa das vereinbarte Zeichen, und die Kinder Israel verließen ihre Häuser und zogen in die Wüste. Sie wanderten die ganze Nacht auf die Grenze zu. Musa kannte aber den Befehl des Pharao, die Grenze besonders scharf zu bewachen, und er führte die Kinder Israel an die Meeresküste.

Als der Pharao merkte, dass die Kinder Israel fortgezogen waren, gab er unverzüglich seinen Truppen den Befehl, sie zu verfolgen, und ritt selbst an der Spitze seines Heeres. Außerdem schickte er Boten in alle Dörfer und Städte mit der Nachricht, dass die Kinder Israel ohne seine Erlaubnis das Land verlassen wollten. „Sie sind nur wenige, wir aber viele", ließ er sagen, „darum gebt ihnen kein Obdach, sondern haltet sie fest und liefert sie uns aus."

Das Heer verfolgte die Kinder Israel die ganze Nacht durch, und als der Morgen graute, hatte es sie schon fast eingeholt. Da waren die Kinder Israel schon am Meeresufer angekommen, und als sie in der Ferne die feindlichen Soldaten heranreiten sahen, sagten sie zu Musa: „Du hast uns in eine Falle geführt. Bald werden sie uns überrumpelt haben." Denn innerlich glaubten sie nicht so recht, dass er sie wirklich in die Freiheit führen konnte. Musa aber erwiderte: „Keineswegs. Mein Herr ist bei mir und wird mir einen Ausweg zeigen."

Gott sprach zu Musa: „Schlage mit deinem Stab auf das Wasser!" Das tat Musa, und da teilte sich das Meer und gab einen Weg frei, sodass die Kinder Israel hindurchgehen konnten, während sich links und rechts die Wassermassen auftürmten.

Doch als der Pharao mit seinem Heer den Kindern Israel folgen wollte und sich schon seines Sieges gewiss war, da kehrte das Meer zurück, und die ganze Armee ging unter. Von Todesangst gepackt rief der Pharao: „Nun sehe ich, dass es keinen Gott gibt außer dem Gott der Kinder Israel. Ich gebe meinen Machtanspruch auf." Aber da war es für ihn schon zu spät. Nur sein Körper wurde aus den Fluten geborgen und nach ägyptischer Sitte einbalsamiert und beigesetzt. Am Tag der Auferstehung jedoch wird dem Pharao nichts von all der Pracht nützen, mit der er beigesetzt wurde. Er wird von Gott für seine Ungerechtigkeit zur Rechenschaft gezogen.

## Zugrunde liegende Qur'antexte

| | |
|---|---|
| **Surah 2:46 – 60** | Erinnerung an Erwählung und Rechtleitung |
| **Surah 7:103 – 137** | Auseinandersetzung mit Pharao, die Zauberer, Plagen, der Auszug |
| **Surah 10:75 – 93** | Auseinandersetzung mit Pharao, die Zauberer, Organisation der Gemeinschaft, Auszug, Pharaos Untergang |
| **Surah 11:96 – 99** | Pharao leitet zum Untergang |
| **Surah 17:101 – 102** | Befreiung von Pharao |
| **Surah 20:9 – 79** | Berufung, Auseinandersetzung mit Pharao, die Zauberer, Auszug |
| **Surah 23:45 – 49** | Pharao lehnt Mose ab |
| **Surah 25:35 – 36** | Auftrag |
| **Surah 26:10 – 69** | Berufung, Auseinandersetzung mit Pharao, die Zauberer, Auszug, Pharaos Untergang |
| **Surah 27:7 – 14** | Berufung |
| **Surah 28:29 – 46** | Berufung, Auseinandersetzung mit Pharao |
| **Surah 40:23 – 46** | Auseinandersetzung mit Pharao, allgemeine Lehren |
| **Surah 43:45 – 56** | Auseinandersetzung mit Pharao |
| **Surah 51:38 – 40** | Pharaos Untergang |
| **Surah 79:15 – 26** | Berufung, Auseinandersetzung mit Pharao, exemplarische Strafe |

## Biblische und andere Parallelen

**Exodus 3:1 – 15:21** In der jüdischen Tradition wird die Geschichte des Auszugs aus Ägypten bei der Pessach-Feier vergegenwärtigt.

## Anmerkungen

Harûn entspricht dem biblischen Aaron.

Haman, dessen Name an den des Ersten Ministers des persischen Reiches im Buch Esther anklingt, ist hier mit Pharao assoziiert. Während Pharao der Typ des politischen Tyrannen ist, steht Haman für den intellektuellen Hochmut und Verblendung.

Auch hier liegt der Schwerpunkt des Qur'an weniger auf ethnischen Zugehörigkeiten, sondern auf der Hinwendung zu Gott als einer befreienden Bewegung. Pharao ist der Typ des politischen Tyrannen, der sich gleichzeitig pseudogöttliche Macht anmaßt bzw. dem solche zugesprochen wird. Musa bietet ihm eine Möglichkeit, diese Hybris aufzugeben, die unweigerlich zum Niedergang führt, und seine Verantwortung wahrzunehmen oder hier zumindest auf einen Teil seines Machtanspruchs zu verzichten, indem er die Kinder Israel aus dem Land ziehen lässt.

## Musa bringt den Kindern Israel Gottes Gebote

# 18 Der Führende

Die Kinder Israel erreichten bald die Halbinsel Sinai auf der anderen Seite des Meeres und waren frei und in Sicherheit. Soweit hatte Musa also nicht zu viel versprochen, so dachten sie, wenn er sie nur bald in das versprochene Land bringen würde, wo sie, wie er sagte, in Frieden leben könnten. Denn was sie hier vor sich sahen, war nichts als Wüste, weit und breit Sand und Steine, kein Baum und kein Strauch und nur ganz selten einmal ein Felsen, der Schatten spendete. Wo sollten sie vor allem etwas zu essen finden? Denn sie hatten ja nicht so viel Proviant mitnehmen können.

Aber bevor sie noch Musa fragen konnten, sagte dieser zu ihnen: „Gott hat schon für euch gesorgt." Er zeigte ihnen eine merkwürdige Speise, die sie einfach in der Wüste am frühen Morgen finden konnten und die sie Mannah nannten. Jeden Tag schickte Gott eine Schar Vögel, von denen sie einige fangen und essen konnten. Musa sagte: „Esst von den guten Dingen, die Gott euch gegeben hat, und seid nicht undankbar." Außerdem schickte Gott täglich Wolken, die die Kinder Israel vor der starken Mittagssonne schützten und ihnen den Weg zeigten. So zogen die Kinder Israel durch die Wüste, zwölf Stämme, die Nachkommen der zwölf Söhne Yaqûbs. Jeder Stamm folgte seinem Ältesten, und die Stammesältesten folgten Musa.

Doch bald fingen die Kinder Israel an zu rebellieren. „Hier in der Wüste gibt es gar kein Wasser", sagten sie zu Musa.

„Sollen wir etwa elend verdursten?" Sie hatten nämlich überhaupt keine Geduld, und im Grunde genommen glaubten sie immer noch nicht so recht, was Musa sagte, sie waren nur einstweilen froh, aus der Sklaverei in Ägypten entkommen zu sein.

Musa betete zu Gott, und Gott sprach zu ihm: „Schlag mit deinem Stab an den Felsen." Dieses tat Musa, und sogleich sprudelten zwölf Quellen aus dem harten Stein heraus, eine für jeden Stamm der Kinder Israel. Und Gott sprach zu den Kinder Israel: „Esst und trinkt und begeht auf der Erde keine Ungerechtigkeiten." Aber bald darauf fingen die Kinder Israel wieder an zu nörgeln. Mit nichts waren sie zufrieden. Sie sagten: „Jeden Tag das gleiche Essen! Das halten wir ja nicht aus!" Und zu Musa sagten sie: „Bete doch zu Gott, dass Er uns andere Sachen zu essen gibt, zum Beispiel Gemüse, Gurken, Linsen, Zwiebeln und Knoblauch." Denn diese Dinge hatten sie während ihrer Sklavenzeit zu essen bekommen, und statt sich über ihre Freiheit zu freuen und mit Geduld die lange Wanderung zu bewältigen, verlangten sie nach solchem Luxus. Musa erwiderte: „Wollt ihr das Gute gegen das Schlechte tauschen? Dann geht doch nach Ägypten zurück, wenn es euch in der Sklaverei besser gefällt. Dort findet ihr alles zu essen, was ihr wollt." Das wollten die Kinder Israel dann doch lieber nicht, und damit war dieses Thema vorläufig abgeschlossen. Aber trotzdem hatten sie noch längst kein Vertrauen zu Musa.

Unterwegs durchzogen die Kinder Israel ein Land, in dem das Volk Götzen verehrte. Da kamen sie zu Musa und sagten:„Mach uns doch Götter wie von anderen Völkern, die man sehen kann. Dann wollen wir dir gehorchen und nicht mehr zweifeln." „Gott bewahre mich davor, dass ich eine offenkundige Lüge erfinde, nachdem die Wahrheit ans Licht gekommen ist", entgegnete Musa, „es gibt keine wirkliche Macht außer bei Gott! Habt ihr denn schon vergessen, wie Gott euch vor dem Pharao errettet hat, der das ganze Volk betrog und unterdrückte, indem er sich selbst als Gott ausgab? Ihr seid undankbar. Es ist eine Schande mit euch. Götzendienst ist nichts als der Anfang für den Untergang, und was diese Leute tun, bringt ihnen nichts Gutes. Wie kann es für euch einen anderen Herrn geben als Gott, der euch mehr geschenkt hat als anderen Völkern? Denkt doch einmal nach, wie es anderen Völkern in der Vergangenheit ergangen ist?" Da schwiegen die Kinder Israel beschämt, aber der Gedanke blieb weiter in ihren Köpfen, und viele von ihnen folgten Musa nur, weil sie den Weg durch die Wüste selbst nicht finden konnten.

Nach tagelanger anstrengender Wanderung gelangten die Kinder Israel an den Berg Sinai. In einem nahegelegenen Tal schlugen sie ihre Zelte auf, während Musa Gottes Einladung folgte und auf den Berg hinaufstieg.

Musa blieb vierzig Tage und Nächte lang auf dem Berg, und Gott sprach mit ihm direkt und ohne Vermittler. Musa sagte zu Gott: „Mein Herr, lass mich Dich doch einmal sehen." Gott aber erwiderte: „Das ist auf keinen Fall möglich. Schau nur einmal auf jenen Berg, ob er angesichts Meiner Macht auf seinem Platz bleiben kann." Gott enthüllte einen Teil Seiner Pracht und Herrlichkeit vor einem der gegenüberliegenden Berge, und obwohl dieser aus hartem Felsen bestand, zerfiel er augenblicklich zu Staub. Bei diesem Anblick fiel Musa in Ohnmacht. Als er wieder zu sich kam, sagte er: „Preis sei Dir! Ich wende mich zu Dir um, und ich will der erste sein, der sich Dir hingibt." Gott sprach: „Musa, Ich habe dich von den anderen Menschen auserwählt und dir Mein Wort gegeben und den Auftrag, es bekanntzumachen. Nimm darum die Offenbarung von Mir und sei dankbar." Und Gott gab ihm die Steintafeln, auf denen die Gebote für die Kinder Israel geschrieben standen und alle Dinge für sie erklärt waren:

„Dient niemandem außer Gott, seid freundlich zu Eltern und Verwandten, helft den Waisen und Armen und denen, die in Not geraten sind, sprecht nichts als die Wahrheit, mordet nicht, betrügt nicht die Menschen und stehlt nicht ihre Habe, denkt oft an Gott, der euch aus der Sklaverei befreit hat", und vieles andere.

Gott sprach zu Musa: „Nimm diese Tafeln und halte daran fest, und ermahne das Volk, daran festzuhalten."

Während Musa noch auf dem Berg weilte, hatte er seinen Bruder Harûn beauftragt, das Volk zu leiten: „Vertritt mich bei meinem Volk, tu das Rechte und folge nicht dem Weg des Bösen", hatte er zu ihm gesagt. Wie nun die Kinder Israel auf Musa warteten, fingen sie an, ungeduldig zu werden und untereinander zu sprechen. Einige von ihnen dachten, Musa hätte sie hier mitten in der Wüste im Stich gelassen und sei seiner Wege gegangen. Andere wiederum meinten, ihm sei vielleicht etwas zugestoßen. Auf Harûn wollten sie jedenfalls nicht hören. Schließlich sagten sie: „Wir wissen nicht, ob Musa wiederkommt und ob es seinen Gott überhaupt gibt." Sie sammelten alle goldenen Schmuckstücke ein und schmolzen sie ein und machten aus dem Gold ein Kalb, das so aussah, als sei es lebendig. „Dies soll unser Gott sein", sagten sie dann und fingen an, es anzubeten und ihm Opfer zu bringen. Vergeblich versuchte Harûn, sie zur Vernunft zu bringen. Sie waren wie berauscht von dem Götzenbild, das sie selbst gemacht hatten, und sie schienen gar nicht zu merken, dass es nur ein totes, machtloses Standbild war. Sie stellten sich sogar vor, dass es blökte.

Harûn warnte die Kinder Israel: „Lasst euch nicht verführen, denn in Wirklichkeit ist Gott der, der euch alles gibt. Folgt mir und hört auf mich." Aber die Kinder Israel erwiderten: „Wir werden so lange das Kalb verehren, bis Musa zurückkommt." Aber innerlich glaubten sie nicht, dass er jemals zurückkäme.

Endlich kam Musa mit den Steintafeln vom Berg herab. Ach, was musste er da sehen! Mitten im Lager der Kinder Israel stand das goldene Kalb, und die Leute waren damit beschäftigt, ihm zu opfern und vor ihm zu tanzen. Da wurde Musa zornig und traurig. Er warf die Steintafeln zur Seite und suchte seinen Bruder Harûn. Als er ihn endlich gefunden hatte, zog er ihn an den Haaren zu sich und rief:

„Was für eine Schandtat habt ihr in meiner Abwesenheit begangen! Wollt ihr etwa so schnell wie möglich Gottes Zorn über euch herabrufen?“ Harûn verteidigte sich. „Bruder“, sagte er, „das Volk hat einfach nicht auf mich gehört. Sie taten so, als sei ich gar nicht da, und einige wollten mich auch totschlagen. Mach mich nicht vor meinen Feinden lächerlich, und denke nicht, dass ich einer von jenen Übeltätern bin.“

Da sah Musa, dass Harûn schuldlos war, und es tat ihm leid, dass er ihn angeschrien hatte, ohne sich zuerst zu erkundigen, was eigentlich vorgefallen war. Er betete um Vergebung für sich selbst und für seinen Bruder, der gegen die Volksmasse nichts hatte ausrichten können.

Diejenigen unter den Kinder Israel, die behauptet hatten, Musa käme nie wieder, waren sehr erschrocken, als sie Gottes Gesandten vor sich sahen. Als sie sein zorniges Gesicht sahen, versuchten sie, sich herauszureden. „Wir haben nicht unser Versprechen brechen wollen. Aber das Gold war sehr schwer für uns, darum schmolzen wir es ein, und dann schlug Samiri vor, ein Kalb daraus zu machen.“ Samiri hatte in Ägypten gesehen, wie Statuen von Kühen und Kälbern gemacht und dann verehrt wurden. So hatte er den Kindern Israel gesagt: „Dieses Kalb ist jetzt euer Gott. Musas Gott ist nirgends zu sehen und hat euch wahrscheinlich auch vergessen.“ Das war ein Vorwand. Denn hätten die Kinder Israel nicht selbst nachdenken und sehen können, dass das Kalb nur eine leblose Figur war?

Musa zog Samiri zur Verantwortung. „Was hast du dir eigentlich dabei gedacht?“, fragte er ihn. Samiri erwiderte: „Ich habe gesehen, was sie nicht sehen konnten. Ich nahm eine Handvoll Erde aus deinen Fußstapfen und warf sie in das geschmolzene Gold. Ich bin nur meinen Gefühlen gefolgt.“ So wollte er sich herausreden, indem er Musa damit schmeichelte. Aber Musa ließ ein großes Feuer anzünden und warf das goldene Kalb in die Flammen.

Das Gold zerschmolz und wurde zu Staub, und die Kinder Israel streuten seine Überreste ins Meer.

Dann sagte Musa zu seinem Volk: „Ihr habt euch selbst betrogen, als ihr das Kalb verehrt habt. Kehrt zu eurem Schöpfer und Erhalter zurück, der euch von dem tyrannischen Pharao befreit hat, und tötet die Verführer unter euch, die diese Treulosigkeit angestiftet haben.“ Später trug Musa den Kindern Israel die Gebote vor, die auf den Steintafeln geschrieben waren.

Dann machten die Kinder Israel eine besondere Lade für die Tafeln, in der sie sie auf ihren Wanderungen immer bei sich tragen konnten.

Gott schloss einen Bund mit Musa und den Kindern Israel. Neben dem Berg Sinai , der sich über dem Lager der zwölf Stämme erhob, sprach Gott: „Haltet fest an dem, was euch offenbart wurde, und erinnert euch immer daran, sodass ihr Rechtschaffene werdet.“ Und die Kinder Israel antworteten: „Wir hören und gehorchen.“ Aber einige dachten innerlich: „Wir hören und gehorchen nicht.“ Und nur Gott weiß, was die Menschen laut aussprechen und was sie heimlich denken. Gottes Gebote, die von Musa vorgetragen wurden, sind bis heute in der Thora zu lesen.

## Zugrunde liegende Qur'antexte

| | |
|---|---|
| **Surah 2:51 – 57** | Musa empfängt die Thora beim 40-tägigen Aufenthalt auf dem Berg Sanai, die Kinder Israel verehren das Kalb |
| **Surah 2:60 – 62** | Wasser aus dem Felsen, Forderung der Kinder Israel nach abwechslungsreicherer Nahrung |
| **Surah 5:57 – 48** | die Thora mit Führung und Licht |
| **Surah 7:138 – 156** | Widerstand gegen Götzen, Empfang der Thora, Musa verlangt Gott zu sehen, Kinder Israel verehren das Kalb |
| **Surah 20:80 – 98** | Empfang der Thora, Samiri baut das Kalb und wird zur Rechenschaft gezogen |
| **Surah 37:114 – 122** | Empfang der Thora, Befreiung und Rechtleitung |
| **Surah 51:5** | Abwendung von der Schrift |

## Biblische und andere Parallelen

**Exodus 16:1 – 17:7; 19:1 – 24:18; 31:12 – 34:28.**

## Anmerkungen

Befreiung beinhaltet die Notwendigkeit, eigenverantwortlich zu handeln und Vertrauen darauf zu entwickeln, dass Gott für Lebensunterhalt und Schutz gesorgt hat.

Befreiung bedeutet auch, den eigenen Platz in der Welt zu finden, d. h. die Gesetzmäßigkeiten zu erkennen, die im Kosmos wirksam sind, und die Prinzipien, die daher für den Menschen gültig sind und ihm Orientierung bieten („das Gesetz").
Das ethisch-rechtliche System, das in der Religion gegeben ist, heißt Sharî'a, wörtlich „Weg zur Wasserstelle", weil es den Weg zu ausgewogenen Beziehungen des Menschen zu sich selbst, seinen Mitmenschen und Mitgeschöpfen und zu Gott aufzeigen will. Im Fall von Musa findet es Ausdruck in der Thora.

Freiheit ist nicht leicht, und daher tritt auch immer wieder das Bedürfnis auf, Verantwortung abzugeben und sich an fremden Autoritäten zu orientieren, die das Leben leichter zu machen scheinen, sprich sich neue Götzen zu machen. Hier liegt ein permanenter Prüfstein.
(Didaktische Hinweise: s. S. 134)

## Musa und die Kinder Israel in der Wüste

# 19 Der Versorgende

Nachdem die Kinder Israel beim Berg Sinai von Mose Gottes Gebote gehört hatten, brachen sie ihr Lager ab und zogen weiter. Es dauerte auch nicht lange, bis sie das versprochene Land erreichten, in dem einst ihre Stammväter Ibrahim, Ishâq und Yaqûb mit ihren Familien gelebt hatten. Zu jener Zeit wohnten Völker im Land, die den Götzen dienten und Gottes Gebote nicht achteten. Gott hatte beschlossen, stattdessen die Kinder Israel im Land wohnen zu lassen. Sie sollten ein Beispiel werden, durch das alle Menschen sehen konnten, was es bedeutet, als ein Volk von rechtschaffenen Dienern Gottes zu leben. Musa sagte zu den Leuten: „Mein Volk! Zieht nun ein in das Land, das Gott euch versprochen hat, und denkt an Gott, der euch Gesandte geschickt und euch aus Ägypten befreit hat und euch mehr gegeben hat als allen anderen Völkern. Wendet euch nicht ab, denn damit schadet ihr euch nur selbst."

Die Kinder Israel zögerten. Sie sagten zu Musa: „Aber in diesem Land wohnen doch Leute, die stärker sind als wir. Wir wagen nicht, es zu betreten, bevor sie es verlassen haben." Nur zwei Männer hatten keine Angst, sondern vertrauten auf Gott, der ihnen dieses Land versprochen hatte. Sie sagten: „Dann wollen wir zum Kampf bereit sein. Greift an der richtigen Stelle an, dann werdet ihr erfolgreich sein. Vertraut auf Gott, wenn ihr glaubt." Die meisten der Kinder Israel waren aber immer noch mutlos und beklagten sich. Sie sagten zu Musa: „Solange diese Völker im Land wohnen, werden wir niemals hineinkommen. Bis zum Ende der Zeiten werden wir hier am Rande der Wüste warten müssen. Geht doch selbst hin, du und dein Herr, und kämpft für uns. Wir bleiben hier und schauen zu."

Musa war entsetzt. Gott hilft den Menschen, wenn sie sich für Gutes anstrengen, und Er segnet sie, wenn sie sich aufrichtig bemühen, aber zu erwarten, dass man gar nichts tut und stattdessen Gott und Sein Gesandter alles tun, ist doch ziemlich frech. Er zog sich zurück und sagte: „Mein Schöpfer und Erhalter, ich habe keine Macht außer über mich und meinen Bruder. Rechne uns deshalb nicht zu diesem rebellischen Volk." Gott erwiderte: „Darum wird das Land für die Kinder Israel vierzig Jahre lang unerreichbar bleiben. So lange sollen sie ziellos in der Wüste herumwandern. Und du sollst über das aufrührerische Volk nicht traurig sein."

Die nächsten vierzig Jahre verbrachten also die Kinder Israel als Nomaden in der Wüste. Wohl sorgte Gott dafür, dass es ihnen weder an Nahrung noch an Wasser fehlte, aber das Leben in der Wüste war hart und entbehrungsreich. Die Kinder Israel lernten dadurch, bescheiden und nicht anspruchsvoll zu sein, dankbar an Gottes Wohltaten zu denken und nach Gutem zu streben. Sie lernten auch, mehr auf Gott zu vertrauen, der die Menschen in allen Schwierigkeiten nicht im Stich lässt.

Eines Tages wurde im Lager ein toter Mann gefunden. Man konnte deutlich sehen, dass er nicht etwa an einer Krankheit oder durch einen Unfall gestorben war, sondern dass jemand ihn getötet hatte. Aufregung und Ratlosigkeit ergriff die Menschen. Wer konnte ihn wohl getötet haben und warum? Niemand hatte etwas gesehen oder gehört, und jeder verdächtigte den anderen, ein Mörder zu sein, der unerkannt und ungestraft unter den Leuten lebte. Endlich kam jemand auf den Gedanken, Musa um Rat zu fragen, denn wenn einige auch nicht so ganz glaubten, was er sagte, so war er doch immer noch ihr Anführer und wusste bei allen Schwierigkeiten eine Lösung. Immerhin, fragen konnte man ja. Musa hörte dem Bericht ernst zu, dann zog er sich zurück, um zu Gott zu beten. Gespannt warteten die Kinder Israel, bis er wieder zu ihnen zurückkam. Musa sagte: „Gott hat befohlen, eine Kuh zu opfern." Aber statt dieser Aufforderung zu folgen, erwiderten sie: „Du willst uns wohl zum Narren halten!" Und als Musa ihnen bestätigte, dass dies wirklich Gottes Gebot war, wollten sie sich gern darum drücken. Von Musa ein Wunder zu erwarten, das war ja ganz einfach, aber selbst etwas zur Lösung des Problems beitragen, das wollten sie nicht, und schon gar nicht eine ganze Kuh, auch wenn sie viele andere Kühe hatten. Darum sagten sie: „Bitte doch Gott, uns bekannt zu geben, was für eine Kuh es sein soll." Dies tat Musa, und schon bald kam er mit der Antwort: „Gott spricht, die Kuh soll weder zu alt noch zu jung sein, sondern mittleren Alters. Und nun tut, was euch befohlen wurde." Aber das taten die Kinder Israel nicht, sondern sagten: „Bete doch noch einmal zu Gott, denn wir wissen doch überhaupt nicht, welche Farbe die Kuh haben soll." Bald kam Musa mit der Antwort: „Sie soll gelblich-braun sein, von einem schönen satten Farbton, sodass das Anschauen Freude macht."

Aber noch immer wollten die Kinder Israel nicht nachgeben, sondern sagten: „Bete noch einmal zu Gott für uns, damit Er uns sagt, welche es sein soll. Für uns sind alle Kühe gleich, und wir wollen doch nur, dass Gott uns rechtleitet." Musa antwortete: „Es soll eine Kuh sein, die nicht dazu gebraucht wurde, den Pflug zu ziehen oder ein Wasserschöpfrad zu drehen. Sie soll vollkommen und ohne Fehler sein." Da mussten nun die Kinder Israel ihre Einwände aufgeben, und sie sagten: „Endlich hast du uns die Wahrheit gebracht." Dann suchten sie eine Kuh aus und opferten sie, aber es hätte nicht viel gefehlt, und sie hätten es nicht getan.

Bei alledem war der Mörder unerkannt dabei gewesen. Er wusste, dass vor Gott nichts verborgen bleibt, und deswegen bekam er immer mehr Angst davor, entdeckt zu werden. Als dann die Kinder Israel aufgefordert wurden, einen Teil von der geopferten Kuh zu nehmen und den toten Mann damit zu berühren, konnte er sich nicht mehr beherrschen und gab zu, dass er die Tat begangen hatte. So war der Fall geklärt und das Misstrauen verschwunden.

Es gab aber auch eine Reihe von Leuten, deren Herzen hart wie Felsgestein waren und sogar noch härter, denn sogar unter den Felsen gibt es solche, aus denen Bäche hervorquellen oder die sich spalten und Wasser herausbrechen lassen, und andere, die sich aus Ehrfurcht vor Gott niederwerfen. Ein solcher hartherziger Mann war Qarûn, der ungeheuer reich war und so viele Schätze besaß, dass allein die Schlüssel zu den Schatzkisten für mehrere starke Männer schwer zu tragen gewesen wären. Darauf war er sehr stolz und dachte nicht daran, dass der Lebensunterhalt für die Menschen nur von Gott kommt. Niemals wäre er auf den Gedanken gekommen, den Armen von seinem Reichtum abzugeben. Deshalb wollte er auch nicht Gottes Geboten folgen, sondern versuchte, sich gegen Musa aufzulehnen und die Kinder Israel gegen ihn aufzuhetzen, indem er ihnen Geschenke und Versprechungen machte. Aber die Leute hatten kein Vertrauen zu ihm, weil sie seinen schlechten Charakter kannten und sagten zu ihm: „Prahle nicht so, denn Gott liebt nicht die Leute, die mit ihren Reichtümern prahlen. Tue lieber etwas mit deinen Schätzen und erwirb dir damit Gutes im zukünftigen Leben. Gib wenigstens den Bedürftigen von dem, was Gott dir gegeben hat, und stifte keinen Unfrieden."

„Ach was", erwiderte er, „meinen Reichtum habe ich mir mit Klugheit und Geschick selbst erworben." So fuhr er fort, mit seinen Reichtümern zu prahlen. Er glaubte, er könne die ganze Welt kaufen und dachte nicht eine Minute lang daran, dass sein Leben nur eine begrenzte Anzahl von Jahren dauerte und dass Gott an-

dere hatte sterben lassen, die noch reicher waren als er. Er freute sich, wenn die Leute neidisch wurden und sagten: „Ach wären wir doch so reich wie Qarûn." Vergessen war die Rettung aus der Sklaverei in Ägypten und der Untergang des hochmütigen Pharao. Aber nur die Unwissenden beneideten ihn. Wer vernünftig war, sagte: „O weh! Gottes Belohnung für die Menschen, die Gutes tun, ist besser als alle irdischen Schätze, die nur die Menschen hochmütig machen."

Qarûn wartete darauf, in das versprochene Land zu kommen. Dann, so meinte er, wollte er schon allen zeigen, dass er mit seinem Gold die Macht im Volk erlangen konnte. Sein Vorbild war der Pharao, der inmitten seiner Pracht über ein Heer von Sklaven befehlen konnte. Solch ein König wollte er werden, und damit prahlte er vor den Kindern Israel. Aber Gott hatte die Kinder Israel nicht deswegen befreit, damit sie einem neuen Tyrannen in die Hände gerieten. Ein freies Volk sollten sie sein und niemandem dienen außer ihrem Schöpfer.

Eines Nachts, als Qarûn ein Fest veranstaltet hatte, um seine Reichtümer zur Schau zu stellen und zu prahlen, was er alles tun wollte, wenn sie nur erst in dem versprochenen Land angekommen wären, da spaltete sich unter ihm die Erde und verschlang Qarûn mit all seinen Schätzen. Da sagten die Leute, die ihn tags zuvor noch beneidet hatten:

„Gott gibt und nimmt. Wäre Er uns nicht gnädig gewesen, dann wären wir mit in die Erdspalte gefallen. Und sein Reichtum hat ihm nichts genützt. Von Gottes Weg abzukommen, hat kein gutes Ende."

Musa wurde sehr alt. Als die vierzig Jahre in der Wüste beinahe um waren und die Kinder Israel wieder an der Grenze des versprochenen Landes standen, starb er. Sein Auftrag war erfüllt.

*Gottes Friede sei mit Musa und Harûn.*

## Zugrunde liegende Qur'antexte

| | |
|---|---|
| **Surah 2:67 – 74** | Opferung der Kuh |
| **Surah 5:20 – 27** | Weigerung zu kämpfen, 40 Jahre in der Wüste |
| **Surah 6:84** | Mose war rechtgeleitet wie andere Gesandte |
| **Surah 28:76 – 82** | Qarûn prahlt mit seinen Schätzen, Qarûns Untergang |
| **Surah 29:39** | Qarûn |
| **Surah 53:36** | Moses Schriften |
| **Surah 87:19** | Moses Schriften |

## Biblische und andere Parallelen

**Numeri 10:11 – 15:45; Numeri 15:32 – 36**
(Aufstand der Rotte Korah)

**Deuteronomium 21:1 – 9**
(Opferung einer Kuh im Zusammenhang mit einem anonymen Mord)

## Anmerkungen

Qarûn wird oft mit dem biblischen Korah identifiziert; eine solche Verbindung ist aber nicht unbedingt notwendig. Qarûn wird im Qur'an auch mit Pharao (als Typ des politischen Tyrannen) und Haman (als Typ des intellektuell Verblendeten) in Verbindung gebracht und steht für wirtschaftliche Überheblichkeit.

## Die Kinder Israel und ihr Land

# 20 Der Geduldige

Nach Musas Tod wurden weise Männer ausgesucht, die die Bani Israel in das versprochene Land führen sollten. Das Volk, das dort lebte, war durch seine Götzendienerei furchtsam und kraftlos geworden. Die Menschen waren so voller Angst vor ihren selbstgemachten Götzen und bösen Geistern, dass sie alles taten, was ihre betrügerischen Anführer von ihnen verlangten. Ja, sie opferten sogar ihre eigenen Kinder den Götzen. Gott hatte den Bani Israel befohlen, die Götzen zu zerstören, ihre Priester zu vertreiben und in Zukunft dafür zu sorgen, dass Gottes Gebote befolgt würden und das Land ein Beispiel für alle Nationen der Welt würde.

Die Bani Israel hielten also Einzug in Palästina und gelangten bald an eine große befestigte Stadt, die sie belagerten. Die Bewohner leisteten nur wenig Widerstand, und bald hatten die Bani Israel die Stadtmauer erstürmt.

Da sagte Gott zu den Bani Israel: „Tretet in diese Stadt ein und genießt die guten Dinge, die es da zu essen gibt, aber verhaltet euch den Leuten gegenüber nicht hochmütig und ungerecht, sondern seid demütig und bescheiden und sprecht freundliche Worte und sagt ‚Hittatun‘ (Vergebung) und ‚Ich will euch eure Fehler vergeben und euch viel Gutes schenken.‘“

Aber als die Bani Israel die Stadt eingenommen hatten, wurden ihre Anführer gierig und wollten nicht demütig und bescheiden sein. Sie verdrehten das Wort, das Gott zu ihnen gesprochen hatte, sodass ein anderes daraus wurde. Sie sagten nicht „Hittatun“ (Vergebung), sondern „Hintatun“ (Plünderung) und befahlen, die Stadt zu plündern und die Bewohner zu töten oder zu vertreiben. Dabei ließen sie die Götzenpriester mitsamt ihren Götzen entkommen. Dann besetzten sie die Stadt, als wenn sie ein Recht darauf hätten.

Aber nicht lange wohnten sie ungestört darin. Bald darauf brach die Pest aus. Die gierigen Anführer, die das Volk zum Plündern aufgefordert und Gottes Wort verdreht hatten, wurden krank und starben.

Gott wählte nun selbst die Leute aus, die das Volk in Zukunft führen sollten. In den kommenden Jahren vertrieben die Bani Israel alle Götzenpriester aus Palästina. Sie gründeten selbst Städte, unter ihnen die Stadt Jerusalem. Dort wurde die Lade mit den Tafeln aufbewahrt, auf die Gottes Gebote geschrieben waren. Die Bani Israel bearbeiteten die Äcker und hielten Vieh. Jeden Samstag hielten sie Feiertag, den Sabbath. An diesem Tag durfte im ganzen Land niemand eine Arbeit anrühren. Sie versammelten sich, und der von Gott auserwählte Prophet las ihnen von den Tafeln vor und ermahnte sie, an Gott zu denken und Gutes zu tun. So ließ Gott das Volk, das jeder für schwach und unbedeutend gehalten hatte, im Land wohnen und schickte ihm Seinen Segen.

Aber im Laufe der Zeit vergaßen die Bani Israel wieder, welchen Bund sie mit Gott geschlossen hatten. Sie wollten nicht ständig an ihre Aufgabe erinnert werden, ein Vorbild für andere Völker zu sein, sondern wollten lieber viel Geld und Macht erwerben. Statt die Schrift zu studieren und sich gegenseitig zum Guten anzuregen, wollten sie gedankenlosen Vergnügungen nachgehen.

Da geschah es einmal in einem Fischerdorf am Meer, dass die Fischer eine ganze Woche lang nichts gefangen hatten. Als der Sabbath anbrach, gingen sie hinaus, um in ihrem Versammlungshaus zu beten. Auf einmal schaute einer von ihnen über das Meer und sah einen Schwarm Fische, die alle dicht an der Oberfläche schwammen und ab und zu aus dem Wasser sprangen. „Holt schnell eure Netze!“, rief er den anderen zu. Einige sagten: „Heute ist Sabbath. Da sollen wir doch nicht arbeiten, sondern an Gott denken und die Schrift lesen. Hat uns Gott nicht sechs Tage zum Fischen gegeben? Da können wir doch wenigstens am siebten Tag an Ihn denken und Ihm für alles Gute danken und mit

dem zufrieden sein, was Er uns gibt."
Die meisten aber dachten nur an den Gewinn, den sie von den Fischen haben würden. Sie erwiderten: „Was haltet ihr uns lange Vorträge? Gott will uns vielleicht bestrafen, darum verbietet Er, am Sabbath zu arbeiten." Ohne weitere Rücksicht auf die warnenden Stimmen holten die Männer ihre Netze, schoben die Boote ins Wasser und fischten. Gott sprach: „Werdet zu Affen, von den Menschen verachtet."

Gier und Machtstreben macht die Menschen schwach. Je mehr die Bani Israel ihren Bund mit Gott vergaßen wie die Fischer in jenem Dorf, um vergänglichen Reichtum zu erwerben, um so weniger konnten sie sich gegen ihre Feinde verteidigen. Schon hatten die benachbarten Philister ihre Schwäche bemerkt und warteten auf eine günstige Gelegenheit, Palästina für sich zu erobern.

Gleichzeitig fingen die Bani Israel auch an, sich anderen Völkern gegenüber hochmütig zu verhalten. Gott hatte sie als Vorbild für die Nationen auserwählt, aber sie taten so, als wären sie deshalb besser als alle anderen Völker. Dadurch wurden sie schwach und angreifbar. Als vom Meer her die Philister kamen und immer wieder Dörfer und Städte der Bani Israel angriffen, konnten sie sich nur schwer zur Wehr setzen. Schließlich drangen die Philister bis nach Jerusalem vor und raubten die Lade mit den Tafeln.

Umsonst machte ein Prophet den Bani Israel Vorwürfe. Sie fanden viele Entschuldigungen, um nicht die Philister verfolgen und die Tafeln mit Gottes Geboten zurückholen zu müssen. Einige von ihnen waren sogar insgeheim froh, nicht mehr jeden Sabbath von diesen Tafeln eine Ermahnung vorgelesen zu bekommen. Schließlich griffen die Philister wieder an und vertrieben die Bani Israel aus vielen ihrer Städte und Dörfer.

Da sagten die Stammesältesten zu ihrem Propheten: „Wenn wir wie andere Völker einen König hätten, dann würden wir schon auf Gottes Weg kämpfen. Ernenne doch darum einen König für uns." Sie dachten nicht daran, dass sie viele Generationen lang ohne König im Land gelebt und ihre Großeltern sogar die Götzendiener daraus vertrieben hatten. Gott hatte ihnen befohlen, ihre Angelegenheiten in gegenseitiger Beratung zu regeln und auf niemanden zu hören als auf Ihn und Seinen Gesandten, sodass das von Ihm erwählte Volk nicht wieder von einem Tyrannen unterdrückt werden konnte, nachdem Gott es einmal aus der Macht des Pharao befreit hatte. Und nun kam dieses Volk und wollte einen König!

Der Prophet kannte die Bani Israel gut. Er erwiderte: Meint ihr nicht, dass ihr auch dann nicht kämpfen wollt, wenn der Aufruf von einem König kommt?" Aber die Ältesten der Bani Israel sagten: „Wie könnten wir uns weigern, auf Gottes Weg zu kämpfen, wo wir doch aus unserer Heimat und von unseren Familien vertrieben worden sind? Nur fehlt uns ein König, dem wir ins Feld folgen können."

Das hätten sie sicher auch ohne König tun können und wussten es wohl auch selbst. Der Prophet zog sich eine Zeitlang zurück, um zu beten, und als er schließlich wieder vor die Ratsversammlung der Ältesten trat, sagte er: „Gott hat Talût zu eurem König ernannt. Und nun folgt seinem Befehl."

Talût war zwar ein großer und starker Mann, aber er gehörte dem kleinsten und schwächsten der zwölf Stämme an. Gleich wurden die Ältesten neidisch auf ihn, denn jeder von ihnen wäre selbst gern König geworden, und sie protestierten: „Wie kann Talût unser König sein, wenn wir doch viel besser als er zu einem solchen Amt geeignet sind? Er hat ja nicht einmal viel Geld." Der Prophet erwiderte: „Gott hat Ihn für euch auserwählt und ihm Weisheit und Kraft im Überfluss gegeben. Gott sorgt für alles, und Er weiß alles." Und er fuhr fort: „Als Zeichen dafür, dass Gott es so gelenkt hat, wird die Lade mit den Tafeln, die von Musa und Harûn auf euch vererbt wurde, mit Frieden und Sicherheit zu euch zurückkommen. Dies soll ein Zeichen für euch sein, wenn Ihr wirklich glaubt."

Der neue König Talût wusste nun wohl, dass die meisten Männer in seinem Heer nur mit halbem Herzen kämpften und bei der ersten Gelegenheit davonlaufen würden. Er wollte lieber mit einem kleineren, aber schlagkräftigen Heer ins Feld ziehen. Darum beschloss er, die Kämpfer zu prüfen. Gott hatte ihm gesagt, wie er das tun konnte: Er beobachtete sie, als sie nach langem Marsch an einem Fluss vorbeikamen. Viele stürzten sich gierig auf das Wasser, um zu trinken. Nur wenige beherrschten sich und tranken höchstens ein bisschen Wasser, das sie mit der Hand schöpften. Der König schickte darauf alle, die sich unbeherrscht auf das Wasser gestürzt hatten, als kampfuntauglich zurück nach Hause. Die anderen führte er dem Feind entgegen. Selbstbeherrschung ist die größte Kraft.

Als sie den Fluss überquert hatten und weitermarschiert waren, wurden viele der Männer wieder mutlos und sagten: „Wir können heute gegen Jalût und sein Heer nicht kämpfen." Nur ein paar Männer, die auf Gott vertrauten, erwiderten: „Wie oft hat Gott es schon so gelenkt, dass ein kleines Heer ein großes überwunden hat! Gott hilft den Geduldigen." Als sie dem feindlichen Heer gegenübertraten, beteten sie: „Unser Schöpfer und Erhalter, gieße Geduld und Standhaftigkeit über uns aus und mach unsere Schritte fest. Steh uns bei gegen diejenigen, welche die Wahrheit ablehnen." Im Morgengrauen griff die kleine Schar mit viel Lärm die Philister an. Aus dem Schlaf aufgeschreckt, glaubten diese, ein viel größeres Heer hätte sie überrumpelt. Entsetzt ergriffen sie die Flucht und ließen dabei die Lade mit den Tafeln zurück. Talût und seine Männer kehrten damit nach Jerusalem zurück zur großen Beschämung derjenigen unter den Bani Israel, die Gottes Gebote nicht befolgen wollten.

## Zugrunde liegende Qur'antexte

**Surah 2:58 – 59** Verdrehung der Worte und Übergriffe auf eroberte Städte

**Surah 5:47 – 48** die Thora mit Führung und Licht

**Surah 11:110** Uneinigkeit um die Thora

**Surah 2:247 – 149** Talût wird König, Auswahl der Kämpfer nach Selbstdisziplin

## Biblische und andere Parallelen

Die Bücher **Josua, Richter, 1. Samuel 1:1 – 15:35**, alle mit vielen Einzelheiten.

## Anmerkungen

Die Landnahme, die in der biblischen Darstellung mit allen Details im Vordergrund steht, spielt im Qur'an keine Rolle, da es hier nicht um die Geschichte eines spezifischen Volkes, sondern um universale ethische und spirituelle Prinzipien geht.

In diesem Zusammenhang steht auch die Kritik des Qur'an am Vorgehen der Kinder Israel bei der Eroberung Palästinas.

Die Episode mit dem Fischen am Sabbath hat keine biblische Parallele; allerdings wird in Numeri 15:32 – 36 ein Fall geschildert, wo Leute, die den Sabbath missachteten, zum Tode verurteilt und gesteinigt wurden.

Die Sesshaftwerdung in Palästina bietet eine neue Chance, als eigenständiges freies Volk alle Angelegenheiten in gegenseitiger Beratung selbst zu regeln und Gott zu dienen. Bald tritt jedoch wieder Anspruchsdenken und der Wunsch nach einer menschlichen Autorität zutage, an die ein Teil der Verantwortung für das Wohl des Volkes abgetreten werden kann. Eine solche Autorität (der König) ist jedoch von der Handlungsbereitschaft und Selbstdisziplin des Volkes abhängig, nicht umgekehrt.

## Davûd und Jalût

# 21 Der Überwindende

Die Philister fanden bald heraus, dass sie sich bei dem Angriff im Morgengrauen getäuscht hatten und vor ein paar Männern und ihrem König geflohen waren. Um diese Schande wettzumachen, beschlossen sie, sich an den Bani Israel blutig zu rächen und sie endgültig aus Palästina zu vertreiben. Sie sammelten alle kampffähigen Männer und zogen gegen Jerusalem.

Die Bani Israel erfuhren, dass sich das Philisterheer ihrer Hauptstadt näherte, bereit zum tödlichen Angriff, und Angst ergriff das Volk. Alle griffen zu den Waffen und zogen mit ihrem König Talût den Philistern entgegen.

Zu jener Zeit gab es unter den Bani Israel einen alten Mann, der viele Söhne hatte. Sie alle waren mit dem König ins Feld gezogen, bis auf Davûd, dem Jüngsten von ihnen, der noch zu klein dazu war. Er blieb bei seinem alten Vater und hütete die Schafe. Davûd hatte eine außerordentlich schöne Stimme, und Gott gab ihm Lieder ein, die Seine Herrlichkeit priesen. Immer wenn Davûd diese Lieder vortrug, war jeder gerührt, der sie hörte. Alle Vögel stimmten mit ein, und selbst die Berge blieben nicht still, sondern sangen das Echo zurück. Niemand ahnte, dass Gott Davûd auserwählt hatte, später Sein Gesandter zu werden. Aber wegen seiner Lieder war er schon als Kind im ganzen Land bekannt, und selbst der König ließ ihn manchmal holen, wenn er traurig und mutlos war, damit er seine Lieder hören konnte. Aber nun war der König mit seinem Heer in den Krieg gezogen, und in einem großen offenen Feld standen sich die beiden Heere gegenüber, das starke und schwer bewaffnete Philisterheer und die schwachen und furchtsamen Bani Israel.

Plötzlich trat aus dem feindlichen Heer der Anführer hervor, der berüchtigte Jalût, der riesig groß und stark war. Er war außerordentlich stolz auf seine Kraft und ließ sich gern bewundern. Er rief: „He, wer will mit mir kämpfen? Heraus, wer einen Zweikampf mit mir wagt! Mich kann niemand schlagen."

Da verließ auch die tapfersten Männer der Bani Israel der Mut. Keiner von ihnen war auch nur im Entferntesten so groß und stark wie Jalût. Sie wussten nicht, was sie auf seine Herausforderung antworten sollten. Selbst König Talût fürchtete sich.

Auf einmal kam Davûd angelaufen. Er hatte in der Nähe des Kampfplatzes die Schafe gehütet und wollte den Kämpfern etwas Milch und Käse bringen. Er hörte die Herausforderung des Riesen, aber er hatte keine Angst vor ihm, denn er vertraute auf Gott, der mächtiger ist als alle anderen. Er rief dem verzweifelten König zu: „Ich will mit Jalût kämpfen."

Die Männer der Bani Israel waren entsetzt. Der Junge hatte ja nicht einmal Waffen bei sich, nur eine Steinschleuder, wie sie Jungen manchmal bei sich tragen. Nicht einmal einen Helm hatte er und als jemand ihm seinen eigenen Helm aufsetzen wollte, war dieser viel zu groß für Davûd. Trotzdem trat der Junge vor.

Als Jalût ihn sah, war er beleidigt. „Was für ein Zwerg will mit mir kämpfen? Ihr wollt mich wohl zum Narren halten?", rief er. Aber er hatte kaum den Satz zu Ende gebracht, da legte Davûd

einen Stein in die Schleuder und schoss ihn dem Riesen an die Schläfe. Jalût fiel um und war auf der Stelle tot.

Da wurde das ganze feindliche Heer vom Schrecken ergriffen. Alles schrie durcheinander und rannte schließlich Hals über Kopf davon. Sogar ihre Waffen ließen sie liegen. Denn wenn die Bani Israel nur wenige Männer gegen ihr großes Heer ins Feld schickten und wenn schließlich ein unbewaffneter Junge ihren großen Feldherrn mit einer Steinschleuder töten konnte, dann musste eine unbekannte Macht mit ihnen im Bunde sein.

Die Männer der Bani Israel waren erstaunt und verblüfft über den unerwarteten Sieg. Sie schämten sich auch ein bisschen, weil sie erst von einem Jungen lernen mussten, auf Gott zu vertrauen.

## Zugrunde liegende Qur'antexte

**Surah 2:251** Davûd wehrt Jalût ab

## Biblische und andere Parallelen

**1. Samuel 17:1 – 58**

## Anmerkungen

Davûd entspricht dem biblischen David.

Die Geschichte wird in der Überlieferungs- und Kommentarliteratur weit ausgiebiger behandelt als in dem knappen Nebensatz im Qur'an, als Lehrstück für Vertrauen seitens des Menschen und Führung und Segen seitens Gottes.

## Davûd wird König

# 22 Der sich Zuwendende

Der König ließ Davûd zu sich kommen und lobte ihn sehr. Er ließ den Jungen bei sich im Palast wohnen und behandelte ihn wie seinen eigenen Sohn.

So wuchs Davûd zu einem großen starken Mann heran. Gott gab ihm nicht nur Lieder ein, sondern Er lehrte ihn, Eisen zu schmelzen und daraus Panzerhemden und Schilde zu machen, durch welche die Soldaten vor den Waffen der Feinde geschützt waren. Er gab ihm Gebete ein und forderte ihn auf, Gerechtigkeit zu üben und die Menschen vor Willkür und Unterdrückung zu schützen. Er sollte sie auch ermahnen, an Gottes Offenbarung festzuhalten und auf Ihn allein zu vertrauen, denn das ist der beste Schutz in diesem Leben, und im zukünftigen Leben werden die Gewissenhaften weder Furcht noch Trauer erleben. Als Talût nach vielen Jahren alt wurde und starb, wurde Davûd König der Bani Israel.

Während Davûds Herrschaft lebten die Bani Israel in Frieden mit ihren Nachbarvölkern und in Sicherheit vor ihren Feinden. Davûd sorgte dafür, dass es keine Diebe, Räuber, Mörder und Betrüger im Land gab und dass alle fleißig arbeiteten und sich gegenseitig halfen, sodass niemand Not zu leiden brauchte. Als Richter versöhnte er Streitende und war in allen Ländern für seine Gerechtigkeit berühmt.

Abends zog sich Davûd in sein privates Zimmer zurück, um zu beten und die Schrift zu lesen. Da kamen eines Abends zwei Männer zu ihm, und nicht etwa durch die Tür, wie es sich gehört, denn da hätte sie sicher der Wächter zurückgeschickt, damit sie den König nicht zu so später Stunde noch stören. Nein, sie kletterten einfach über die Mauer. Davûd erschrak, denn die beiden hätten ja Mörder oder Aufrührer sein können.

Die beiden Männer aber sagten zu ihm: „Du brauchst keine Angst vor uns zu haben. Wir sind nur zwei Brüder, die miteinander in Streit geraten sind, und wir wollen, dass du zwischen uns entscheidest, ohne dass die ganze Öffentlichkeit davon erfährt, denn wir wissen, dass du gerecht bist und uns den rechten Weg zeigen kannst."

Und der Eine von ihnen trug den Grund für ihren Streit vor: „Mein Bruder hier hat neunundneunzig Schafe, und ich habe nur ein einziges Schaf. Dennoch verlangt er, ich soll mein Schaf ihm überlassen. Außerdem redet er mit mir, als wäre ich sein Feind und nicht sein Bruder."

„Das ist sicherlich ungerecht", erwiderte Davûd. „Er sollte nicht auch noch dein einziges Schaf verlangen, wenn er schon selbst so viele hat. Viele Leute versuchen heutzutage, Vorteile von anderen zu erlangen, außer denen, die aufrichtig sind und nach Gerechtigkeit streben. Aber wie wenige sind das!"

Als er so gesprochen hatte, wusste Davûd plötzlich, dass Gott die beiden Männer zu ihm geschickt hatte, um ihn zu prüfen und zu ermahnen. Denn hatte Gott ihm nicht so viel geschenkt? Einst war er ein einfacher Hirtenjunge gewesen, und jetzt war er ein König und ein Gesandter Gottes, und er war berühmt für seine Weisheit und Gerechtigkeit. Er war zufrieden mit dem, was Gott ihm gegeben hatte.

An jenem Abend sah er aber klar und deutlich, dass Gott ihn davor warnen wollte, durch seine Würde und Berühmtheit stolz und hochmütig zu werden und dadurch Gottes Weg zu verlassen, um den eigenen Launen zu folgen. Denn dann wäre aus ihm ein ungerechter Tyrann geworden.

Davûd hatte einen Sohn namens Sulaimân. Der war schon als kleiner Junge so klug, dass er alle Erwachsenen im Land übertraf. Mit elf oder zwölf Jahren half er seinem Vater bei den Regierungsgeschäften, und alle wunderten sich, wie viel Weisheit Gott ihm gegeben hatte.

Einst kamen zwei Nachbarn zu Davûd und baten ihn um ein gerechtes Urteil in ihrem Streit. Der eine besaß eine Herde Schafe, deren Wolle und Milch er verkaufte, und davon lebte er mit seiner Familie. Der andere besaß einen Acker, auf dem er Weizen gesät hatte. Eines Tages hatte der erste Mann auf seine Schafe nicht aufgepasst, sodass sie auf den Weizenacker des Nachbarn gelaufen waren und alle jungen grünen Pflanzen aufgefressen hatten. Nun verlangte der Besitzer des Ackers, dass derandere den Schaden ersetzen sollte, aber dieser hatte überhaupt kein Geld, nur seine Schafe. Davûd sprach sein Urteil: „Der Besitzer der Schafe soll seine Tiere dem Besitzer des Ackers übergeben, damit der Schaden wiedergutgemacht wird.“ „Aber nur für ein Jahr“, fügte der junge Sulaimân hinzu, „nicht für immer. Denn die Schafe haben ja auch nur die Ernte von einem Jahr aufgefressen, und im nächsten Jahr kann man den Acker aufs Neue bestellen.“

Über diesen Richterspruch waren die beiden Nachbarn sehr froh, denn auf diese Weise wurde der Verlust ausgeglichen, ohne dass der Besitzer der Schafe zu hart bestraft wurde, und die beiden waren in Zukunft gute Freunde. So wurde Sulaimân schon als Kind berühmt für seine Weisheit, und als nach langen Jahren sein Vater Davûd starb, wurde er an seiner Stelle König der Bani Israel.

*Gottes Friede sei mit Davûd.*

## Zugrunde liegende Qur'antexte

| | |
|---|---|
| **Surah 4:163** | Davûd wurden die Psalmen gegeben |
| **Surah 6:84** | mit anderen: einer der rechtgeleiteten Nachfahren Ibrahims |
| **Surah 21:78–80** | Urteil über die Schafe in Nachbars Acker, Lobpreisung mit Bergen und Vögeln, Eisenbearbeitung und die Anfertigung von Panzerhemden |
| **Surah 34:10–11** | Lobpreisung mit Bergen und Vögeln, Anfertigung von Panzerhemden |
| **Surah 38:17–26** | Lobpreisung mit Bergen und Vögeln, Weisheit, Prüfung der Aufrichtigkeit anhand der Streitenden um ein Mutterschaf, Davûd als Khalîfa |

## Biblische und andere Parallelen

**2. Samuel 1:1–8:14; 12:25; 21:1–24:25**
**1. Chronik 11:1–29:30; die Psalmen**

## Anmerkungen

Sulaimân entspricht dem biblischen Salomo.

Während in der Bibel Davids politische Bedeutung für die Einigung und Konsolidierung des Reiches Israel und Juda ausführlich im Zentrum steht, geht es im Qur'an und der islamischen Überlieferung um Davûd als prophetischen König und als Typ des politischen Verantwortlichen, der die Prinzipien der Gerechtigkeit umsetzt und dabei Gott verherrlicht und dankbar ist.

Wenn er im Qur'an als Khalîfa, als Statthalter Gottes, bezeichnet wird, dann in dem Sinne, dass er seine Fähigkeiten für das Wohl der ihm anvertrauten Geschöpfe einsetzt und sich auch auf dem Höhepunkt der Macht seiner Abhängigkeit und Verantwortlichkeit bewusst bleibt bzw. diesbezügliche Prüfungen zu Herzen nimmt.

## Sulaimân wird König

# 23 Der Freundliche

Als Sulaimân seinem Vater Davûd auf den Thron folgte, verstand er nicht nur die Sprachen der Menschen, sondern auch die der Tiere und Vögel. Diese berichteten ihm alles, was sie auf ihren Streifzügen in der ganzen Welt sahen, alles Außergewöhnliche und Merkwürdige. Gott befahl dem Wind, Sulaimân zu dienen, sodass dieser seine Schiffe über die Weltmeere in ferne Länder schicken konnte. Ja, sogar die unsichtbaren Wesen und die Teufel mussten ihm dienen, und Sulaimân beschäftigte sie damit, auf dem Grund der Meere nach Perlen zu tauchen und andere schwere Arbeiten zu verrichten.

Nun sollte man meinen, dass Sulaimân sagenhaft reich gewesen sein muss, wenn all diese Wesen seinem Befehl gehorchten und ihm Gold und Silber, Perlen und Edelsteine brachten. Tatsächlich waren seine Schatzkammern ständig mit kostbaren Dingen aus allen Ländern der Erde gefüllt. Aber Sulaimân sagte: „Dies alles gehört nicht mir. Gott hat mir diese Schätze nur anvertraut, damit ich sie zum Nutzen des Volkes verwende.“ Er ließ an die Armen im ganzen Land Nahrung und Kleidung austeilen, sodass niemand mehr Not zu leiden brauchte, und er ließ Häuser, Straßen und Schulen bauen. Für sich selbst nahm er nichts von all diesen Schätzen, sondern verdiente mit eigenen Händen Geld für sein tägliches Brot. Alle arbeiteten für ihren Lebensunterhalt und erfüllten ihre Aufgabe in der Gesellschaft, sodass die Königsfamilie ein Vorbild für das ganze Volk war. Auf diese Weise herrschten im Land Frieden und Gerechtigkeit.

Weltberühmt waren auch Sulaimâns Pferde. Sie waren schlank und schnellfüßig und eine Freude für den Betrachter. Der König wachte persönlich darüber, dass sie gesund waren und es ihnen an nichts fehlte. Abends wurden sie ihm in einer Parade vorgeführt und Sulaimân sagte: „Ich liebe alles Schöne und Gute, denn es lässt mich an Gott denken.“ Wenn die Sonne untergegangen war und Sulaimân vom Abendgebet zurückkam, ließ er die schönen Pferde wieder zu sich bringen und fing an, sie zu streicheln und zu striegeln, bis ihr Fell glänzte.

Eines Tages, als Sulaimân in seinen Palast zurückkehrte, fand er auf seinem Thron eine leblose Gestalt sitzen, die genauso aussah wie er selbst. Er erschrak darüber und wusste zunächst nicht, ob er träumte oder wach war. Dann wurde ihm plötzlich klar, dass Gott ihm dies alles nur zeigte, um ihn zu erinnern und ihn zu Achtsamkeit zu ermahnen. Denn ohne Gottes Hilfe und Rechtleitung wäre er, der berühmte und gerechte König, nicht besser gewesen als ein Toter, und alle Reichtümer der Welt hätten nicht die Treue des Volkes sichern können. Er wandte sich zu Gott und sagte im Gebet: „Mein Schöpfer und Erhalter, vergib mir, und gib mir ein Königreich, wie es nach mir niemand mehr haben wird. Denn Du gibst ohne Maß.“ Dies sprach er nicht seinetwegen, sondern damit für die ganze Menschheit ein Beispiel dafür gesetzt würde, wie es aussieht, wenn die Menschen in Frieden untereinander und in Dankbarkeit zu ihrem Schöpfer leben.

Sulaimân beschloss, in der Hauptstadt Jerusalem ein Haus zu bauen, in dem die Menschen zu Gott beten und die Schrift studieren konnten, und es mit aller Pracht auszuschmücken. Er versammelte die stärksten und geschicktesten Leute und beauftragte sie mit dem Bau. Bis heute ist dieses Haus in der ganzen Welt

als „Bayt al-Maqdis“ (das Geheiligte Haus) oder als „Tempel von Jerusalem“ bekannt. Später, als sich die Bani Israel von Gottes Geboten abwandten und fremden Götzen dienten, wurden sie schwach, sodass ihre Feinde das Land eroberten und das herrliche Gebäude zerstörten.

Auf einer seiner Reisen führte Sulaimân seine Truppen durch ein Tal, das sonst nur selten Menschen betraten. Dort hatten Ameisen ihre Burg gebaut, und tagsüber waren sie fleißig damit beschäftigt, Nahrung zu suchen, die Burg auszubessern, ihre Jungen in den Sonnenschein hinauszutragen und viele andere Arbeiten zu tun. Denn die Ameisen sind bekanntlich ein Volk mit einer Königin, Arbeitern und Soldaten. Als die Ameisenkönigin Sulaimâns Truppen herannahen hörte, rief sie: „Ihr Ameisen, geht in eure Wohnungen, damit euch Sulaimân mit seinem Heer nicht zertritt.“ Denn sie wusste sehr wohl, dass Menschen so groß sind, dass sie die winzigen Ameisen oft nicht einmal sehen und mit einem einzigen Schritt viele von ihnen zertreten können, ohne es zu wollen oder überhaupt zu bemerken.

Sulaimân hatte aber gehört, was die kleine Ameise gesprochen hatte. Er lächelte und sagte: „Mein Schöpfer und Erhalter, lass mich dankbar werden für alles Gute, das Du mir und meinen Eltern gegeben hast, damit ich Gerechtigkeit übe, sodass Du mit mir zufrieden bist und mich zu Deinen gerechten Dienern zählst.“

## Zugrunde liegende Qur'antexte

| | |
|---|---|
| **Surah 6:84** | mit anderen: einer der rechtgeleiteten Nachfahren Ibrahims |
| **Surah 21:79 – 82** | Urteil über die Schafe in Nachbars Acker, Wind und Dämonen sind ihm dienstbar |
| **Surah 27:15 – 19** | Sulaimân und die Ameisen |
| **Surah 34:12 – 14** | Wind und Dämonen sind ihm dienstbar, Sulaimâns Tod |
| **Surah 38:30 – 40** | Sulaimâns Pferde, Prüfung durch eine leblose Gestalt, Wind und Dämonen sind ihm dienstbar |

## Biblische und andere Parallelen

**1. Könige 1:1 – 9:28;**
**2. Chronik 1:1 – 9:31; Sprüche Salomos**

## Anmerkungen

Sulaimân entspricht dem biblischen Salomo.

Wie es schon bei Davûd der Fall war, ist Sulaimân ein weiteres Beispiel für einen prophetischen König. Bei ihm steht die Weisheit im Vordergrund, die sich in Gerichtsurteilen äußert sowie darin, dass ihm die Naturkräfte dienstbar sind und er die Sprache der Tiere versteht, also Einsicht in tiefe Zusammenhänge der Schöpfung hat.

## Sulaimân und die Königin von Saba

# 24 Der Hörende

Jeden Abend kamen die Vögel zu Sulaimân, um Bericht zu erstatten über das, was sie tagsüber beobachtet hatten. Eines Abends vermisste Sulaimân den Wiedehopf. Er fragte: „Wo ist er geblieben? Er ist doch nicht etwa faul und kommt nicht? Dann verdient er nämlich eine Strafe, wenn er nicht einen triftigen Grund hat."

Aber der Wiedehopf war nur verspätet. Atemlos kam er bald darauf angeflogen und berichtete: „Weit bin ich geflogen. Ich habe etwas gesehen, was du noch nie gesehen hast, und zwar in einem Land, das Saba heißt. Dort fand ich, dass eine Frau über die Bewohner herrscht und auf einem herrlichen Thron sitzt. In ihrem Land gibt es reichlich Gold und Edelsteine und Gewürze. Außerdem sind die Leute gebildet und begabt. Aber sie dienen außer Gott der Sonne. Der Teufel hat ihnen diese Idee eingeflüstert, um sie vom Weg zu Gott fernzuhalten, sodass sie nicht wissen, dass von Gott das wahre Licht kommt und dass Er weiß, was im Himmel und in der Erde verborgen ist. Außer Gott gibt es keinen Gott."

Schon lange zuvor hatte das Volk von Saba eine Warnung bekommen. Es gab in ihrem Land herrliche Gärten, in denen alle Arten von Früchten im Überfluss wuchsen.

Quer durch dieses schöne Land führte die große Karawanenstraße, auf der die Kaufleute mit Gewürzen und Weihrauch aus Afrika weiter nach Mekka und dann nach Mesopotamien und Ägypten reisten. So viel hatte Gott dem Volk dieses Landes gegeben. Dennoch waren die Reichen unter ihnen hochmütig und gierig geworden. Sie hatten Götzenpriester ins Land geholt, die das Volk mit Aberglauben und Angst betrogen. Die Leute sollten nicht Gott verehren, sondern die Sonne. Die Priester und Fürsten galten als „Söhne der Sonne" und verlangten bedingungslosen Gehorsam. Tag und Nacht dachten sie darüber nach, wie sie immer reicher werden konnten. Schließlich fingen sie sogar an, die fremden Kaufleute zu belästigen, die durch ihr Land zogen. Sie verkauften ihnen Speise und Trank zum vielfachen Preis und ließen sie für ein einfaches Nachtlager teuer bezahlen, statt sie als ihre Gäste zu bewirten.

Sulaimân erwiderte: „Ich werde bald herausfinden, ob du die Wahrheit gesagt oder übertrieben hast." Denn all das erschien ihm sehr merkwürdig. Er schrieb der fremden Königin einen Brief, in dem er sie aufforderte, zu ihm zu kommen, damit er mit ihr über all diese Dinge sprechen konnte. Diesen Brief lieferte der Wiedehopf am nächsten Tag bei ihr ab.

Die Königin war sehr verwundert, als sie einen Brief bekam, ohne den Boten gesehen zu haben, noch dazu offensichtlich aus einem fernen Land. Sie öffnete ihn und las ihn ihren Ministern und Beamten vor: „Im Namen Gottes, des Erbarmers, des Barmherzigen! Sei nicht hochmütig, sondern komm in Demut zu mir und wende dich zu Gott."

„Was soll ich tun?", fragte sie dann ihre Berater. „Ich will nichts entscheiden, ohne vorher euren Rat anzuhören. Der Brief kommt von Sulaimân, einem edlen König."

„Wir sind stark und mächtig", sagten die Berater, „und wir haben eine großes Heer, das zum Kampf bereit ist. Aber du hast zu entscheiden." Sie glaubten nämlich, Sulaimân sei ein König wie jeder andere, der fremde Länder erobern wollte, um seine Macht und seinen Ruhm zu vermehren. Aber die Fürsten und Beamten fürchteten auch noch etwas anderes. Sie hatten seit langer Zeit das Volk betrogen, um Macht und Geld zu erlangen, und wussten, dass es damit vorbei sein würde, wenn ihre Königin auf Sulaimâns Botschaft hörte. Am liebsten wollten sie darum gleich Sulaimân den Krieg erklären und machten der Königin diesen Vorschlag.

Sie dachte eine Weile nach und sagte dann: „Wenn Könige im Krieg in eine Stadt einmarschieren, dann zerstören sie sie und erniedrigen ihre Bewohner. Krieg bringt nicht viel Gutes. Ich will ihm lieber ein Geschenk schicken und abwarten, welche Antwort meine Botschafter von ihm bringen."

Als jedoch die Gesandtschaft mit ihrem wertvollen Geschenk bei Sulaimân eintraf, sagte dieser: „Ich brauche keine Geschenke. Gott hat mir ebenso viele kostbare Dinge gegeben wie euch. Er hat mir auch Führung und Leitung gegeben, die unendlich viel besser ist als alle Güter dieser Welt. Behaltet euer Geschenk, denn ihr könnt mich dadurch nicht daran hindern, mit meinem Heer zu euch zu kommen, um euch zu demütigen."

Als die Königin diese Botschaft erhielt, war sie sehr beeindruckt. Sie hatte noch nie zuvor jemanden getroffen, der nicht mit Freude ein so wertvolles Geschenk wie ihres angenommen oder gar ablehnend auf seine eigenen Güter hingewiesen hätte. Aber sie merkte auch, dass Sulaimân sie offensichtlich missverstanden hatte und dachte, sie wolle mit ihren Geschenken sein Wohlwollen erkaufen. Darum machte sie sich unverzüglich auf die Reise zu ihm, um zu sehen, was das Geheimnis dieses merkwürdigen Königs war, und um das Missverständnis zu klären.

Als Sulaimân erfuhr, dass sie aufgebrochen war, bereitete er alles für ihren Besuch vor. Er war ja nicht nur ein König, sondern auch ein prophetischer Lehrer, und er wollte nicht die fremde Königin und ihr Land unter seine Herrschaft bringen, sondern ihr den Weg zu Gott zeigen, damit jenes Volk ebenso wie die Bani Israel in Frieden und Gerechtigkeit leben und ein Beispiel für die Menschheit werden konnte. Aus diesem Grund wünschte er, dass ihr eigener Thron zu ihm gebracht würde, damit sie als geehrter Gast darauf Platz nehmen konnte. Er fragte: „Wer kann mir ihren Thron bringen, bevor sie zu mir kommt?" Da trat ein riesiger starker Jinn vor. „Ich kann dir den Thron bringen, bevor du von dieser Ratsversammlung aufstehst, denn ich bin unglaublich stark, und du kannst dich auf mich verlassen", rief er mit Donnerstimme. Dann meldete sich aber ein weiser Mann, der Gottes Offenbarung und viele Geheimnisse aus der ganzen Welt kannte. „Ich werde ihn in einem einzigen Augenblick zu dir bringen", sagte er. Sulaimân sagte: „Dies geschieht durch Gottes Gnade, um mich zu prüfen, ob ich undankbar und hochmütig oder dankbar und bescheiden bin. Denn wenn ein Mensch dankbar ist, nützt er damit seiner eigenen Seele. Aber wenn er undankbar ist, dann ist doch Gott frei von allen Mängeln und steht an Ruhm und Ehre über allem."

Sulaimân ließ den Thron nun so verändern, wie es sich für den Thron einer Königin gehört, die dem rechten Weg folgt, und sagte: „Wir wollen sehen, ob sie ihren eigenen Thron wiedererkennt, denn das kann sie nur, wenn ihr Blick nicht von Fantasievorstellungen und selbstsüchtigen Wünschen getrübt ist."

Schließlich kam die Königin in Sulaimâns Hauptstadt an. Sulaimân und die höchsten Würdenträger des Landes gingen ihr entgegen. Sie zeigten ihr ihren Thron und fragten: „Ist das nicht dein Thron?" Sie antwortete: „Meiner sieht genauso aus. Das erinnert mich daran, dass wir in alten Zeiten von Gott Wissen erhalten haben, und unsere Vorfahren waren Gottes Diener."

Sulaimân und die Königin sprachen lange Zeit miteinander, und er erklärte ihr, wie sich die Dinge in Wahrheit verhielten. Endlich kamen sie an Sulaimâns Palast an. Die Königin aber hielt den Palast für einen See, und als Sulaimân sie einlud einzutreten, hob sie den Rock, damit ihr Saum nicht nass würde. Sulaimân sagte zu ihr: „Nein, das ist kein See, sondern nur mein Palast, dessen Boden mit klarem durchsichtigem Glas getäfelt ist." Da schaute die Königin näher hin. Sie erkannte ihren Irrtum, und gleichzeitig wurde ihr klar, dass sie bisher oft nur oberflächlich hingeschaut hatte und deswegen manchmal ungerecht gewesen war. Sie sagte: „Ich habe tatsächlich Unrecht gegen mich selbst begangen. Aber jetzt will ich wie Sulaimân nur dem Schöpfer und Erhalter der Welten ergeben sein." Sulaimân und die Königin von

Saba blieben gute Freunde, als sie nach diesem Besuch wieder in ihre ferne Heimat zurückkehrte.

Als er alt geworden war, starb Sulaimân, noch während er auf seinem Thron saß. Niemand bemerkte, dass er nicht mehr am Leben war, nicht einmal die unsichtbaren Wesen, die mit dem Bau seines Gebetshauses beschäftigt waren und es bald darauf fertigstellten. Erst als ein Wurm den Stab annagte, auf den er sich stützte, sank er zusammen. Sogleich ließen die Wesen, die ihm gedient hatten, ihre Arbeit liegen und machten sich davon. Denn niemand hatte zukünftig von Gott die Macht, sogar die Teufel zu nützlicher Arbeit zu zwingen.

*Gottes Friede sei mit Sulaimân.*

## Zugrunde liegende Qur'antexte

**Surah 27:20 – 44** Sulaimân lädt die Königin von Saba zu sich ein, diplomatische Verwicklungen; Besuch und Erkenntnis der Einheit Gottes

**Surah 34:16 – 22** Vorgeschichte von Saba: Sonnenkult und Untergang

## Biblische und andere Parallelen

**1. Könige 10:1 – 29**
**2. Chronik 9:1 – 28**

## Anmerkungen

Weder in der Bibel noch im Qur'an wird die Königin von Saba mit Namen genannt, der Name Bilqîs stammt vielmehr aus der Überlieferung. Sie wird oftmals als das weibliche Äquivalent zu Sulaimân dargestellt.

Während in der biblischen Schilderung offenbleibt, woher die Initiative zu diesem Besuch kommt, wird im Qur'an hervorgehoben, dass sie von Salomo in Verbindung mit seinem prophetischen Auftrag ausgeht.

## Die Geschichte von Ilyâs

# 25 Der Eine

Nachdem Sulaimân gestorben war, folgten ihm andere Könige. Längst nicht alle von ihnen waren weise und gerecht, und keiner von ihnen war mit Davûd und Sulaimân zu vergleichen. Zwar waren sie stolz darauf, dass Davûd und Sulaimân für Frieden und Sicherheit gesorgt hatten und dass es keine Räuber und Diebe mehr im Land gab, aber sie taten nicht viel, um selbst Frieden und Gerechtigkeit zu erhalten. Stattdessen versuchten sie, es den Königen der Nachbarvölker gleichzutun, die sich auf Kosten ihrer Völker bereicherten und in Pracht und Luxus lebten. Sie heirateten sogar die Töchter ihrer götzendienerischen Nachbarkönige und erlaubten ihnen, ihre Götzen mitzubringen. Bald war der Götzendienst unter den Reichen des Landes eine Mode geworden, und nicht lange danach war er überall verbreitet. Die Bani Israel verehrten statt Gott einen furchtbaren Götzen namens Baal. Zu seinen Ehren veranstalteten sie verschwenderische Feste, bei denen sie abscheuliche Dinge taten. Ja, sie opferten dem furchtbaren Baal sogar ihre eigenen Kinder.

Da schickte Gott Seinen Gesandten Ilyas zu den Bani Israel, um sie an Gott zu erinnern und vor den schrecklichen Folgen ihres Tuns zu warnen. Ilyâs sagte zum König und zum Volk: „Wollt ihr nicht eurem scheußlichen Treiben ein Ende machen? Schreit ihr zu Baal, der nur eine leblose Steinfigur ist, und verratet Gott, den besten Schöpfer, der euch erschaffen hat und am Leben erhält, und der euch und euren Vorfahren auf den rechten Weg geführt hat? Es gibt keinen Gott außer Ihm."

Aber in ihrem Wahn hörten die Bani Israel nicht auf seine Warnung, und davon, dass ihr Tun schlimme Folgen haben könnte, wollten sie erst recht nichts wissen. Sie vertrieben Gottes Gesandten aus dem Land und fuhren mit ihrem abscheulichen Götzendienst fort. Als nach kurzer Zeit ihr König starb, trieb es sein Nachfolger noch schlimmer. Nun wird aber durch Bequemlichkeit und Luxus ein Volk schwach, und durch Götzendienst wird es ängstlich, denn es hat keine Hoffnung auf Gottes Hilfe, und Gott ist doch der mächtigste Helfer. Schon bald drangen feindliche Völkerscharen ins Land ein. Sie zerstörten Städte und Dörfer und vernichteten die Ernte. Vergeblich warnten gewissenhafte Menschen, dass dies mit Gottes Zorn zu tun haben könnte, und forderten die Bani Israel auf, zu Gott zurückzukehren und den Götzen Baal zu verlassen. Aber die Bani Israel waren verblendet und hörten auf keine Warnung. Die Gewissenhaften und die prophetischen Lehrer wurden verfolgt und getötet. Der König glaubte, er könne sich mit dicken Stadtmauern und starken Befestigungsanlagen die Feinde vom Leibe halten.

Aber vergeblich sind die mächtigsten Befestigungsanlagen gegen Gottes Zorn. Die Heerschaaren des Königs von Babylon überrannten das Land, machten die Hauptstadt Jerusalem dem Erdboden gleich, töteten den König, zerstörten das schöne Heiligtum, das König Sulaimân hatte bauen lassen, und vernichteten die Tafeln mit Gottes Geboten und die Offenbarungsschriften. Dann führten sie das Volk in die Gefangenschaft in ihr Reich im Zweistromland.

Erst jetzt sahen die Bani Israel ein, wie sie sich selbst ins Unglück gestürzt und ihre Heimat verloren hatten. Sie weinten und klagten, und es tat ihnen leid, nicht auf die Warnungen von Gottes Gesandten und den Gewissenhaften gehört zu haben, aber es war zu spät. Sogar die Bücher mit Gottes Rechtleitung waren verloren.

Angestrengt versuchten sie, sich daran zu erinnern, was sie davon noch wussten, aber es waren nur Bruchstücke, und oft wusste man auch nicht einmal mehr genau, ob es aus Gottes Offenbarung kam oder aus der Tradition des Volkes. Siebzig Jahre lang blieben die Bani in der Gefangenschaft, sodass auch ihre Kinder und Enkelkinder von der Erfahrung lernten. Dann schickte Gott ihnen erneut Gesandte und ließ sie in ihr Land zurückkehren.

Was aus Ilyâs geworden ist, kann niemand genau sagen. Keiner hat ihn jemals wiedergesehen. Später sind viele Geschichten über ihn erzählt worden. Einige davon wurden mit guter Absicht verbreitet und berichten wahrheitsgetreu von seinem Leben. Aber viele hören sich wie Märchen an. Wenn du daher irgendwo eine Geschichte von Ilyâs hörst, dann lerne von ihrer Weisheit und sage: „Gott weiß es am besten."

*Gottes Friede sei mit Ilyâs.*

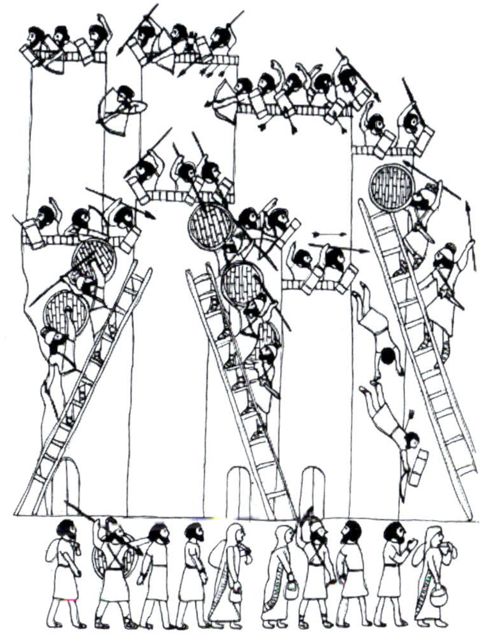

## Zugrunde liegende Qur'antexte

**Surah 6:85** mit anderen: er war rechtschaffen und geduldig

**Surah 37:123 – 132** Auseinandersetzung um den Baalskult

## Biblische und andere Parallelen

**1. Könige 17:1 – 19:21; 21:1 – 29**
**2. Könige 1:1 – 2:18**

## Anmerkungen

Ilyâs entspricht dem biblischen Elias.

Sein Schüler und Nachfolger Elisa wird in Sura 6:86 mit dem arabischen Namen Alyasa' mit anderen zusammen erwähnt, die Gott vor den Welten ausgezeichnet hat.

Der Qur'an weist auf die Namen hin und erinnert an aus der Überlieferung bekannte Geschichten, die z. T auch in der Kommentarliteratur wiedergegeben werden. Hier steht die Auseinandersetzung mit dem Baalskult im Vordergrund, einem Fruchtbarkeitskult, mit dem verschiedene unsittliche und unmenschliche Bräuche verbunden waren.

In der volkstümlichen Überlieferung verschwimmt die Gestalt manchmal mit der von Idrîs und/oder Khidr. Abgesehen von historischen Fragen verkörpert er das Prinzip des Tawhîd – nicht nur im theologischen Sinne der Einheit Gottes, sondern auch im Sinne der Gesamtschau der Einen Realität.

Die in der Bibel erwähnte Geste, bei der Elias seinem Schüler und Nachfolger Elisa seinen Mantel hinterlässt, lebt fort in dem in vielen Sufiorden bestehenden Brauch, dass der Meister seinem Schüler in Verbindung mit einer Einweihung, einer Lehrbefugnis o. dgl. einen Mantel o. Ä. gibt.

## Die Jünglinge in der Höhle

# 26 Der Bewahrer

In einem Land kam einst ein tyrannischer König an die Macht. Unvergleichlich hochmütig war er und befahl dem Volk, Gott zu vergessen und stattdessen ihn selbst zu verehren. Er prahlte nämlich damit, er wolle fremde Völker besiegen und die ganze Welt erobern, sodass alle Menschen sehen könnten, dass er und kein anderer der Herr der Erde sei. Er befahl, was böse und schädlich war, und er hielt die Menschen davon ab, Gutes zu tun. Wer immer in seinem Reich wagte, ihm Widerstand zu leisten, wurde sogleich ins Gefängnis geworfen und grausam bestraft, bis er entweder dem Willen des Königs Folge leistete oder in seiner Folterkammer starb. Die Menschen fürchteten den grausamen Tyrannen sehr, und die meisten beschlossen, ihm zu gehorchen, um das eigene Leben zu retten.

Schließlich waren nur noch ein paar junge Leute übrig, die sich gegen das gewaltige Unrecht im Land auflehnten. Sie vertrauten auf Gott, und Gott füllte ihre Herzen mit Kraft und Gewissheit. In aller Öffentlichkeit protestierten sie: „Unser Herr ist der Herr des Himmels und der Erde. Niemals werden wir einen anderen Gott außer Ihm annehmen. Wenn wir das täten, dann hätten wir wahrhaftig eine ungeheuerliche Lüge ausgedacht!“

Aber niemand hörte ihnen überhaupt nur zu. Alle hatten Angst vor dem König und sahen schleunigst zu, dass sie nicht etwa für Freunde oder Bekannte der jungen Leute gehalten und eingesperrt wurden. Da sagten diese untereinander: „Unser Volk hat Götzen angenommen, die in Wirklichkeit machtlos sind, und Lehren befolgt, die keine wahre Grundlage haben und aller Vernunft widersprechen. Wer tut Schlimmeres als diejenigen, die gegen Gott Lügen erfinden?“ Sie beschlossen, das Land zu verlassen, denn länger dortzubleiben, war aussichtslos und gefährlich. Gott schickte ihnen die Botschaft: „Wenn ihr euch von ihnen und den Dingen, die sie anrufen, abwendet, dann wandert fort und lebt in einer Höhle. Euer Herr wird euch Seine Barmherzigkeit schenken und euch alle eure Sorgen abnehmen.“

Heimlich verließen die Jünglinge das Land. Sie nahmen nichts mit außer etwas Reisegeld und ihren Hund. Lange wanderten sie, bis sie in ein wüstes, verlassenes Gebirge kamen und eine Höhle fanden, die ihnen Schutz vor Wind und Wetter bot. Ringsum war nichts als Wildnis, und niemand wäre je auf den Gedanken gekommen, dass in einer solchen Einöde überhaupt Menschen leben konnten. Sie sagten: „Unser Herr, gib uns Deine Barmherzigkeit und lenke unser Geschick, wie es gut für uns ist.“

Da ließ Gott sie in einen tiefen Schlaf fallen. Wie sie so mitten in der Höhle lagen, hättest du sie für wach gehalten, und du hättest bei ihrem Anblick sicher einen Schrecken bekommen und wärest fortgelaufen. Aber in Wirklichkeit schliefen sie tief und fest, und der Hund lag mit ausgestreckten Vorderpfoten am Eingang, als wenn er auf sie aufpasste. Gott sorgte sogar dafür, dass die Sonnenstrahlen sie nicht stören konnten.

Wochen, Monate und Jahre vergingen. Der grausame König konnte sein Ziel, die ganze Welt zu erobern, nicht erreichen, und starb enttäuscht und gedemütigt. Neue Könige folgten ihm nach, einer nach dem anderen. Sie erinnerten sich an Gott und stellten im Land Ordnung und Gerechtigkeit wieder her. Sie forderten zum Guten auf und verboten das Böse, und das Volk durfte in Frieden leben und brauchte keine Angst vor der Tyrannei seines Königs zu haben. Das Benehmen der Leute wurde so, wie man es von gewissenhaften Menschen erwartet. Aber auch die Kleidung und Lebensweise und viele andere Dinge änderten sich im Laufe der Zeit.

In jener Höhle ließ Gott die Jünglinge und ihren Hund aus ihrem tiefen Schlaf erwachen. Sie streckten sich, und einer fragte: „Wie lange mögen wir wohl hier geschlafen haben?“ Ein anderer sagte: „Vielleicht den ganzen Tag.“ „Nein, das kann nicht sein", sagte wieder ein anderer. „Mir kommt es so vor, als wenn es nur ein paar Stunden gewesen wären." Denn wenn man schläft, merkt man nicht, wie viel Zeit inzwischen vergeht. „Nur Gott weiß, wie lange wir hier geschlafen haben", erwiderte ein Dritter. „Was wir aber jetzt brauchen, ist etwas zu essen. Einer von uns soll mit dem Geld in die Stadt gehen und nachsehen, was für uns am besten zum Essen taugt, denn wir sind alle sehr hungrig."

Einer von ihnen wurde also mit dem Geld in die Stadt geschickt. Die anderen ermahnten ihn: „Sieh dich vor, und verhalte dich unauffällig. Erzähle auf gar keinen Fall etwas über uns und über diese Höhle, denn sonst kommen die Leute am Ende noch und steinigen uns. Oder sie versuchen wieder, uns ihren Götzendienst aufzuzwingen, und das bringt nichts Gutes."

Als der junge Mann in die Stadt kam, bemerkte er sogleich, dass die Leute merkwürdige, fremdartige Kleider trugen. Ihre Sprache schien zwar die gleiche, aber es kamen Wörter darin vor, die er nie zuvor gehört hatte. Viele neue Gebäude gab es auch, und manche Straßen waren so verändert, dass er sich in seiner eigenen Heimatstadt kaum zurechtfand. Die Leute hielten ihn für einen Fremden und schauten ihm neugierig nach.

Endlich gelangte er zum Markt und war erstaunt, was für neue und seltsame Waren es dort gab. Bei einem Kaufmann ließ er schließlich Mehl, Bohnen, Salz und andere Lebensmittel für sich und seine Kameraden abwiegen, aber als er das Geld abzählte, runzelte der Kaufmann die Stirn. „Diese Münzen sind hier nicht gültig", sagte er, „und ich kann sie nicht annehmen." Da war der Jüngling schlimm überrascht. Er verstand nicht, wie das Geld, das er sein ganzes Leben lang verwendet hatte, auf einmal nicht mehr gültig sein sollte, und wusste nicht, womit er sonst hätte bezahlen können.

Mittlerweile hatte sich, teils aus Neugier, teils aus Hilfsbereitschaft, eine Menschenmenge vor dem Laden versammelt. Sie betrachteten die seltsamen Münzen des Fremden und überlegten, ob man sie nicht irgendwo wechseln könnte. Da rief ein alter Mann plötzlich aus: „Aber dieses Geld ist doch über hundert Jahre alt!"

Da fragten die Leute den Jüngling eingehend nach seiner Herkunft und seinem Vorhaben. Aber erst nachdem er erfahren hatte, wie lange Zeit nach seinem Fortgehen vergangen und was alles inzwischen geschehen war, berichtete er von seinen Kameraden in der Höhle und wie Gott sie auf wunderbare Weise vor dem Tyrannen gerettet hatte.

Für Gott ist es leicht, Menschen auf diese Weise vor Seinen und ihren Feinden zu bewahren, wenn sie auf Ihn vertrauen. Ebenso leicht ist es für Gott, die Menschen sterben und wieder auferstehen zu lassen. Denn der Tod ist ähnlich wie ein langer, tiefer Schlaf. Wenn ein Mensch stirbt, kommt es ihm so vor, als hätte er nur einen Tag oder ein paar Stunden in dieser Welt verbracht, und am Tag der Auferstehung scheint es ihm, als hätte er nur ganz kurze Zeit im Grab gelegen, ebenso wie dir die Nacht so kurz erscheint, wenn du morgens vom Schlaf aufstehst, während sie doch in Wirklichkeit genauso lang ist wie der Tag. Dann tut es den Menschen leid, ihre Lebenszeit nicht besser genutzt zu haben. Gott kennt die Geheimnisse im Himmel und auf der Erde. Tage und Nächte, Monate und Jahre sind in Seiner Hand, und Er lässt sie vergehen, wie Er will. Aber viele Menschen wollen immer noch nicht über Gottes Zeichen nachdenken. Stattdessen streiten sie lieber darüber, wie viele Jünglinge in der Höhle geschlafen und wie viele Jahre sie dort verbracht haben. Aber nur Gott kennt ihre Zahl.

## Zugrunde liegende Qur'antexte

**Surah 18:9 – 26** Die verfolgten Jünglinge finden Zuflucht in einer Höhle, überbrücken mehrere Jahrhunderte und eine vollständige Änderung der Situation in einem tiefen Schlaf

## Biblische und andere Parallelen

Keine biblische Parallele vorhanden. Eine Entsprechung findet sich in der christlichen Legende von den Siebenschläfern zu Ephesus.

## Anmerkungen

Im übertragenen Sinne verstanden erfordert religiöse Verfolgung manchmal einen Rückzug, sei es nach außen oder nach innen. Allerdings wird dabei auch die Verbindung mit der Umwelt und der äußeren Entwicklung unterbrochen.

## Die Geschichte von Dhul-Qarnayn

# 27 Der Einrenkende

In einem anderen Teil der Erde schickte Gott Dhul-Qarnayn zu den Menschen und gab ihm den Auftrag, mit seinen Gefährten in die verschiedenen Himmelsrichtungen zu reisen und die umliegenden Volker die Grundsätze der Gerechtigkeit zu lehren. Dhul-Qarnayn heißt „Der Mann mit den zwei Hörnern", aber die Gelehrten haben vergeblich versucht herauszufinden, warum er so heißt. Einige sagten, der Name käme von zwei Hörnern auf seinem Helm. Andere sagten, er sei bis an „die beiden Ecken der Erde" gereist. Einige haben gemeint, dass er einer der berühmten Könige oder mächtigen Feldherren sei. Das sind verschiedene Vermutungen. Fest steht nur, dass Gott ihn stark gemacht und ihm treue Gefährten gegeben hat, damit er seinen wichtigen Auftrag erfüllen konnte. Und Gott weiß es am besten.

Dhul-Qarnayn und seine Gefährten brachen also auf und folgten einem Weg, der weit nach Westen führte. Bald erreichten sie das Ende des Weges an einem schlammigen See, hinter dem die Sonne unterging. Dort lebte ein fremdes Volk, das eine fremde Sprache sprach. Unter ihnen gab es viele gewissenhafte, ehrliche und fleißige Menschen, aber auch gierige, unehrliche und hochmütige, die ihre Landsleute dazu bringen wollten, ebenfalls unehrlich, gierig und nur auf ihren eigenen Vorteil bedacht zu sein.

Gott sagte zu Dhul-Qarnayn: „Du kannst mit diesen Leuten verfahren, wie du es richtig findest, um Gerechtigkeit zu schaffen." Dhul-Qarnayn entgegnete: „Was diejenigen angeht, die Böses tun, so will ich sie zur Rechenschaft ziehen. Sie werden sich am Ende der Zeit vor ihrem Herrn verantworten müssen und sicher die Folgen ihrer bösen Taten sehen, wenn sie sich nicht ändern. Aber diejenigen, die auf Gott vertrauen und Gutes tun, sollen eine schöne Belohnung erhalten, und ich will ihnen einfache und leichte Anleitung geben."

Nachdem Dhul-Qarnayn auf diese Weise Gerechtigkeit hergestellt hatte, ließ er jenes Volk in Frieden zurück und reiste auf einem anderen Weg in den fernsten Osten. Dort fand er, dass die Sonne hinter einer endlosen Wüste aufging. Das Volk, das in jenem Land lebte, hatte keinerlei Schutz vor der glühenden Hitze und führte ein bescheidenes, karges Leben. Aber es war zufrieden mit dem, was Gott ihm zugeteilt hatte. Auch dieses Volk ließ Dhul-Qarnayn in Frieden in seinem Land zurück.

Dhul-Qarnayn und seine Gefährten folgten einer weiteren Straße. Bald gelangten sie in das „Land diesseits der zwei Berge", wo ein Volk wohnte, das eine merkwürdige fremde Sprache sprach. Es waren einfache, friedliche Menschen, aber sie lebten in ständiger Angst vor den zwei mächtigen Nachbarvölkern Yajûj und Majûj, die jenseits der zwei Berge wohnten und immer wieder in ihr Land eindrangen, um es zu verwüsten. Das Volk diesseits der zwei Berge hielt Dhul-Qarnayn für einen fremden König mit seinem Heer. Die Anführer sagten zu ihm: „Dhul-Qarnayn, Yajûj und Majûj bedrohen unser Land und richten großen Schaden auf der Erde an. Wir wollen uns dir unterwerfen und Tribut

zahlen, wenn du uns nur vor ihren schrecklichen Angriffen sicher machst.“ Aber Dhul-Qarnayn erwiderte: „Was Gott mir gegeben hat, ist besser als euer Tribut. Wenn ihr jedoch alle zugreift und uns helft, will ich zwischen euch und den Angreifern einen starken Damm aufrichten. Bringt mir nur große Eisenstücke!“

Jeder beeilte sich, soviel Eisen heranzuschaffen, wie er finden konnte. Zwischen den beiden Bergen wurde es aufgehäuft, bis es den ganzen Zwischenraum ausfüllte. Dann forderte Dhul-Qarnayn die Leute auf, ein großes Feuer anzuzünden. „Blast es ordentlich an“, sagte er, und sie bliesen mit Blasebälgen in das Feuer, bis es hell aufloderte und das ganze Eisen anfing zu glühen und zusammenzuschmelzen. „Bringt mir nun geschmolzenes Blei, damit ich es darübergießen kann“, wies Dhul-Qarnayn an. So baute er einen eisernen Damm, den die schrecklichen Feinde weder übersteigen noch untergraben konnten.

Froh darüber, dass die Gefahr für immer vorüber war, wollten die Menschen Dhul-Qarnayn danken und ihm Geschenke bringen. Dhul-Qarnayn aber sagte: „Dies ist für euch nichts als eine Barmherzigkeit von meinem Herrn. Wenn Gott eines Tages Sein Versprechen einlöst und über alle Menschen dieser Welt Gericht hält, wird selbst dieser eiserne Damm in Staub zerfallen. Gott macht Sein Versprechen wahr.“

An jenem Tag wird keine Festung oder Burg, die von Menschenhand erbaut wurde, stehenbleiben. Bollwerke und Grenzen werden hinweggefegt, und sogar die Gebirge werden auseinanderfliegen wie verstreute Watte. Dann wird die ganze Menschheit vor Gott versammelt. An diesem Tag wird jedem klar vor Augen stehen, dass es keine wirkliche Macht außer bei Gott gibt. Mancher wird sich dann wünschen, es schon in diesem Leben eingesehen zu haben.

*Gottes Friede sei mit Dhul-Qarnayn.*

## Zugrunde liegende Qur’antexte

**Surah 18:83 – 26** Dhul-Qarnayn reist mit seinen Begleitern in verschiedene Himmelsrichtungen, um Gerechtigkeit herzustellen, baut einen Damm gegen Yajûj und Majûj

## Biblische und andere Parallelen

Keine biblischen Parallelen bekannt.

## Anmerkungen

Dhul-Qarnayn, wörtlich „Der mit den beiden Hörnern“, wird bisweilen mit Alexander dem Großen identifiziert, da die im Qur’an umrissene Geschichte an den Alexanderroman zu erinnern scheint. Eine wahrscheinlichere Parallele besteht zu dem Perserkönig Cyrus, der den Kindern Israel die Rückkehr aus dem babylonischen Exil und den Wiederaufbau des Tempels in Jerusalem ermöglichte, zumal die aus dessen autobiografischen Notizen hervorgehende Motivation am ehesten mit der im Qur’an implizierten übereinstimmt.

## Die Geschichte von Yûnus

# 28 Der die Fehler Auslöschende

Niniveh war die Hauptstadt des Assyrerreiches im Zweistromland. Es war eine prächtige Stadt, aber wie anderswo im Zweistromland und anderswo in der Welt waren die Menschen dort stolz und hochmütig, begingen Verbrechen und Ungerechtigkeiten und verehrten selbstgemachte Götzen, mit denen sie die einfachen Menschen betrogen und von der Suche nach der Wahrheit ablenkten. Gott wollte in diese Stadt einen Gesandten schicken und beauftragte Yûnus, einen ehrlichen und gottesfürchtigen Mann, die Menschen zu lehren und davor zu warnen, dass Gottes Zorn in wenigen Tagen über sie hereinbrechen würde.

Yûnus kannte wohl die Geschichten von allen früheren Gesandten Gottes und wusste, dass die meisten Menschen nicht auf sie gehört, sondern sie verspottet und gequält hatten und oft sogar töten wollten. Was würden die hochmütigen Götzendiener in Niniveh sagen, wenn er sie ermahnte und vor Strafe warnte? Sicher würden sie ihn auslachen, und wer weiß, was ihnen sonst noch alles einfiel! Ja, Yûnus bekam regelrecht Angst. Vielleicht würden sie ihn schlagen oder sogar töten. Nein, das wollte er nicht riskieren. Stattdessen floh er zum Hafen und fand dort ein Schiff, bereit zum Auslaufen. Damit wollte er in ein fernes Land jenseits des Meeres fahren, wo ihn niemand kannte und wo er in Frieden leben konnte, ohne von bösen Menschen bedroht zu werden. Er bezahlte dem Kapitän einen Preis für die Überfahrt und ging an Bord. Wenige Stunden später war das Schiff auf hoher See.

Unterwegs brach bald ein furchtbarer Sturm los. Das Schiff wurde von den Wellen hin- und hergeworfen und drohte unterzugehen, und die Menschen waren bleich vor Todesangst. Die Seeleute sagten untereinander: „Das ist kein gewöhnlicher Sturm. Vielleicht gibt es an Bord jemanden, der ein Unrecht getan hat, oder einen Sklaven, der seinem Herrn entflohen ist. Wir wollen jedenfalls das Los werfen, um festzustellen, wer den Sturm verschuldet hat."

Alle waren sogleich damit einverstanden. Sie warfen das Los, und es fiel auf Yûnus. Da warfen ihn die Seeleute über Bord, weil sie hofften, dass dadurch der Fluch von dem Schiff und den übrigen Menschen an Bord abgewendet würde. Bald darauf legte sich auch wirklich der Sturm. Yûnus aber versank im Meer, und ein riesiger Fisch kam geschwommen und verschlang ihn lebendig.

Da saß er nun in dem finsteren Bauch des Fisches und sah keinen Ausweg. Er sah ein, wie er sich aus Angst vor den Menschen selbst in die Gefahr gebracht hatte, bis ans Ende seines Lebens in diesem lichtlosen, ausweglosen Gefängnis verharren zu müssen. Er bereute, seinen Auftrag verraten und die Menschen in Niniveh verlassen zu haben. Denn vielleicht hätten ja doch ein paar von ihnen auf ihn gehört und wären gerettet gewesen. Er betete zu Gott: „Es gibt keinen Gott außer Dir. Verherrlicht bist Du! Ich war einer von den Ungerechten."

Gott sah, dass seine Reue aus tiefstem Herzen kam. Er befahl dem Fisch, an einen einsamen Strand zu schwimmen und Yûnus auszuspucken, sodass er sicher das trockene Land erreichte.

Als Yûnus wieder zu Kräften gekommen war, machte er sich auf den Weg nach Niniveh, um dem Volk dort Gottes Botschaft zu bringen. Er sagte zu den Leuten: „Ich bezeuge, dass es außer Gott keinen Gott gibt. Er ist zornig über euer Unrecht und euren Götzendienst. Unheil wird bald über euch hereinbrechen für eure schlimmen Taten. Das Leben ist bald vorüber und mit ihm alle

Reichtümer und Vergnügen. Nur wer umkehrt und sich Gott zuwendet und Seiner Leitung folgt, kann darauf hoffen, dass Er ihm vergibt. Er allein ist der Vergebende und Barmherzige."

Mehr als hunderttausend Menschen hörten schließlich auf Yûnus. Sie gaben ihr lasterhaftes Leben auf und fasteten und beschlossen, Gottes Geboten zu folgen und Yûnus als Gottes Gesandten zu ehren. Die selbst gemachten Götzenbilder aber verbrannten sie. Wo sie sich früher gegenseitig betrogen und beraubt hatten und hochmütig gewesen waren, halfen sie nun einander und waren ehrlich und freundlich zueinander. Lange Zeit lebten sie danach in Frieden und Sicherheit.

Da ging Yûnus weg und ärgerte sich. So einfach war es gewesen, den Menschen Gottes Botschaft zu bringen! So plötzlich hatten sie ihre Lebensweise geändert, und so schnell hatte Gott ihnen alle ihre schlechten Taten vergeben! Das hatte er nicht erwartet. Lange Zeit wanderte er und gelangte schließlich in eine weglose Einöde. Erschöpft setzte er sich auf einen großen Stein und war schwach und durstig von der heißen Sonne, die vom Himmel brannte. Da ließ Gott über ihm eine Pflanze wachsen, die ihre

Blätter über ihn ausbreitete und ihn vor der Sonne schützte. Aber bald darauf kam ein Wurm und nagte die Pflanze an, sodass sie verwelkte. Da fühlte sich Yûnus im Stich gelassen und klagte, dass es im Leben doch nicht mit rechten Dingen zuginge, wenn Übeltätern auf ihre Umkehr hin vergeben wird, aber eine unschuldige Pflanze, die ihm Schatten spendete, ohne Grund zerstört wird. Gott sagte zu ihm: „Nun tut dir die Pflanze leid. Denkst Du, mir hätten nicht all die Menschen und Tiere in der Stadt leid getan?"

*Gottes Friede sei mit Yûnus*

## Zugrunde liegende Qur'antexte

| | |
|---|---|
| **Surah 4:163** | mit verschiedenen anderen prophetischen Gestalten |
| **Surah 6:86** | mit anderen: ausgezeichnet vor den Welten |
| **Surah 10:98** | das Volk von Niniveh glaubte |
| **Surah 21:87 – 88** | Gebet und Rettung |
| **Surah 37:137 – 148** | Flucht zur See, Einsicht und Rettung aus dem Fischbauch, Erfüllung des Auftrags und Glaube des Volkes |
| **Surah 68:48 – 50** | Flucht, Einsicht und Rettung |

## Biblische und andere Parallelen

Das Buch Jona.

## Anmerkungen

Yûnus, auch Dhun-Nûn, „Der mit dem Fisch" genannt, entspricht dem biblischen Jona.

In der qur'anischen Erzählung liegt der Schwerpunkt auf der Erfahrung, der eigenen Lebensaufgabe ausweichen zu wollen und dadurch in eine innere Finsternis und Aussichtslosigkeit zu geraten, aus der erst die Einsicht wieder befreit.

## Die Geschichte von Uzair

# 29 Der Erweckende

Die Bani Israel verbrachten viele Jahrzehnte in der Gefangenschaft in Babylon und trauerten um ihre Heimat und die Verwandten und Freunde, die durch die Vertreibung ihr Leben verloren hatten oder vermisst wurden. Sie versuchten, so gut es ging, sich an Gott und Seine Gebote zu erinnern, obwohl sie einen Teil ihrer Schriften verloren hatten und sich nicht mehr auf alles davon besinnen konnten. Aber sie beteten zu Gott und übernahmen nicht den Götzendienst der Babylonier. Selbst als der König ihnen eines Tages befahl, verbotene Speisen zu essen, weigerten sie sich.

Damals lebte unter den Bani Israel ein Mann namens Uzeir. Gott hatte ihn beauftragt, ein Lehrer für die Bani Israel zu sein. Er war weit und breit bekannt für seine Weisheit und Aufrichtigkeit, sodass sogar der babylonische König seinen Rat suchte. Aber Uzeirs besten Rat, den Götzendienst aufzugeben und sich Gott zuzuwenden, nahm der König nicht an. Stattdessen wurde er zornig und vertrieb Uzair aus dem Lande.

Lange Zeit lebte Uzair einsam in der Wüste. Da erhielt er eines Tages von Gott den Auftrag, in seine alte Heimat zu reisen und dafür zu sorgen, dass die zerstörte Stadt Jerusalem wieder aufgebaut werden konnte. Denn Gott wollte die Bani Israel bald zurückkehren lassen und das Reich von Babylon vernichten.

Uzair besorgte sich einen Esel und Wegzehrung und brach unverzüglich auf. Lange dauerte die einsame, beschwerliche Reise. Gegen Abend entdeckte er in der Ferne das erste Dorf. Als er aber näherkam, fand er, dass die Häuser leer und fast völlig zerfallen waren. Alles Hausgerät war fort, und überall lagen die gebleichten Knochen toter Tiere und sogar Menschengebeine herum, denn niemand hatte mehr Zeit gehabt, die Toten ordentlich zu begraben. Gespenstisch sah es aus, und Uzair war entsetzt und verlor die Hoffnung. Bedrückt ritt er weiter. Die Stadt Jerusalem, das wusste er nun, würde ebenso schrecklich aussehen oder noch schlimmer. Voller Verzweiflung rief er aus: „O weh! Wie kann Gott diese Stadt nach solcher Vernichtung wieder zum Leben erwecken?“ Da sprach Gott ein Wort: Uzair fiel tot von seinem Esel, und das Tier verendete nicht weit davon in der Wüste.

Als hundert Jahre vergangen waren, ließ Gott Uzair wieder zum Leben erwachen und fragte ihn: „Wie lange hast du hier in der Wüste geschlafen?“ Uzair erwiderte: „Vielleicht einen Tag oder auch nur ein paar Stunden.“ Gott sprach: „Nein, hundert Jahre hast du hier gelegen. Wenn du deinen Vorrat an Speise und Trank anschaust, dann scheinen sie gar nicht älter geworden zu sein. Aber schau einmal, was aus deinem Esel geworden ist!“ Von dem Esel war nun nicht mehr viel übrig außer ein paar trockenen, gebleichten Knochen, denn das Fleisch war im Laufe der hundert Jahre längst zu Staub zerfallen.

Gott sprach zu Uzeir: „Ich will mit dir für die ganze Menschheit ein Zeichen setzen. Schau auf die Knochen und sieh, wie Ich sie zusammensetze und mit Fleisch und Haut bekleide.“ Vor seinen eigenen Augen sah Uzair dies alles geschehen, bis der Esel lebendig vor ihm stand, bereit, ihn und sein Gepäck zu seinem Ziel zu tragen. Entsetzt rief Uzair aus: „Jetzt weiß ich, das Gott über alle Dinge Macht hat!“

Er stieg auf seinen Esel und ritt nach Jerusalem. Inzwischen waren die Bani Israel längst wieder nach Palästina zurückgekehrt. In mühevoller, harter Arbeit hatten sie aus den Trümmern Dörfer und Städte wieder aufgebaut.

Auch die Stadt Jerusalem stand da in neuer Pracht, und die Bani Israel waren gerade dabei, auf dem Fundament des alten Heiligtums ein neues zu bauen. Was von Gottes Geboten und den Offenbarungsschriften erhalten oder wiedergefunden worden war, wurde dort aufbewahrt und von den Gelehrten ergänzt.

Gott beauftragte Uzeir, den Bani Israel Gottes Gebote vollständig wiederzubringen. Alles, was Gott Seinem Gesandten Musa dereinst offenbart hatte, war in Uzeirs Herz eingeschrieben, und er trug es den Gelehrten und dem Volk vor. Zusammen mit dem, was in der Erinnerung der Menschen vorhanden war, wurde es aufgeschrieben und geordnet und in einer Schriftrolle gesammelt. Auch die anderen Geschichten von Gott und den Bani Israel wurden aufgeschrieben und zu Büchern zusammengestellt, damit sie nie wieder vergessen werden konnten.

*Gottes Friede sei mit Uzeir.*

## Zugrunde liegende Qur'antexte

| | |
|---|---|
| **Surah 2:259** | Uzair überbrückt 100 Jahre in einem Todesschlaf, wird Zeuge einer grundlegenden Änderung der Situation |

## Biblische und andere Parallelen

Möglicherweise das Buch Esra oder die Bücher Jeremia und Klagelieder.

## Anmerkungen

Mit dem Namen Uzair und der Gestalt des in Sura 2:259 erwähnten Mannes, der in der Kommentarliteratur z. T. mit diesem Namen benannt wird, sind verschiedene Assoziationen verbunden:

- Die hier erwähnte Gestalt wird traditionell oft Uzair genannt und mit dem biblischen Propheten Esra identifiziert, der nach der Rückkehr der Kinder Israel aus dem babylonischen Exil und dem Wiederaufbau des Tempels in Jerusalem das ethisch-rechtliche System rekonstruierte und wieder einsetzte.
- Bisweilen wird er aufgrund der Klage um die zerstörte Stadt auch mit dem Propheten Jeremia identifiziert, der allerdings in der biblischen Darstellung nicht mit dem Wiederaufbau der Stadt in Verbindung gebracht wird, es sei denn in Form einer Verheißung.
- Im Falle der Identifikation mit Esra wird die hier erwähnte Gestalt oft mit dem in Sura 9:30 erwähnten Uzair in Verbindung gebracht, von dem dort gesagt wird: „Die Juden sagen, Uzair sei Gottes Sohn …“. Das Problem ist nur, dass es bei allen Verdiensten um die Wiederbelebung der Religion keine nennenswerte Gruppe von Juden gegeben hat, die Esra deswegen eine besondere Verehrung hätte zukommen lassen oder ihn als „Gottes Sohn“ (in ähnlichem Sinne wie in der christlichen Dogmatik) bezeichnet hätte.

Der in Sura 9:30 erwähnte Name Uzair wird auch mit dem ägyptischen Vegetations- und Totengott in Verbindung gebracht, der in Form eines Stieres oder Kalbes verehrt wurde. Diese Verbindung ergibt einen Sinn, wo die Kinder Israel nach dem Auszug aus Ägypten, offensichtlich in Anlehnung an von dort vertraute Vorstellungen, das Goldene Kalb verehrten. Darüber hinaus gab es in Oberägypten (u. a. auf der Nilinsel Elephantine) möglicherweise bis in die Prophetenzeit hinein Gruppierungen, die ihre jüdische Religion mit altägyptischen Kultelementen und Vorstellungen vermischt hatten und durchaus mit den Juden in Medina in Verbindung gestanden haben können. In diesem Fall besteht allerdings keine Verbindung mit der in Sura 2:259 erwähnten Gestalt oder mit dem biblischen Propheten Esra.

## Die Geschichte von Ayyûb

# 30 Der Barmherzige

Ayyûb war ein wohlhabender Mann. Er besaß ein schönes Haus, fruchtbares Ackerland und zahlreiche Herden von Rindern, Schafen und Ziegen. Er war mit einer liebevollen, freundlichen Frau verheiratet und hatte viele Söhne und Töchter, die zu schönen und klugen jungen Menschen heranwuchsen und ihm viel Freude bereiteten. Zu jedem war er freundlich, und gern half er den Armen und den fremden Reisenden und den Waisenkindern.

Gott hatte Ayyûb als prophetischen Lehrer auserwählt. Die Leute hörten auf Ayyûb und folgten Gottes Geboten und Leitung. Jeder ehrte Ayyûb als einen von Gott geschickten rechtschaffenen Menschen.

Dies alles ärgerte Iblîs, den Feind der Menschen. Er hatte ja geschworen, alle Menschen von Gottes Weg abzubringen, außer denen, deren Vertrauen auf Gott stärker war als seine Verführungskünste. Er meinte, wenn Ayyûb nicht so reich und beliebt und geehrt wäre, dann würde er sicher nicht mehr so stark auf Gott vertrauen und eher bösen Gedanken zugänglich sein. Er schickte also die bösen Mächte aus, Ayyûbs Habe zu vernichten. Und Gott ließ ihn gewähren, denn Er wollte Ayyûb zu einem Beispiel für alle Menschen werden lassen.

In wenigen Tagen verlor Ayyûb seinen ganzen Reichtum. Seine Hirten kamen entsetzt zu ihm gelaufen und berichteten, dass Sturm oder Krankheiten seine Rinder, Ziegen und Schafe getötet hatten. Sein schönes Haus stürzte ein, und sein Ackerland wurde von einer Flut überschwemmt, und die ganze Ernte war vernichtet. Aber Ayyûb behielt sein Vertrauen auf Gott. Er war entsetzt und schockiert, aber er sagte: „Gott ist genug für mich. Es gibt keinen Gott außer Ihm."

Aber Iblîs gab noch längst nicht auf. Er meinte, wenn Ayyûb erst seine Kinder verlöre, dann würde er schon der Verzweiflung nachgeben. Er schickte seine bösen Mächte aus, um Ayyûbs Kinder zu töten und ihm so diese Freude zu rauben. Aber als Ayyûb vom Tod seiner Söhne und Töchter erfuhr, war er sehr traurig, aber er sagte: „Wir gehören Gott an, und zu Ihm kehren wir zurück."

Doch Iblîs verfolgte weiter seine teuflischen Pläne. Er meinte, wenn Ayyûb erst krank würde, dann würde er, von Schmerzen geplagt, seine Hoffnung auf Gott aufgeben. Er beauftragte seine bösen Mächte, Ayyûb Wunden und hässliche Geschwüre beizubringen, die nicht nur schmerzten, sondern durch ihr scheußliches Aussehen auch die letzten treuen Freunde vertreiben würden. Ayyûb war geschwächt und erschöpft, aber er gab den Mut nicht auf, sondern sagte: „Ich vertraue auf Gott. Er ist der Schöpfer des Himmels und der Erde." Seine Freunde ließen ihn im Stich und dachten: „Es wäre vielleicht besser, wenn Ayyûb sterben würde."

Iblîs kam noch ein letzter Gedanke. Er meinte, wenn er Ayyûbs Frau dazu bringen könnte, verzweifelte Worte auszusprechen und ihm den Mut zu nehmen, dann würde er vielleicht auf sie hören. Die Frau hatte Ayyûb treu gepflegt und alle Not mit ihm geteilt. Auch sie hatte die Hoffnung nicht aufgegeben, aber jetzt, wo der Teufel sie mit bösen Gedanken quälte, rief sie eines Tages aus: „O weh, Gott hat dich vielleicht verlassen! Was soll nun aus uns werden?"

Aber trotz allen Leidens und großer Schmerzen sagte Ayyûb zu ihr: „Ich suche Schutz bei Gott vor dem Bösen! So etwas hättest du nicht sagen sollen. Wenn Gott mich jemals wieder gesund und stark werden lässt, will ich dir hundert Stockschläge geben, weil du auf Gottes und unseren Feind gehörst hast!"

Ayyûb sagte im Gebet: „Mein Herr, der Teufel verfolgt mich mit Leid und Trauer und Du bist doch der Barmherzigste der Barmherzigen."

Gott sah wohl, dass Ayyûb standhaft geblieben war und weder im Unglück verzweifelt war noch auf falsche Ratschläge gehört oder hoffnungslosen Gedanken nachgegeben hatte. Er schickte einen Engel zu Ayyûb, der zu ihm sagte: „Stampfe mit deinem Fuß auf die Erde." Dies tat Ayyûb, und eine Quelle sprudelte hervor und brachte Wasser, das Ayyûb trinken konnte. Er badete auch in diesem Wasser und wurde von seiner schrecklichen Krankheit geheilt.

Als er seine Kräfte zurückkehren fühlte, fiel ihm auch das Versprechen ein, das er seiner Frau gegeben hatte. Inzwischen hatte er aber eingesehen, dass es sehr ungerecht wäre, sie für ihre Worte zu bestrafen, denn er wusste, wie sehr sie selbst mit ihm gelitten und alle Schwierigkeiten mit ihm zusammen ertragen hatte. Als Mutter musste sie über den Tod der Kinder noch viel mehr Schmerz empfunden haben als er. Und doch waren ihre voreiligen Worte nicht einmal so gemeint gewesen, sondern nur ein Ausdruck ihres großen Kummers. Aber da war das Versprechen. Es war ein schrecklicher Zwiespalt.

Der Engel zeigte ihm schließlich einen Ausweg. Er sagte zu Ayyûb: „Nimm ein Bündel Stroh in deine Hand, hundert Halme, und schlag damit deine Frau einmal, dann ist dein Versprechen eingelöst."

Ayyûb tat wie geheißen, und die beiden waren versöhnt. Gott gab Ayyûb alles doppelt wieder, was er verloren hatte: Vieh, Haus, Weide und Ackerland, dazu sieben Söhne und drei Töchter, die ihm noch mehr Freude machten als die Kinder, die zuvor gestorben waren. Ayyûb blieb gesund und stark und erreichte mit Würde und Ansehen ein hohes Alter.

Mit Ayyûbs Beispiel will Gott die Menschen warnen und zur Standhaftigkeit ermahnen. Denn gar mancher vertraut auf Gott, solange es ihm gut geht und er zufrieden ist. Sobald ihm aber ein Unglück widerfährt oder er in Not gerät, fragt er verzweifelt: „Wie kann Gott so etwas zulassen?" Dabei denkt er nicht daran, dass alles in dieser Welt vergänglich ist und selbst unser Leben nur für eine Zeitlang geliehen ist. Wer seine Liebe auf seine Habe richtet, der liefert sich damit oft der Verzweiflung aus. Wer sich aber Gott hingibt und auf Ihn vertraut, den lässt Gott glücklich werden.

*Gottes Friede sei mit Ayyûb.*

## Zugrunde liegende Qur'antexte

| | |
|---|---|
| **Surah 6:84** | mit anderen: rechtschaffene Nachkommen Ibrahims |
| **Surah 21:83 – 84** | ruft Gott an und wird von Unheil befreit |
| **Surah 38:41 – 44** | Ausgleich für erlittenes Leid |

## Biblische und andere Parallelen

Das Buch Hiob.

## Anmerkungen

Ayyûb entspricht dem biblischen Hiob.

Die Episode mit Ayyûbs Frau entstammt der Kommentarliteratur zu Surah 38:44, wo verschiedene Übersetzungsmöglichkeiten bestehen, und knüpft möglicherweise an die biblische Darstellung an.

## Die Geschichte von Luqmân

# 31 Der Friede

Einer der weisesten Lehrer, die je auf der Erde gelebt haben, war Luqmân. Er wusste wohl, dass wahre Macht und wahrer Reichtum nur in Gottes Händen liegen, und dass es letztendlich Gott ist, der den Menschen ihren Lebensunterhalt zuteilt.

Luqmân führte ein bescheidenes Leben. Er erinnerte seine Mitmenschen an Gott und forderte sie auf: „Seid Gott dankbar!“ Denn wer Gott dankbar ist, nützt damit seiner eigenen Seele, und wenn jemand undankbar und achtlos ist, dann ist doch Gott reich und frei von jedem Mangel. Undankbare und achtlose Menschen verderben nur ihren eigenen Charakter.

Als Luqmân alt wurde, lehrte er seine Schüler und seinen Sohn alles, was für ein glückliches Leben in dieser Welt und im zukünftigen Leben wichtig und notwendig ist. Er sagte: „Mein lieber Sohn, diene keinem Wesen außer Gott. Götzendienst ist die schlimmste Übeltat.“ Luqmâns Sohn hörte gern auf seinen Vater und folgte ihm mit Respekt, wie ja auch Gott den Menschen befohlen hat, sich seinen Eltern gegenüber liebevoll und ehrerbietig zu verhalten. Mit viel Mühe und Schmerzen hat seine Mutter ihn zur Welt gebracht, und mit viel Arbeit hat sie ihn gepflegt, als er ein kleines hilfloses Kind war. Luqmân sagte: „Darum sei dankbar gegenüber Gott und gegenüber deinen Eltern. Zu Gott wirst du am Ende zurückkehren. Wenn aber deine Eltern verlangen, dass du außer Gott anderen Wesen dienen und ihnen folgen sollst, dann gehorche ihnen nicht. Lebe aber in Gerechtigkeit mit ihnen zusammen, nimm Rücksicht auf sie und folge dem Weg derer, die sich Gott zuwenden. Sprich freundlich mit ihnen und sage: ‚Am Ende kehren wir alle zu Gott zurück, und Er wird euch die wahre Bedeutung von allem erklären, was ihr tut.‘“

Luqmân sagte weiter zu seinem Sohn: „Mein lieber Sohn, wenn es auch nur ein kleines Teilchen gäbe, etwa wie ein Senfkorn, und dies tief in einem Felsen versteckt wäre oder sonst irgendwo im Himmel oder auf der Erde, Gott würde es doch ans Licht bringen. Denn Gott kennt die feinsten und verstecktesten Geheimnisse. Nichts ist Ihm verborgen.

Mein lieber Sohn, bete beständig zu Gott. Leite die Menschen an, Gutes zu tun und rate ihnen vom Bösen ab. Ertrage geduldig, was dir im Leben geschieht und zeige Standhaftigkeit in allen Dingen. Sei nicht stolz und schreite nicht arrogant auf der Erde einher, denn Gott liebt hochmütige Prahler nicht. Sei bedächtig und sprich leise, klar und deutlich. Die hässlichste Stimme ist ohne Zweifel die Stimme des Esels.“

Diese Ratschläge sind nicht nur für Luqmâns Sohn nützlich, sondern ebenso für alle anderen Menschen. Beherzige sie daher und wende sie in deinem Leben an, dann erlangst du Weisheit wie Luqmân.

*Gottes Friede sei mit Luqmân.*

## Zugrunde liegende Qur'antexte

**Surah 31:12 – 19** Luqmân lehrt seinen Sohn ethische Grundprinzipien

## Biblische und andere Parallelen

Keine biblische Parallele vorhanden.

## Anmerkungen

Die Identität von Luqmân ist ungeklärt. Er kann eine Gestalt aus der arabischen Überlieferung sein, wo von Weisen ähnlichen Namens die Rede ist, oder auch ein Weisheitslehrer aus einer völlig anderen Tradition. Bisweilen wird er mit einem der griechischen Philosophen identifiziert, in Indien bisweilen sogar mit Buddha.

Hier steht er für den Typ des ethischen Lehrers, der die Grundprinzipien seiner Weisheit an seine leiblichen oder geistigen Nachfahren („Sohn") weitervermittelt.

Die Geschichte von Zakariya

# 32 Der Treue

Als die Bani Israel aus der babylonischen Gefangenschaft zurückgekehrt waren und Jerusalem und die anderen Städte wieder aufgebaut hatten, hielten sie sich ein paar Generationen lang von allem Götzendienst fern und bemühten sich nach besten Kräften, Gott zu dienen.

Inzwischen waren jenseits des Mittelmeeres die Griechen zu einem mächtigen Volk geworden. Sie hatten ihre Nachbarvölker unterworfen und gingen nun daran, die ganze Welt zu erobern. Von den Griechen wissen wir, dass sie sich vor allem mit Mathematik, Medizin und Philosophie beschäftigt und viele bedeutende Bücher geschrieben haben. Berühmte Wissenschaftler wie Euklid, Platon, Aristoteles, Pythagoras und viele andere lehrten an ihren Schulen. Bis heute sind die Griechen für ihre Wissenschaften berühmt. Aber unter den Griechen war der Götzendienst weit verbreitet. Es gab viele Sagen und Märchen über die Heldentaten verschiedener Gottheiten, und die Griechen feierten zu ihren Ehren ausschweifende Feste. Auch die berühmten olympischen Spiele waren ursprünglich ein Sportfest zu Ehren der griechischen Götter. Jeder Teilnehmer musste diesen vor Beginn der Spiele ein Opfer bringen.

Die Griechen brachten von den unterworfenen Völkern viele Reichtümer in ihr Land und führten ein verschwenderisches, luxuriöses Leben, ohne jedoch den Armen in ihrem eigenen Volk zu helfen oder das harte Los der Sklaven zu erleichtern, die für sie arbeiten mussten. In den eroberten Ländern aber ließen sie viele prächtige Tempel bauen, deren Ruinen bis heute zu besichtigen sind.

Die jungen Leute unter den Bani Israel bewunderten die Griechen sehr und versuchten, ihre Lebensweise nachzuahmen. Sie begnügten sich jedoch meist damit, die Wissenschaften zu bewundern, statt sie zu studieren, wie es für gewissenhafte Menschen eine Pflicht und eine Ehre ist. Andererseits fanden sie die Philosophie und auch die Sagen und Mythen ganz interessant, denn man konnte damit vor seinen Kameraden „modern" erscheinen. Sie fanden auch bald heraus, wie leicht man bei sportlichen Wettkämpfen prahlen kann. Es dauerte nicht lange, da dachten sie nicht mehr an Gott und nahmen stattdessen die griechischen Götzen an.

Bald folgte ein großer Teil der Menschen diesem Treiben und ahmte das luxuriöse Leben der Griechen nach, indem sie kostbare Gewänder und Schmuck trugen, verschwenderische Gastmähler veranstalteten, wo sie beim Essen auf Ruhebetten lagen und Wein tranken. Vergeblich versuchten gewissenhafte Männer und Frauen, die Leute zur Vernunft zu mahnen und Recht und Ordnung im Land wiederherzustellen. Im Laufe der Zeit besiegten die Römer die Griechen und machten selbst Pläne, die ganze Welt zu erobern. So besiegten sie auch den König der Bani Israel und zwangen ihn, ihnen Tribut zu zahlen und vor jeder Entscheidung erst den römischen Statthalter um Erlaubnis zu fragen.

Sogar die Gelehrten im Tempel versäumten ihre Pflicht, das Volk an Gott zu erinnern. Sie waren mehr damit beschäftigt, sich über unwichtige Dinge zu streiten und Gottes Gebote zu ihren Gunsten zu deuten. Sie lehrten sogar Dinge, die gar nicht in den Büchern standen, um ihre Zuhörer zu beeindrucken. Gleichzeitig wurden viele von ihnen hochmütig und selbstgerecht und behaupteten, sie hielten Gottes Gebote bis auf den letzten Punkt ein und seien daher besser als alle anderen Menschen.

Die meisten Gewissenhaften unter den Gelehrten wurden im Laufe der Zeit alt und starben. Zuletzt blieb nur noch einer übrig, der Zakariya hieß. Gott hatte ihn auserwählt, die Bani Israel unermüdlich zu ermahnen, und ihm dazu besondere Kraft und Geduld gegeben. Denn nur wenige wollten überhaupt auf ihn hören. Unermüdlich sagte er zu den Leuten: „Es gibt keinen Gott außer Gott, und es gibt keine wirkliche Macht außer bei Ihm, der uns erschaffen hat und zu dem wir dereinst zurückkehren. Die fremden Götzen, denen ihr dient, sind nichts als Fantasiegestalten, die nicht einmal sich selbst helfen können. Habt ihr denn nichts aus der Geschichte unseres Volkes und anderer Völker gelernt? Wie viele Gesandte hat Gott geschickt, um euch zu ermahnen! Habt ihr denn keinen Platz für Liebe und Dankbarkeit in euren Herzen?" Aber die Leute hörten einfach nicht zu und sagten untereinander: „Er ist ein altmodischer Greis."

Zu den Gelehrten sagte er: „Wie könnt ihr noch hochmütig und selbstgerecht sein, wo ihr doch Gottes Gebote kennt? Statt eure Zeit mit nutzlosen Diskussionen zu verschwenden, sollt ihr die Leute zum Guten anleiten und sie am Bösen hindern, wie es euer Beruf ist." Und Gott wird dereinst von allen Gelehrten strenge Rechenschaft fordern, wenn sie hochmütig waren, statt die Leute an Gott zu erinnern.

Auch Zakariya wurde alt, aber er hatte weder einen Sohn noch einen treuen Schüler, der nach seinem Tod seine Aufgabe hätte weiterführen können. Sollten dann die Menschen ohne einen Gesandten Gottes oder einen gerechten Lehrer bleiben und Gott ganz vergessen? Er machte sich darüber große Sorgen. Er zog sich in sein Zimmer zurück und klagte vor Gott seinen Kummer: „Mein Herr, ich bin alt und schwach geworden, und mein Haar glänzt weiß. Aber niemals habe ich mein Gebet und die Hoffnung auf Dich aufgegeben. Nun mache ich mir Sorgen, was meine Verwandten und Kollegen tun werden, wenn ich nicht mehr bei ihnen bin, denn meine Frau ist unfruchtbar. Darum schenke Du mir einen reinen Nachfolger als Erben, der an

meiner Stelle für Gottes Gebote eintritt, und mit dem Du zufrieden bist."

Während er noch in seinem Zimmer stand und betete, erschien ein Engel und rief ihm zu: „Gott wird dir einen Sohn geben, den du Yahya nennen sollst, ein Name, den zuvor noch niemand getragen hat. Er ist ein Zeuge für die Wahrheit und ein Wort von Gott. Er wird edel und rein und ein Gesandter Gottes sein, einer der Gerechten."

Zakariya wunderte sich und erwiderte: „Mein Herr, wie soll ich einen Sohn bekommen, wo ich doch schon sehr alt bin und meine Frau unfruchtbar ist?" Der Engel sprach zu ihm:

„So schafft Gott, was Er will!" Und erinnerst du dich noch, wie Ibrahim im hohen Alter seinen Sohn Ishâq bekommen hatte?

Zakariya war immer noch nicht sicher, ob er wohl richtig gehört hatte und ob alles überhaupt möglich war. Er sagte:

„Mein Herr, gib mir ein Zeichen, dass es auch wahr ist und ich nicht etwa träume." Der Engel antwortete: „Gott lässt dir sagen, dass du drei Tage lang mit keinem Menschen sprechen wirst, nur durch Zeichen wirst du dich verständigen. Dann sollst du deinen Herrn loben und Seinen Ruhm bekanntmachen, immer wieder, früh und spät."

Als Zakariya aus dem Haus unter das Volk trat, sprach er nicht, sondern er forderte nur die Leute durch Zeichen auf, früh und spät Gott zu preisen.

Nachdem die bestimmte Zeit vergangen war, wurde Yahya geboren. Er wuchs heran und studierte Gottes Gebote und die Geschichten von Gottes früheren Gesandten. Gott ließ ihm durch Seine Engel sagen: „Yahya, halte fest an der Schrift mit aller Kraft!" Seinen Eltern war er die Freude ihrer alten Tage, und sie dienten Gott gemeinsam.

*Gottes Friede sei mit Zakariya.*

## Zugrunde liegende Qur'antexte

| | |
|---|---|
| **Surah 3:37 - 41** | Zakariya betreut Maryam, Bitte um einen würdigen Nachfolger, Verheißung Yahyas |
| **Surah 6:85** | mit anderen: rechtschaffen und geduldig |
| **Surah 19:2 - 11** | Gebet um würdigen Nachfolger |
| **Surah 21:90 - 91** | Gebet um würdigen Nachfolger, dient mit seiner Familie Gott |

## Biblische und andere Parallelen

**Matthäus 23:34 - 36**
**Lukas 1:5 - 25 und 39 - 80; 11:47 - 51**

## Anmerkungen

Zakariya entspricht dem biblischen Zacharias.

In der Kommentarliteratur und verschiedenen Überlieferungen wird erwähnt, dass Zakariya zu Lebzeiten allein versuchte, die ethischen Werte der Thora aufrechtzuerhalten, und schließlich den Märtyrertod erlitt.

## Die Geschichte von Maryam

# 33 Der Erbarmer

Die Familie von Imrân war eine bekannte große Familie in Jerusalem, in der es in den vergangenen Generationen viele Gelehrte gegeben hatte. Aber die jüngeren Männer hatten keine Lust, diese Tradition fortzusetzen, sondern interessierten sich eher für Reichtum, Macht und Vergnügen.

In dieser Familie gab es eine gewissenhafte Frau, die lange Zeit verheiratet gewesen war, aber keine Kinder bekommen hatte. Eines Tages stellte sie fest, dass sie schwanger war. Froh und dankbar beschloss sie, das Kind, von dem sie glaubte, es sei ein Junge, Gott zu weihen, damit es die heiligen Schriften studieren und im Heiligtum die Menschen Gottes Botschaft lehren konnte. Sie betete zu Gott und sagte: „Dieses Kind, das Du in meinem Leib erschaffen hast, soll Dein ganz besonderer Diener werden. Nimm dieses Versprechen von mir an. Du hörst und weißt doch alle Dinge." Gott erschafft aber im Mutterleib, was Er will.

Als die Zeit um war, wurde ein Mädchen geboren. Daran hatte Hanna nicht gedacht. Sie sagte: „Mein Schöpfer und Erhalter, ich habe eine Tochter zur Welt gebracht. Und ein Mädchen ist doch nicht wie ein Junge." Damals konnte nämlich ein Mädchen zwar zu Hause die heiligen Schriften studieren, aber nicht in aller Öffentlichkeit lehren. Weiter sagte die Mutter: „Ich habe sie Maryam genannt, und ich stelle sie und ihre Nachkommen unter Deinen Schutz vor der verworfenen Macht des Bösen."

Als Maryam alt genug war, wurde ihr Onkel Zakariya, der ein wichtiger Gelehrter war, ihr Lehrer. Sie war auf viele Weise ein ungewöhnliches Mädchen, neugierig und nachdenklich zugleich. Als sie größer und verständiger wurde, mochte sie weder mit anderen Kindern noch allein spielen, sondern lieber in den ehrwürdigen alten Büchern lesen und Zakariya zuhören, wenn er von Gott und Seinen Gesandten erzählte, oder ihm Fragen stellen, die er geduldig und mit stiller Freude beantwortete. Er liebte sie wie eine eigene Tochter. So wuchs sie zu einer schönen, klugen jungen Frau heran. So verbrachte sie viel Zeit im Heiligtum.

Zakariya gab Maryam ein eigenes Zimmer im Heiligtum. Darüber freute sie sich sehr, denn sie mochte gern ganz allein dort sitzen und in aller Ruhe lesen und meditieren, weit ab von den Leuten, die über sie schlecht redeten und meinten, ein Mädchen sollte doch lieber bald heiraten und eine Familie gründen.

Zakariya besuchte Maryam oft, um mit ihr zu sprechen und ihre Fragen zu beantworten. Jedes mal fand er bei ihr Früchte. „Woher hast du dies?", fragte er sie schließlich. Maryam erwiderte: „Von Gott. Gott versorgt nämlich, wen Er will, ohne Maß." Da wusste Zakariya, dass Gott Maryam für eine besondere Aufgabe auserwählt hatte und für sie sorgte, und er war froh und erleichtert darüber, denn er hatte sich schon Sorgen gemacht, was aus seiner Schülerin werden sollte, wenn er einmal sehr alt wurde oder starb. Dankbar sagte er: „Gottes Barmherzigkeit kennt kein Maß."

Aber nicht nur Zakariya besuchte Maryam in ihrem Zimmer, sondern auch Engel erschienen in sichtbarer Gestalt. Sie sagten zu ihr: „Maryam, Gott hat dich auserwählt und geläutert. Von den Frauen aller Völker hat Er dich auserwählt. Darum bete zu deinem Schöpfer und Erhalter, wirf dich nieder im Gebet und beuge dich mit denen, die sich beugen."

## Zugrunde liegende Qur'antexte

| | |
|---|---|
| **Surah 3:35 – 37** | Maryam wird von Mutter Gott geweiht, erweist sich überraschend als Mädchen, wird von Gott angenommen und versorgt |
| **Surah 3:42 – 51** | Engel sprechen mit ihr, Verheißung 'Îsas |
| **Surah 4:156** | Verleumdung gegen Maryam |
| **Surah 5:113** | Maryam ist ebenso wenig göttlich wie ‚Îsa |
| **Surah 19:16 – 33** | 'Îsas Geburt, Rückkehr zu den Angehörigen |
| **Surah 21:91** | Keuschheit als Grund, dass Geist eingehaucht und sie und 'Îsa zu Zeichen wurden |
| **Surah 23:50** | Zuflucht vor Verfolgern |
| **Surah 66:12** | Beispiel für diejenigen, die glauben |

## Biblische und andere Parallelen

Protoevangelium des Jakobus, aber keine biblischen Parallelen.

## Anmerkungen

Maryam entspricht der biblischen Maria.

Während in der Bibel in erster Linie ihre Funktion als Mutter Jesu im Vordergrund steht, verweisen die im Qur'an umrissenen Züge auf ihre spirituellen Qualitäten. Das Wort rizq (Versorgung) in Surah 3:35 – 37, hier dargestellt als „Früchte", umfasst außer physischer Nahrung, von der in diesem Fall die Legenden plastisch zu berichten wissen, vor allem Potenzial und geistige Versorgung, die Zakariya wohl in Erstaunen versetzt hat.

Das Gewicht, das der Qur'an Maryam beimisst, wird noch dadurch verstärkt, dass von ihrem Sohn als ‚Îsa, Sohn von Maryam oder auch nur Sohn der Maryam die Rede ist.

## Maryam und ʿÎsa

# 34 Der Belebende

Eines Tages zog sich Maryam zum Nachdenken an einen einsamen Ort zurück, wo niemand sie sehen und stören konnte. Sie badete und wusch ihre Kleider und betete. Da erschien ein Engel in der Gestalt eines jungen Mannes, und als sie ihn sah, erschrak sie und sagte: „Gott beschütze mich vor dir! Geh weg, wenn du gewissenhaft bist!"

Der Engel erwiderte: „Ich bin nur ein Bote deines Schöpfers und Erhalters. Du sollst ein Kind bekommen, einen Sohn. Sein Name soll Masîh ʿÎsa sein, der Sohn von Maryam. In dieser Welt und im zukünftigen Leben wird er in Ehren gehalten werden, und er gehört zu denen, die Gott am nächsten stehen. Er ist nämlich ein Wort von Ihm und soll ein Gesandter zu den Menschen sein. Als kleines Kind und als erwachsener Mann wird er zu ihnen sprechen."

„Wie soll ich denn ein Kind bekommen?", fragte Maryam. „Ich bin doch gar nicht verheiratet."

Der Engel erwiderte: „Dennoch, Gott erschafft, was Er will, denn das ist leicht für Ihn. Wenn Er zu einem Ding sagt ‚Werde!', dann wird es. Gott hat ihn als ein Zeichen der Barmherzigkeit bestimmt. Er wird ihn die Schrift und Weisheit lehren und zu den Kindern Israel schicken. Er wird wunderbare Dinge tun als Zeichen für seine Wahrhaftigkeit. Wenn die Menschen doch nur auf ihn hören würden! Und er wird die Lehre der Thora bestätigen, die Gott den Kindern Israel schon zuvor am Berg Sinai gegeben hat."

So war es denn beschlossen, und Maryam wanderte weit fort von ihrer Heimatstadt, damit die Leute nicht anfingen, noch schlechter über sie zu reden. Als die bestimmte Zeit um war, war sie ganz allein in der Wildnis bei einer Dattelpalme.

Dort brachte sie ihren Sohn zur Welt. Erschöpft und mutlos rief sie aus: „Ach, wäre ich doch schon längst gestorben und ganz und gar vergessen!" Aber eine Stimme tröstete sie und rief ihr zu: „Sei nicht traurig! Gott hat nämlich unter dir einen Bach fließen lassen. Und schüttle nur den Stamm der Palme, dann fallen reife Datteln für dich herunter. Iss und trink und sei guten Mutes. Und wenn jemand dich neugierig anspricht, dann sage nur: ‚Ich faste heute, darum will ich auch mit den Leuten nichts Überflüssiges reden.'"

Maryam aß und trank und ruhte sich aus. Als sie neue Kraft geschöpft hatte, beschloss sie, mit dem Neugeborenen zu ihren Angehörigen zurückzukehren. Sie nahm ihren kleinen Sohn auf den Arm und wanderte den ganzen langen Weg bis in ihre Heimatstadt zurück.

Die Verwandten und Bekannten waren verwundert, als sie da plötzlich mit einem Kind in den Armen daherkam. „Maryam", sagten sie, „was hast du getan? Das ist doch wirklich allerhand! Dein Vater war doch kein schlechter Mensch und deine Mutter keine Herumtreiberin!" Und sie machten ihr Vorwürfe, sie hätte der angesehenen Familie Imrâns Schande gemacht.

Aber Maryam schwieg nur und deutete auf das Kind, um zu zeigen, dass es ein besonderes Kind sei. Erklären konnte sie ja nichts, und ihre Verwandten hätten ihr sicher sowieso kein Wort geglaubt. Auch so riefen sie empört: „Wir können doch nicht mit einem Wickelkind reden!"

Aber zu ihrem größten Erstaunen sprach das Kind für sich selbst: „Ich bin ein Diener Gottes. Er hat mir die Offenbarung gegeben und mich zu Seinem Gesandten gemacht und mich gesegnet, wo immer ich bin. Er hat mir Gebet und Freigiebigkeit als

Pflicht auferlegt und mir befohlen, liebevoll zu meiner Mutter zu sein und nicht hochmütig und ungerecht zu werden. Frieden liegt auf mir am Tag meiner Geburt, an dem Tag, an dem ich sterbe, und an dem Tag, an dem Gott mich wieder zum Leben auferweckt."

ʻÎsa war in der Tat ein ebenso besonderes Kind wie seine Mutter. Schon als kleiner Junge konnte er ohne Mühe die offenbarten Bücher vortragen und wusste mehr von Gottes Geboten als viele Gelehrte im Heiligtum von Jerusalem. Vor allem verstand er auch, was der Sinn der Gebote war.

Eines Tages war ʻÎsa draußen. Es hatte geregnet und er spielte im Schlamm. Er machte aus Schlamm Figuren von Vögeln und stellte sie rings um sich auf. Da kamen ein paar Gelehrte vorbei, in ein ernsthaftes Gespräch vertieft. Als sie ihn sahen, runzelten sie die Stirn und sagten: „Heute ist doch Sabbath, da darf man nicht arbeiten. Wie kannst du da aus Schlamm Vögel machen?" Sie wollten nämlich gern ihr Wissen zur Schau stellen, auch wenn sie anderen damit Angst machten. Tatsächlich war ʻÎsa erschrocken und betete im Stillen zu Gott um Hilfe. Dann klatschte er in die Hände, und mit Gottes Erlaubnis wurden die Vögel lebendig und flogen. Die Gelehrten trauten ihren eigenen Augen nicht. Sie wagten nicht, noch ein einziges Wort zu sagen, und gingen schnell weiter.

## Zugrunde liegende Qur'antexte

| | |
|---|---|
| **Surah 3:45–47** | Verheißung von ʻÎsas Geburt, Ausblick auf seine Lebensaufgabe |
| **Surah 3:59** | ʻÎsa ist wie Adam |
| **Surah 19:33–33** | ʻÎsas Geburt, Maryams Rückkehr zu den Angehörigen |
| **Surah 23:50** | ein Zeichen Gottes |
| **Surah 43:61** | ein Zeichen Gottes |

## Biblische und andere Parallelen

**Matthäus 1:18–25; Lukas 1:26–56; 2:1–52; das Kindheitsevangelium des Thomas**

## Anmerkungen

ʻÎsa entspricht dem biblischen Jesus.

Im Unterschied zur biblischen Darstellung wird ein Joseph im Qur'an nicht erwähnt. Im Mittelpunkt stehen vielmehr die spirituell hochentwickelte Mutter, mit der die Engel sprechen und die auf wunderbare Weise versorgt wird, und ein geistig waches Kind, das zu einem der bedeutendsten Gesandten Gottes werden soll.

Mit der gesamten Erfahrung der Empfängnis, Schwangerschaft, Geburt und Auseinandersetzung mit den Angehörigen ist Maryams Hauptbeziehung allein die zu Gott.
(Didaktische Hinweise: s. S. 135 ff.)

## Die Geschichte von Yahya

# 35 Der Zeuge

Yahya, der Sohn von Zakariya, wuchs zu einem jungen Mann heran. Gott machte ihn zum Nachfolger seines Vaters und gab ihm schon in seiner Jugendzeit Weisheit, sodass er Gutes und Böses klar unterscheiden konnte. Yahya war freundlich und liebevoll zu seinen greisen Eltern und sanft und mitleidig mit allen Geschöpfen Gottes.

Viel Zeit verbrachte Yahya in der Wüste, wo er ungestört beten und an Gott denken konnte. Er führte ein einfaches Leben, trug ein schlichtes Gewand aus grober Wolle und aß nur, was er in der Wildnis finden konnte: Heuschrecken, Honig von wilden Bienen und wildwachsende Früchte. Dies war genug, um gesund und stark zu bleiben und Gott dankbar zu sein, und auf diese Weise hielt er Abstand von allen Speisen, welche die Leute im Namen fremder Götzen zubereiteten, und von ihrem Luxus. Yahya war noch sehr jung, als er anfing, die Menschen aufzurufen, zu Gott zurückzukehren. „Es gibt keinen Gott außer Ihm", sagte er wie einst sein Vater, „dient nur Ihm und lasst ab von den fremden Götzen, die nur machtlose Steinfiguren sind. Habt ihr vergessen, wer euch erschaffen hat und am Leben erhält? Zu Gott kehrt ihr dereinst zurück, und Er wird dann von euch Rechenschaft fordern."

Zu jener Zeit kam ein neuer König namens Herodes an die Macht. Wie sein Vorgänger war er den Römern zu Tributzahlungen verpflichtet, aber er tat noch viel mehr, um sich bei den Römern beliebt zu machen. Ein späterer Geschichtsschreiber schreibt über ihn: „Er war kein König, sondern der grausamste Tyrann, der jemals auf den Thron gelangt ist. Eine Menge Menschen hat er ermordet, und das Schicksal derer, die er am Leben ließ, war so traurig, dass die Umgekommenen noch glücklich zu preisen waren. Er hat nicht nur einzelne Untertanen gefoltert, sondern das ganze Gemeinwesen misshandelt. Um römische Städte zu verschönern, hat er seine eigenen beraubt und fremden Völkern Geschenke gemacht, die mit dem Blut des eigenen Volkes bezahlt waren."

Selbst führte dieser König in seinem Palast ein verschwenderisches Leben und hielt ausschweifende Feste, bei denen er reichlich Wein servieren ließ und die Töchter der Bani Israel zwang, vor seinen Gästen zu tanzen. Wenn er aber wütend wurde, schonte er nicht einmal seine eigene Familie. Er tötete mehrere seiner Söhne und sogar seine Frau, um gleich darauf eine andere zu heiraten.

Die Grausamkeit und Ungerechtigkeit ihres Königs brachte einen Teil des Volkes dazu, sich an Gott zu erinnern und auf Yahya zu hören. Sie zogen zu ihm in die Wüste und lehnten die fremden Götzen und alle Ungerechtigkeit ab. Sie beteten und fasteten und hofften, dass Gott noch einmal den Bani Israel Seine Barmherzigkeit erweisen und sie von aller Mühsal befreien und in Frieden leben lassen würde.

Yahya ermahnte nicht nur das Volk, sondern auch den tyrannischen König. „Zu Gott kehren wir alle zurück", sagte er zu ihm,

„und auch du kannst deiner Verantwortung nicht entgehen. Mächtigere Könige als du sind elend zugrunde gegangen, weil sie Gott nicht gehorchen wollten und Unheil im Land stifteten. Du bist nur ein armseliger Vasall der Römer, aber kennst du nicht die Geschichten von Nimrûd und Pharao? Sie waren mächtiger als du, aber auch sie konnten ihr Leben nicht um eine Minute verlängern, als Gott es von ihnen forderte. Darum wende dich zu Gott und beginne ein neues, verantwortungsbewusstes Leben, bevor es zu spät ist!"

Als er dies hörte, packte den König die Wut. Sofort ließ er Yahya gefangen nehmen und in das finsterste Verlies seiner Burg einsperren. Dann lud er Gäste zu einem großen Essen ein, und währenddessen ließ er Yahya enthaupten und seinen Kopf auf einem silbernen Teller zur Schau stellen.

Die Menschen, die an Gott geglaubt und auf Yahya gehört hatten, waren über diese Nachricht bestürzt und traurig. Aber Yahya hatte ihnen schon zuvor gesagt: „Ich bin nur ein Mensch wie ihr. Zwar hat Gott mich auserwählt und zu Seinem Gesandten bestimmt, aber ich werde ebenso wie ihr zu Gott zurückkehren. Gott wird weitere Gesandte zu den Menschen schicken. Auf sie sollt ihr hören, wenn ihr gewissenhaft seid. Reinigt eure Herzen und vertraut nur auf Gott. Schon bald wird ein großer und wichtiger Gesandter von Ihm zu euch kommen."

Man soll aber von denen, die auf Gottes Weg getötet wurden, nicht sagen, sie seien tot. Natürlich sind sie nicht mehr unter denen, die auf der Erde leben, aber sie sind in unserer Erinnerung und in Gottes Gegenwart lebendig, und Er versorgt sie aus Seinem Überfluss. Dies ist ein großes Geheimnis, von dem ein Mensch nur sehr wenig verstehen kann. Eine große Belohnung hält Gott für die Menschen bereit, die aus Liebe zu Ihm bereit sind, mit ihrem Leben und Sterben in dieser Welt Zeugnis für Ihn abzulegen.

*Gottes Friede sei mit Yahya.*

## Zugrunde liegende Qur'antexte

| | |
|---|---|
| **Surah 3:39** | Geburt |
| **Surah 6:85** | mit anderen: rechtschaffen und geduldig |
| **Surah 19:12 - 15** | sein Charakter |
| **Surah 21:90 - 91** | dient mit seinen Eltern Gott |

## Biblische und andere Parallelen

**Matthäus 3:1 - 12; 11:1 - 19; 14:1 - 12**
**Markus 1:1 - 8; 6:14 - 29**
**Lukas 1:57 - 66; 3:1 - 19; 7:24 - 35; 9:7 - 9**
**Johannes 1:19 - 34**

## Anmerkungen

Yahya entspricht dem biblischen Johannes (dem Täufer).

Während Johannes in der Bibel vor allem in der Rolle eines Vorläufers Jesu dargestellt wird, steht im Qur'an seine eigene Aufgabe im Mittelpunkt, abgesehen davon, dass hervorgehoben wird, wie er mit seinen Eltern zusammen Gott dient. Von seinem Märtyrertod ist in der Überlieferungs- und Kommentarliteratur die Rede.

## ʻÎsa lehrt die Menschen

# 36 Der Freund

Als ʻÎsa ein junger Mann geworden war, zog er durch das ganze Land und forderte die Menschen auf, sich zu Gott zu wenden und niemandem außer Ihm zu dienen. Er führte ein einfaches Leben, trug ein schlichtes Gewand aus grober Wolle, aß nur wilde Früchte und Kräuter, die er unterwegs finden konnte, und war bescheiden und dankbar gegen Gott. Er sagte: „Diese Welt ist wie eine Brücke ins zukünftige Leben. Geht darüber, aber lasst euch nicht darauf nieder."

Eine Schar von Männern und Frauen hörten ʻÎsa zu. Er trug ihnen Gottes Botschaft vor und erzählte ihnen von den prophetischen Lehrern, die Gott in der Vergangenheit geschickt hatte. Er forderte die Menschen auf, bescheiden, aufrichtig, freigebig und hilfsbereit zu sein und einander zu verzeihen. Er sagte: „Dient Gott, meinem und eurem Herrn."

Schließlich fragte ‚Îsa: „Wer will mein Helfer auf Gottes Weg sein?" Da meldeten sich zwölf junge Männer und sprachen: „Wir wollen deine Helfer auf Gottes Weg sein und mit dir gehen, wohin du auch gehst." So wurden sie ʻÎsas Schüler. Sie teilten sein einfaches Leben und wanderten mit ihm durch das ganze Land. Sie schliefen auf der bloßen Erde unter freiem Himmel und aßen wilde Früchte und Kräuter wie ʻÎsa selbst.

ʻÎsa wanderte von Dorf zu Dorf und von Stadt zu Stadt. Überall unterwegs sprach er zu den Menschen: „Es gibt keinen Gott außer Gott, und zu Ihm kehrt ihr dereinst zurück. Darum betet zu Ihm und folgt Seinen Geboten und betrügt nicht euch selbst und andere. Seid nicht hochmütig und reinigt eure Herzen von schlechten Gedanken." Wenn es irgendwo in einem Dorf einen Kranken gab, betete ʻÎsa für ihn, und er wurde mit Gottes Erlaubnis wieder gesund. Blinde konnten wieder sehen, und Lahme konnten wieder laufen. So ließ Gott ʻÎsa viele Wunder tun.

Einmal kam ein Bote zu ʻÎsa und bat ihn, schnell ins nächste Dorf zu kommen, wo ein schwerkranker Mann im Sterben lag. Als aber ʻÎsa das Dorf erreichte, war der Mann schon gestorben, und seine Frau und Kinder weinten und klagten. ʻÎsa sagte zu ihnen: „Warum weint ihr? Wisst ihr nicht, dass Leben und Tod in Gottes Hand liegen?" Er betete zu Gott, und der Mann erwachte zum Leben, so wie ein Mensch aus dem Schlaf erwacht.

Viele Menschen hörten auf ‚Îsa. Aber die Gelehrten im Tempel wurden eifersüchtig, weil er die Menschen nicht nur lehrte, sondern ihnen auch half und deutlich Gottes Barmherzigkeit zeigte. Die Menschen, die auf ʻÎsa hörten, wurden wieder daran erinnert, dass jeder Mensch sich direkt im Gebet an Gott wenden kann und auf Seine Barmherzigkeit vertrauen darf. Sie lernten, auch den Sinn der Gebote Gottes zu verstehen und selbst darüber nachzudenken.

Da fürchteten die Gelehrten, dass die Leute bald nicht mehr einfach annehmen würden, was sie sagten, sondern ihnen viele kluge Fragen stellen würden. Nun, eigentlich ist es ja die Aufgabe der Gelehrten, die Menschen zu lehren, so wie es die Propheten getan haben, denn die Gelehrten sind die Erben der Propheten. Aber vielen Gelehrten erschien es bequemer, die Leute mit ein paar einfachen Regeln abzuspeisen und selbst in ihren Studierstuben zu bleiben und stolz auf ihr Wissen zu sein. Ihnen war ʻÎsa sehr unbequem, und sie überlegten, wie sie ihn aus dem Land vertreiben, einsperren lassen oder sonstwie zum Schweigen bringen konnten. Sie wagten nicht, selbst etwas gegen ihn zu unternehmen, aber sie zerbrachen sich die Köpfe, um eine Beschuldigung gegen ihn zu finden, damit er ins Gefängnis geworfen würde. Aber ʻÎsa folgte Gottes Geboten und den Gesetzen des Landes. Er nahm kein Geld von den Leuten an und hatte keine Schulden. Er wurde niemals zornig und beschimpfte oder beleidigte niemanden. Nein, die Gelehrten fanden keinen Grund, ihn verhaften und einsperren zu lassen. Sie ärgerten sich und beschlossen, seinen Reden zuzuhören, um herauszufinden, ob er nicht irgendwann einmal etwas sagte, das gegen irgendein Gesetz verstieß.

Inzwischen folgten ʿÎsa nicht nur seine zwölf Schüler, sondern auch zahlreiche andere Männer und Frauen. Aber es waren meist die Armen und Verachteten aus dem Volk. Die Reichen nahmen ihn nicht ernst, weil er wie die Armen lebte und kein Verlangen nach Reichtum und Luxus hatte. Ja, er kümmerte sich sogar um die Fremden, die überhaupt nicht zu den Bani Israel gehörten. Das gefiel manchen Leuten überhaupt nicht, denn sie bildeten sich ein, dass Gott nur die Bani Israel liebte und dass die Bani Israel das beste Volk der Welt seien. Sie wollten nicht wahrhaben, dass alle Menschen Nachkommen von Adam und Gottes Geschöpfe sind. Der Unterschied besteht nur in Aufrichtigkeit und Gewissenhaftigkeit.

An einem Feiertag geschah es, dass ʿÎsa von einer großen Menschenmenge umgeben war. Männer, Frauen und Kinder waren von nah und fern gekommen, um ʿÎsas Lehren zu hören. Sogar die Reichen waren da, um ihre Neugier zu befriedigen und ihre Langeweile zu vertreiben, und eine Reihe von eifersüchtigen Gelehrten kam, um zu sehen, ob sie einen Anklagegrund gegen ihn finden könnten.

ʿÎsa gab den Menschen viele gute Ratschläge. Er sagte: „Reinigt eure Herzen und denkt oft an Gott. Prahlt nicht vor anderen und steht nicht angeberisch beim Gebet, sodass andere euch zuschauen und bewundern, sondern seid demütig und bescheiden. Vergesst nicht, dass ihr beim Gebet Gott gegenübersteht und Er euch sieht und hört. Helft den Armen heimlich und nicht, um von anderen Menschen freigebig genannt zu werden. Wenn ihr fastet, macht nicht ein langes Gesicht, sondern zieht saubere Kleider an und kämmt euch und macht ein fröhliches Gesicht, sodass nur Gott weiß, dass ihr fastet, und vermeidet überflüssiges und sinnloses Gerede. Seid aufrichtig und betrügt nicht euch selbst und andere. Gott kennt alle Geheimnisse im Himmel und auf der Erde und weiß, was in euren Herzen versteckt ist. Vor Ihm müsst ihr dereinst Rechenschaft ablegen."

Die Menschen hörten aufmerksam zu und bemerkten nicht, wie schnell der Tag verging. Sie vergaßen sogar, etwas zum Essen zu besorgen, und dachten nicht daran, dass sie noch einen langen Heimweg vor sich hatten. Als die Sonne unterging, waren sie froh über alles, was sie gehört und erlebt hatten, aber auch sehr hungrig.

Die Schüler sagten: „ʿÎsa, könnte Gott uns nicht einen Tisch mit Speisen vom Himmel schicken?" ʿÎsa erwiderte: „Habt Ehrfurcht vor Gott, wenn ihr Glauben habt!"

Aber sie drängten weiter: „Wir wollen doch nur essen und uns freuen und zufrieden sein, und gleichzeitig mit Gewissheit wissen, dass du uns wirklich die Wahrheit gesagt hast, nachdem wir ein solches bekame mit eigenen Augen gesehen haben."

Da betete ʿÎsa zu Gott und sagte: „Unser Herr, schick uns vom Himmel einen Tisch mit Speisen, sodass es für uns alle ein Fest und ein Zeichen von Dir ist, und gib uns unsere Nahrung. Du bist doch der, der alle Lebewesen ernährt." Gott erwiderte: „Ich will euch einen Tisch mit Speisen senden. Aber wenn einer von euch die Wahrheit zurückweist, nachdem sie so offen sichtbar geworden ist, ist es eine solche Schande, wie sie niemand zuvor gekannt hat."

Darauf erschien ein Tisch mit Speisen, sodass es für alle genug zu essen gab. Die Armen, die auf ʿÎsa hörten, dankten Gott und fingen an, ihren Hunger zu stillen. Aber die Leute, die ʿÎsas Worte ablehnten, wollten nicht einmal von den Speisen kosten, sondern wandten sich ab und sprachen untereinander: „Das ist entweder ein Schwindel oder Zauberei. Jedenfalls ist es für uns noch lange kein Beweis."

Die eifersüchtigen Gelehrten ärgerten sich noch mehr als zuvor. Sie konnten nämlich keine solchen Wunder zeigen. Dass auch ʿÎsa nur mit Gottes Erlaubnis Wunder tun konnte, das kam ihnen nicht in den Sinn, denn sie wollten ja auch nicht glauben, dass ʿÎsa Gottes Gesandter war.

## Zugrunde liegende Qur'antexte

| | |
|---|---|
| **Surah 3:49–53** | Lehre, Jünger |
| **Surah 4:171** | Rolle als Gesandter |
| **Surah 5:19** | ist nicht Gott |
| **Surah 5:49–50** | Injîl enthält Führung und Licht |
| **Surah 5:75–78** | ist nicht Gott, Rolle als Gesandter |
| **Surah 5:113–121** | Berufung der Jünger, Tisch mit Speisen, 'Îsas Lehre |
| **Surah 6:85** | mit anderen: ausgezeichnet vor den Welten |
| **Surah 9:30** | nicht Sohn Gottes |
| **Surah 19:30–33** | seine Botschaft, Wundertaten |
| **Surah 43:59–64** | Rolle als Gesandter |
| **Surah 61:14** | Jünger als Gottes Helfer |

## Biblische und andere Parallelen

**Matthäus 4:12–26:13**
**Markus 1:14–13:37**
**Lukas 4:14–21:38**
**Johannes 1:35–13:20**

## Anmerkungen

Da Jesus die zentrale Gestalt des Christentums ist, ist es verständlich, dass ein beträchtlicher Teil der vier Evangelien von seinem Lehren und Wirken handelt.

Im Qur'an werden sowohl 'Îsas Lehren als auch seine Handlungen nur umrissen. Die Wunder werden als Typen erwähnt. Abgesehen von dem Einhauchen von Leben in die Tonvögel, das traditionell seiner Kindheit zugerechnet wird, handelt es sich um die Heilung von Blinden und Aussätzigen und die Erweckung von Toten. Da 'Îsa für das Prinzip des rûh, des Geistes, steht, haben diese Handlungen auch eine Bedeutung im übertragenen Sinne als die Befähigung von der Erde stammender Menschen, zu geistigen Höhen zu fliegen, die Wiederherstellung der Einsichtsfähigkeit, die Integration Außenstehender und die Erweckung abgestorbener Herzen.

Die Episode mit dem Tisch mit Speisen wird bisweilen in Anlehnung an die Speisung der Fünftausend, bisweilen in Anlehnung an das Abendmahl gedeutet. In jedem Fall geht es um geistige Wegzehrung.
(Didaktische Hinweise: s. S. 138 f.)

## ʿÎsa und seine Feinde

# 37 Der innerlich Verborgene

Die eifersüchtigen Gelehrten kamen zusammen und beratschlagten, wie sie ʿÎsa zum Schweigen bringen konnten. Sie beschlossen, eine Reihe von falschen Anklagen gegen ihn zusammenzustellen, und gaben einigen gierigen Menschen Geld, damit diese als Zeugen ihre Aussagen bestätigen. Dann, so dachten sie, würde ʿÎsa sicher eingesperrt oder aus dem Lande verwiesen werden, und sie wären ihn los.

Sie machten sich sogleich daran, eine lange Liste von Anklagen zu schreiben. „Betrug“ stand darauf und „Vorführung von Zaubertricks“, denn davor hatten die Menschen damals große Angst. Aber am wichtigsten erschienen ihnen die beiden Hauptanklagen. ʿÎsa hatte gesagt: „Es gibt keine wirkliche Macht außer bei Gott!“ Der römische Kaiser aber behauptete, der mächtigste Mann der Welt zu sein. Darum schrieben sie: „Beleidigung des römischen Kaisers“. Und weil sie gesehen hatten, dass eine große Menschenmenge ʿÎsa zuhörte und viele ihm glaubten und Gottes Geboten folgten, schrieben sie: „Verführung zum Volksaufstand“. Beides galt als Verbrechen gegen den Staat, und darauf stand die Todesstrafe. So reichten sie die Anklageschrift am königlichen Hof ein.

Der König schickte sogleich eine Schar Soldaten aus, ʿÎsa zu suchen und zu verhaften. Sie brauchten nicht lange zu warten. Schon bald kam ein Spion gelaufen und berichtete: „ʿÎsa befindet sich mit seinen zwölf Schülern in einem Haus, das einsam in einem großen Garten liegt. Dort wollen sie die Nacht verbringen. Ich kann euch den Weg zeigen.“

Die Soldaten ergriffen ihre Waffen, denn ihnen war gesagt worden, sie müssten einen sehr gefährlichen Aufrührer fangen.

Sie folgten dem Spion durch die abendliche Stadt. Bald erreichten sie den großen Garten und das Haus, in dem ʿÎsa und seine Schüler übernachten wollten.

Die zwölf Schüler schliefen schon tief und fest, denn sie waren von der langen, anstrengenden Wanderung der letzten Tage müde. Nur ʿÎsa war noch wach und betete. Gott hatte ihn wissen lassen, dass seine Feinde ihn suchten. Er hörte im Dunkel des Gartens das Waffengeklirr der Soldaten, die bald darauf das Haus erreichten, ihre Schwerter zogen und durch Türen und Fenster in die Zimmer eindrangen. Erschreckt fuhren ʿÎsas Schüler aus dem Schlaf. Sie versuchten, sich ohne Waffen zu wehren, und es kam zu einem Handgemenge.

Danach weiß eigentlich niemand mehr so recht, was genau geschehen ist. Die einen erzählen, ʿÎsa sei verhaftet worden. Andere berichten, der Spion, der die Soldaten hierher geführt hatte, habe ʿÎsa sehr ähnlich gesehen, und die Soldaten hätten in der Dunkelheit der Nacht und der allgemeinen großen Verwirrung den Spion verhaftet, weil sie ihn für ʿÎsa hielten. Wer auch immer der Mann war, der gefesselt und ins Gefängnis geworfen wurde, er wurde am nächsten Tag vor Gericht gestellt, wo die falschen Anklagen vorgetragen wurden. Dort versuchte er, sich zu verteidigen. Aber niemand hörte auf ihn. Er wurde zum Tode verurteilt, und der römische Statthalter gab den Befehl, ihn hinzurichten. Er sollte am folgenden Tag gekreuzigt werden, wie es damals bei den Römern üblich war.

Die Leute, die am nächsten Morgen dabei zusahen, dachten alle, es sei ‚Îsa, der zusammen mit anderen Gefangenen zur Hinrichtungsstätte geführt wurde. Die Armen und die Rechtschaffenen waren entsetzt und traurig,

vor allem aber ʻÎsas Schüler und Freunde. Nach einer anderen Geschichte soll einer von ihnen dem Mann, der hingerichtet werden sollte, geholfen haben, das Kreuz zu tragen, und sei selbst an seiner Stelle gekreuzigt worden. So viele unterschiedliche Berichte gibt es hier, und niemand weiß genau, was geschehen ist. Christen glauben, ʻÎsa sei gekreuzigt worden, gestorben und nach drei Tagen auferstanden. Darum feiern sie das Osterfest. Muslime glauben, Gott habe ʻÎsa gerettet und an einen Ort gebracht, wo er sicher leben konnte. Es hat auch Menschen gegeben, die ihn so ablehnten, dass sie damit prahlten, sie hätten ihn getötet, aber auch solche, die anderen vorwerfen, diese hätten ihn getötet. Über diese verschiedenen Ansichten gibt es lange Diskussionen, sinnlosen Streit und bittere Feindschaft. Darüber vergessen viele Menschen, Christen und Muslime, die wichtigen Dinge, die ʻÎsa gelehrt hat. Obwohl ʻÎsa arm war und die Menschen aufforderte, nicht an irdischen Schätzen zu hängen, streben sie nach Reichtum und Macht. Obwohl ʻÎsa gelehrt hat, den Menschen zu verzeihen und sie zu lieben, führen sie Kriege, in denen viele unschuldige Menschen getötet werden.

ʻÎsas Feinde und ihre Helfer konnten sich nicht lange über ihren scheinbaren Erfolg freuen. Einige Jahre später, als eine Gruppe von jungen Männern versuchte, das Land von der römischen Fremdherrschaft zu befreien, schlugen die Römer diesen Aufstand nieder, zerstörten die Hauptstadt Jerusalem, machten den Tempel dem Erdboden gleich und raubten die Tempelschätze, die sie nach Rom schleppten. Die Bani Israel wurden in alle Welt verstreut, teils als Flüchtlinge, teils als Sklaven, teils als Kaufleute.

Einige Menschen haben ʻÎsa so sehr geliebt und verehrt, dass sie angefangen haben zu glauben, dass er Gott sei oder zumindest Sein Sohn. Sie haben auch seine Mutter besonders geliebt und verehrt. Von beiden gibt es viele Bilder und Statuen, und einfache Menschen beten manchmal zu ihnen, wie man zu Gott beten würde. Deshalb wird Gott am Tag der Auferstehung Seinen Gesandten ʻÎsa fragen: „ʻÎsa, Maryams Sohn, hast du jemals zu den Menschen gesagt: ‚Betet außer Gott mich und meine Mutter an'?" Und ʻÎsa wird antworten: „Lob sei Dir! Nie hätte ich so etwas sagen können! Und hätte ich es jemals gesagt, dann wüsstest Du es, denn Du weißt, was in meinem Herzen ist, während ich nicht weiß, was in Deinem Herzen ist. Denn Du weißt alles, auch das, was wir verheimlichen. Niemals habe ich den Menschen etwas anderes gesagt, als was Du mir befohlen hast. Ich habe gesagt: ‚Dient Gott, meinem und eurem Herrn', und ich war ein Zeuge für sie, solange ich unter ihnen wohnte. Nachdem Du mich zu Dir geholt hast, hast Du über sie gewacht, und Du hast alle Dinge gesehen. Wenn Du die Menschen bestrafen willst – sie sind Deine Diener. Wenn Du ihnen vergibst – Du bist der Mächtigste, der Weise."

*Gottes Friede sei mit ʻÎsa und Maryam.*

## Zugrunde liegende Qur'antexte

| | |
|---|---|
| **Surah 3:55 – 58** | Gott lässt ʻÎsa sterben, nimmt ihn auf in Seine Gegenwart |
| **Surah 4:157 – 159** | sie haben ihn nicht gekreuzigt, Zweifel und Uneinigkeit |
| **Surah 23:50** | Zuflucht vor Verfolgern |
| **Surah 57:27** | seine Anhänger sind barmherzig |
| **Surah 61:6** | sagt das Kommen von Ahmad voraus |

## Biblische und andere Parallelen

**Matthäus 26:14 – 28:20, Markus 14:1 – 16:20**
**Lukas 22:1 – 24:53, Johannes 13:21 – 21:25**

## Anmerkungen

In der christlichen Lehre stehen die Kreuzigung und Auferstehung Jesu im Mittelpunkt, und die vier Evangelien stellen sie aus vier verschiedenen Gesichtswinkeln dar. Abgesehen von der ontologischen Stellung Jesu in den verschiedenen christlichen Lehrsystemen liegt hier einer der Hauptunterschiede zwischen Christentum und Islam.

Die Äußerung in Sura 4:157 – 158 („Und wegen ihrer Aussage: ‚Wir haben den Messias, ‚Îsa, den Sohn der Maryam, den Gesandten Gottes, getötet', aber sie haben ihn nicht getötet und nicht gekreuzigt, sondern es erschien ihnen so, und diejenigen, die in dieser Sache uneinig sind, sind in beunruhigendem Zweifel darüber. Sie haben kein Wissen davon, sondern folgen nur Vermutungen, und sie haben keine Gewissheit darüber, sondern Gott hat ihn zu sich erhoben …") wird in der Kommentarliteratur verschieden gedeutet, wobei die meisten Kommentatoren davon ausgehen, dass ʻÎsa durch ein Wunder, überliefert in verschiedenen Versionen, vor der Kreuzigung gerettet wurde.

Eine häufige Überlieferungsvariante, bei der eine Art ausgleichende Gerechtigkeit im Hintergrund steht, ist die, dass der Verräter an ʻÎsas Stelle gekreuzigt wurde („es erschien ihnen so" gedeutet im Sinne einer Personenverwechslung), während ʻÎsa selbst zu Gott erhoben im Sinne von entrückt wurde (vgl. auch Sura 23:15, wo Maryam und ʻÎsa Zuflucht finden). In diesem Zusammenhang steht die volkstümliche Erwartung, dass ʻÎsa in der Endzeit noch einmal eine Zeit auf der Erde verbringt, eine Familie gründet und dann eines natürlichen Todes (vgl. Sura 3:55) stirbt.

Nach einer anderen Version half einer der Jünger ‚Îsa, das Kreuz zu tragen, und nahm aus Opferbereitschaft seine Stelle ein; wiederum wird eine Personenverwechslung zugrunde gelegt. Der Schwerpunkt liegt hier auf der Bereitschaft, das eigene Leben für das eines prophetischen Lehrers hinzugeben. Die übrigen Vorstellungen decken sich mit der ersten Variante.

Eine weitere Sichtweise ist die, dass ʻÎsa zwar am Kreuz befestigt wurde und der Anschein entstand, er sei gestorben, sodass man ihn abnahm und zur Beerdigung vorbereitete. Er war aber nicht tatsächlich tot, sondern kam nach einiger Zeit wieder zu Bewusstsein und wanderte mit seiner Mutter an einen sicheren Ort (vgl. Sura 23:15) aus, wo er lebte und lehrte, bis er eines natürlichen Todes starb (vgl. Sura 3:55).

Eine Hinrichtung ʻÎsas am Kreuz, von der auch in vereinzelten islamischen Überlieferungen die Rede ist, würde bedeuten, dass er für Gottes Sache getötet, also Shahîd wurde, d. h. mit seinem Leben und Sterben Zeugnis für Gott ablegte. Ähnliches wird von prophetischen Gestalten wie Zakariya und Yahya berichtet, aber auch von vielen anderen aufrichtigen Männern und Frauen, sodass es keine für einen Gesandten Gottes spezifische Handlung ist. Abgesehen davon sagt man von einem Shahîd nicht, er sei tot (vgl. Sura 2:154 – 157).

Wenn wir den Text genau lesen, finden wir, dass dort keine Passivkonstruktion benutzt wird („er wurde nicht getötet und nicht gekreuzigt"), sondern eine Antwort auf die Behauptung „Wir haben den Messias, ‚Îsa, den Sohn der Maryam, den Gesandten Gottes, getötet," die von jüdischer Seite im Zuge antichristlicher Polemik aufgestellt wurde (ebenso wie die im Vers zuvor erwähnten Unterstellungen gegen Maryam). Beides wird vom Qur'an zurückgewiesen, und damit fällt gleichzeitig die Anschuldigung von christlicher Seite, „die Juden hätten Jesus getötet", die im Zusammenhang mit der Judenverfolgung verheerende Auswirkungen hatte.

Im Qur'an geht es nicht darum, historische Fakten nachzubessern, sondern um das Prinzip der individuellen Verantwortlichkeit vor Gott, das durch eine Lehre wie die des „Todes für die Sünden der Menschen", wie sie in verschiedenen christlichen Lehrsystemen vertreten wird, verwischt wird. Gott ist barmherzig und bereit zu vergeben, aber einen Unschuldigen für andere leiden und sterben zu lassen, würde aus der Sicht des Qur'an nicht der Gerechtigkeit entsprechen.

## Gottes Gesandte an andere Völker

# 38 Der Offenbare

Von den Bani Israel haben wir nun viel gehört. Aber ihre Geschichte ist noch nicht zu Ende.

Gott hatte die Bani Israel ausgewählt, um den Menschen ein Zeichen zu setzen, aus dem alle Vieles lernen können. Seit der Zeit von Mose hat Gott immer wieder prophetische Lehrer zu ihnen geschickt, um sie an Seine Gebote zu erinnern. Aber es kam auch immer wieder vor, dass die Leute Gottes Gebote vergaßen oder missachteten und ihren eigenen Wünschen folgten. Immer wieder wurden sie ungerecht und undankbar. Immer wieder missachteten die Reichen die Rechte der Armen. Manchmal fingen sie sogar an, Götzen zu dienen. Wenn dann Katastrophen das Land und die Ernte vernichteten oder Feinde das Land verwüsteten, erinnerten sie sich an Gott und klagten über ihr Leid. Aber Gott hat ihnen auch immer wieder vergeben und die Gelegenheit gegeben, sich zu besinnen, neu anzufangen und Gutes zu tun. In der Bibel finden wir ausführlich die wechselhafte Geschichte der Bani Israel mit Gott. Auch im Qur'an werden wir daran erinnert.

Die Bani Israel sind wie ein Spiegel für die Menschen. Natürlich sollen wir aus diesem Beispiel lernen, nicht hochmütig, gierig, neidisch und selbstgerecht zu werden, sondern auf Gott zu vertrauen, Seinen Gesandten zu folgen und Gutes zu tun. Eigennutz zerstört das gegenseitige Vertrauen der Menschen und bringt Unfrieden. Böses bringt böse Folgen hervor. Aber wir sollen aus dieser wechselhaften Geschichte auch lernen, die Hoffnung auf Gottes Barmherzigkeit nicht aufzugeben und nie den Mut zu verlieren, umzukehren und neu anzufangen.

Nachdem die Römer Jerusalem zerstört hatten, wurden die Bani Israel in alle Welt verstreut. Sie sind die Vorfahren der heutigen Juden. Unter ihnen gibt es gewissenhafte Menschen, die niemandem außer Gott dienen, ehrlich und bescheiden sind und sich nach dem richten, was in ihrer heiligen Schrift, der Thora, gelehrt wird. In der Geschichte hat es immer wieder Zeiten gegeben wie zum Beispiel in Andalusien, in denen Juden, Christen und Muslime gute Nachbarn waren und gut zusammenarbeiteten. Große Gelehrte und Wissenschaftler lernten damals miteinander und voneinander und brachten viele wichtige Bücher und bedeutende Erfindungen hervor, von denen wir bis heute Nutzen haben. Es gab aber auch immer wieder Menschen, die mehr an Macht und Reichtum interessiert waren als an Gott und an Gerechtigkeit und Frieden unter den Menschen. Sie bilden sich ein, vor Gott eine besondere Stellung zu haben. Aber kein Mensch ist besser als der andere, es sei denn in seiner Achtsamkeit gegenüber Gott und Seinen Geschöpfen.

Gott hat nicht nur zu den Kindern Israel Gesandte geschickt. Hûd, Sâlih, Lût, Shuaib, Dhul-Qarnayn und Luqmân gehören zu den Gesandten, die Gott zu anderen Völkern geschickt hat. Tatsächlich hat Gott zu allen Völkern der Welt prophetische Lehrer gesandt. Der Prophet Muhammad hat einmal gesagt, Gott habe im Laufe der Menschheitsgeschichte 124 000 prophetische Persönlichkeiten zu den verschiedenen Völker geschickt, um sie zu lehren und ein Vorbild für die Menschen zu sein.

Gottes Gesandte waren vollkommene, aufrichtige Menschen. Sie kamen mit reinen Absichten, Worten und Taten. Zu ihren Mitmenschen waren sie freundlich und hilfsbereit. Sie ertrugen mit Geduld alle Schwierigkeiten und waren tapfer in ihrer Bemühung auf Gottes Weg. Wenn sie arm waren, arbeiteten sie für ihren Lebensunterhalt und vertrauten auf niemanden außer Gott. Wenn sie Eigentum besaßen, teilten sie großzügig mit den Armen. Sie führten ein bescheidenes Leben, selbst wenn sie Könige waren wie Salomo. Dennoch baten sie Gott täglich um Verzeihung.

Gottes Gesandte lebten und wirkten in verschiedenen Erdteilen. So viele waren es im Laufe der Jahrhunderte, dass wir ihre Namen und ihre Lebensgeschichten nicht alle kennen. Nur die bekanntesten von ihnen wurden im Qur'an erwähnt, als Beispiel für die Menschen und ihre reichhaltigen Erfahrungen.

Gottes Gesandte sprachen in verschiedenen Sprachen und lebten in verschiedenen Kulturen. Aber das, was sie lehrten, hat den gleichen Kern: „Dient niemandem außer Gott und vertraut auf Ihn. Es gibt keine wirkliche Macht außer bei Ihm. Seid dankbar und bescheiden, betet regelmäßig und denkt an Gott, fastet, übt Selbstbeherrschung und lebt nicht verschwenderisch, teilt eure Habe mit den Armen, seid ehrlich und freundlich zueinander, hasst und bekämpft euch nicht gegenseitig, sondern helft einander, sucht Wissen und Weisheit, folgt dem Beispiel von Gottes Gesandten, seid liebevoll und respektvoll zu euren Eltern, regt zu Gutem an und haltet vom Bösen ab, nehmt euch in Acht gegen das Böse und hofft auf Gottes Barmherzigkeit. Ihm seid ihr eines Tages verantwortlich.“ Wer an Gott und den Jüngsten Tag glaubt und Gutes tut, wird dann weder Furcht noch Trauer erleben.

Viele Menschen haben auf Gottes Gesandte gehört. Aber es gibt auch viele, die nur an sich selbst dachten und von ihrer Verantwortung nichts hören wollten. Sie haben die Gesandten und ihre Getreuen verspottet, beschimpft, verfolgt, gequält, aus dem Land vertrieben und manchmal sogar getötet. Sie haben ihre eigenen Wünsche und Begierden nach Geld und Macht zu Götzen gemacht. Damit haben sie auf der Erde viel Unheil und Zerstörung angerichtet, so wie es die Engel zu Anbeginn der Schöpfung befürchtet hatten. Aber das ist nicht alles. Es hat auch viele großartige und weise Menschen gegeben, die Zeugnis für die Weisheit und Güte des Schöpfers ablegen. Wir sollen achtgeben, dass wir Gott und Seine Gesandten achten, über die Offenbarungsschriften nachdenken und uns um Gutes gegenüber Mensch und Tier bemühen.

*Gottes Friede sei mit allen Seinen Gesandten.*

## Zugrunde liegende Qur'antexte

**Surah 2:136** Muslime bestätigen alle Gesandten Gottes

**Surah 2:285** wir machen keinen Unterschied zwischen Gottes Gesandten

**Surah 3:33 – 34** aufeinanderfolgende Reihe seit Anbeginn der Schöpfung, Noah usw

**Surah 3:81** Bund der Propheten

**Surah 4:41** aus jedem Volk ein Zeuge

**Surah 4:163 – 165** Noah und die Propheten nach ihm

**Surah 10:47** ein Gesandter für jedes Volk

**Surah 16:36** in jedem Volk wurde ein Gesandter erweckt

**Surah 16:89** Gesandter tritt als Zeuge gegenüber seinem Volk auf

**Surah 23:52 – 54** Gesandte bilden eine Gemeinschaft

**Surah 33:7 – 8** Bund der Propheten

**Surah 40:78** einige Propheten wurden genannt, andere nicht

## Biblische und andere Parallelen

Keine direkten biblischen Parallelen vorhanden.

## Anmerkungen

Die hebräische Bibel konzentriert sich weitgehend auf die Erfahrung der Kinder Israel mit Gott und wirft nur gelegentlich Seitenblicke auf Gottesbeziehungen und prophetische Lehrer bei anderen Völkern, zumal es in der unmittelbaren Nachbarschaft meist um die Auseinandersetzung mit Götzenkulten und deren Auswüchsen geht. Die Kontinuität wird da hervorgehoben, wo wiederholt davon die Rede ist, dass Gott mit verschiedenen prophetischen Persönlichkeiten bzw. den Kindern Israel einen Bund schließt. Allerdings kennt die jüdische Tradition sehr wohl eine Vorstellung von Gottesbeziehungen außerhalb ihres eigenen Rahmens, festgemacht an dem Bund mit Noah und dem „Noachitischen Gesetz", einer Reihe von ethischen Grundprinzipien, auf deren Basis eine Verständigung und ein konstruktives Zusammenleben mit anderen Religionsgemeinschaften möglich ist.

Das Neue Testament hat eine eher christozentrische Perspektive. Einzelne Aussagen wie der „Missionsbefehl" (Matthäus 28:18 – 20) oder der Satz „Ich bin der Weg, die Wahrheit und das Leben; niemand kommt zum Vater denn durch mich" (Johannes 14:6) sind auch im Sinne eines Absolutheits- oder Ausschließlichkeitsanspruches gedeutet worden. In neuerer Zeit untersuchen christliche Theologen diesbezügliche historische Erfahrungen in einem kritischen Licht und formulieren Stellungnahmen, auf deren Grundlage ein konstruktiver Dialog mit anderen Religionsgemeinschaften möglich ist.

Muslime sind gehalten, früheren Gesandten Gottes und heiligen Schriften Respekt entgegenzubringen und mit Angehörigen anderer Religionen in Gerechtigkeit und Frieden zusammenzuleben, besonders mit den „Leuten der Schrift". Wo der Qur'an das Beispiel von Individuen, Gruppen oder Völkern anführt, die von ihrem Hochmut zu Fall gebracht wurden, oder wo er bestehende theologische Standpunkte oder religiöse oder soziale Praktiken kritisiert, geschieht das vor allem im Hinblick auf einen selbstkritischen Umgang mit eigenen religiösen und gesellschaftlichen Verhältnissen. Der Qur'an ist in einer Zeit gekommen, in der die anderen Weltreligionen etabliert waren und die Völker zunehmend miteinander Verbindung aufnahmen, sodass es anstand, die Vision der verschiedenen Gemeinschaften vor dem Einen Gott ausdrücklich aufzuzeigen.

## Die Geschichte vom Elefantenheer

# 39 Der Lobenswürdige

الحميد

Erinnerst du dich noch, wie Ibrahim und Ismail die Kaaba als erstes Gebetshaus für die Menschen bauten und Mekka eine große, wichtige Handelsstadt wurde? Dort trafen sich jedes Jahr Kaufleute aus vielen Ländern mit ihren Waren. Sie brachten Gewürze aus Indien, Seide aus China, wertvolle Pelze aus dem fernen Norden, Elfenbein aus Afrika und vieles mehr. Aber nicht nur verkauft und gekauft wurde auf diesem Jahrmarkt, sondern da führten auch allerlei Gaukler ihre Künste vor. Schlangenbeschwörer gab es da, Tierbändiger, Akrobaten und Märchenerzähler, die auch gleichzeitig die neuesten Nachrichten aus fernen Ländern zum Besten gaben. Am berühmtesten aber war der Wettkampf der Dichter. Romantisches und Lustiges wurde da in wohlgesetzten Versen vorgetragen, und dann verkündete ein Schiedsgericht, wer in diesem Jahr das beste Gedicht verfasst hatte.

Gleichzeitig vergaßen aber die Einwohner von Mekka im Laufe der Jahrhunderte Gott und dachten auch an Ibrahim und Ismail nur noch, weil sie berühmte Männer waren und die Stadt gegründet und die Kaaba gebaut hatten. Zwar siedelten sich auch einige Juden und Christen in Mekka an, aber sie blieben meist für sich. Die meisten Araber beteten verschiedenartige Götzen an, die sie teils von anderen Völkern übernommen, teils sich selbst ausgedacht hatten. Sie machten Bilder und Statuen davon und stellten sie in ihren Häusern und in der Kaaba auf. Mittlerweile hatten sich schon 365 Götzenbilder in der Kaaba angesammelt, so viele, wie es Tage im Jahr gibt.

Wie bei den Bani Israel und den anderen alten Völkern, so bestand auch das Volk der Araber aus verschiedenen Stämmen. Der mächtigste und größte war der Stamm der Quraish. Die Männer aus diesem Stamm hatten die Aufgabe, alle die vielen Menschen, die alljährlich zum großen Markt nach Mekka kamen oder die heilige Stätte besuchten, mit Speise und Trank zu versorgen, und sie waren außerdem für die Verteidigung der Stadt und der Kaaba verantwortlich. Viele von ihnen hatten weite Handelsreisen unternommen und waren sehr reich geworden. Sie besaßen schöne Pferde und zahlreiche Kamele.

Weiter südlich auf der arabischen Halbinsel liegt das Land Yemen. Dort hatten sich viele Christen niedergelassen. Sie wurden immer mehr, bis sie schließlich die Juden vertrieben, denen zuvor die Herrschaft gehört hatte. Ihr König hieß Abraha Ashram, ein stolzer und ehrgeiziger Mann. Er ärgerte sich darüber, dass so viele Menschen jedes Jahr nach Mekka reisten, nie aber nach Yemen. „Reisen sie nach Mekka, um die Kaaba zu besuchen?", rief er aus. „Ich will ein viel größeres und schöneres Gebetshaus bauen, und das sollen dann alle Menschen der Welt besuchen und wissen, dass Abraha der mächtigste König ist." Er ließ Marmor und wertvolle Hölzer aus aller Welt zusammentragen und baute einen prächtigen Tempel, der beinahe so groß und schön war wie der, den König Sulaimân einst in Jerusalem hatte bauen lassen. Überall ließ er dann verkünden, dass sich in seinem Land das größte und schönste Gebetshaus der Welt befände.

Aber die Leute reisten nicht nach Yemen. Sie fuhren fort, jedes Jahr nach Mekka zu reisen, wo sie die alte, ehrwürdige Kaaba besuchten, ihre Waren verkauften und sich auf dem Jahrmarkt und bei dem Dichterwettstreit vergnügten. Denn wenn auch in der Kaaba längst unzählige Göt-

zenbilder standen, so war die Reise nach Mekka und das Andenken an Ibrahim und Ismail doch eine uralte Tradition, die man nicht aus dem Volksleben hätte wegdenken können.

König Abraha wurde neidisch und eifersüchtig. Er beschloss, die Stadt Mekka zu erobern und die Kaaba zu vernichten, damit die Menschen dadurch gezwungen würden, seinen prächtigen Tempel zu besuchen. Darum suchte er die größten und stärksten Männer als Soldaten aus und gab ihnen die besten Waffen, die er finden konnte. Und nicht auf Pferden und Kamelen sollten sie reiten, sondern auf Elefanten, die Abraha zu diesem Zweck aus Indien bringen ließ. Ein solches Elefantenheer galt in der damaligen Zeit als unbesiegbar und jagte allen Menschen Angst ein.

Als die Quraish vom Herannahen des Heeres hörten, erschraken sie, denn sie wussten nicht, wie sie sich gegen ein Elefantenheer wehren sollten. Zwar waren sie tapfere, geübte Kämpfer, aber ein solcher Krieg, so glaubten sie, wäre sicherer Selbstmord. Sie machten sich bereit, die Angreifer ohne Widerstand als Sieger zu empfangen, unter der Bedingung, dass sie niemanden töteten und die Stadt nicht zerstörten und plünderten. Aber Gott wollte nicht, dass das älteste Gebetshaus der Menschheit in Feindeshand fiel und zerstört wurde. Er hatte einen anderen Plan. Gott wollte gerade dieses Gebetshaus von den Götzen reinigen, damit sich von daher Wahrheit und Leitung überall in der Welt verbreiten konnte. Durch ein Wunder wollte Er die Kaaba vor den Angreifern bewahren.

Als König Abrahas Truppen fast schon die Stadtgrenze erreicht hatten und ihres Sieges sicher waren, schickte Gott einen Schwarm Vögel aus, die in ihren Krallen und Schnäbeln Steine trugen. Als sie über Abrahas Heer hinwegflogen, ließen sie die Steine einfach hinabfallen. Die Elefanten wurden dadurch erschreckt und liefen in wilder Flucht davon, sodass keiner der Soldaten sie mehr bändigen konnte. Gedemütigt mussten sie nach Yemen zurückkehren, wo sie der Zorn des enttäuschten Königs erwartete.

Im gleichen Jahr wurde in Mekka Gottes letzter Gesandter, unser Prophet Muhammad, geboren.

## Zugrunde liegende Qur'antexte

**Surah 105:1 – 5** Erinnerung an die Rettung vor dem Elefantenheer

## Biblische und andere Parallelen

Keine biblischen Parallelen vorhanden.

## Anmerkungen

Es handelt sich um ein nachbiblisches Ereignis im Geburtsjahr des Propheten Muhammad, nach dem zu seinen Lebzeiten bis zur Hijra, der Auswanderung von Mekka nach Medina, die Jahre gezählt wurden.

## Das Siegel der Gesandten

# 40 Der Liebende

Vor ungefähr 1400 Jahren schickte Gott Seinen letzten Gesandten Muhammad zu den Menschen. Muhammad wurde in der Stadt Mekka geboren, gerade ein paar Monate, nachdem Gott sie durch ein Wunder vor der drohenden Gefahr eines feindlichen Angriffs gerettet hatte. Seine Vorfahren gehörten dem berühmten Stamm der Quraish an, der für die Sicherheit der Stadt und der Kaaba verantwortlich war, die Pilger betreute, die Mekka besuchten und Handelsgeschäfte mit den umliegenden Ländern betrieb. Besonders der Großvater Abdulmuttalib war ein angesehener und wohlhabender Mann und hatte viele Söhne. Einer von diesen hieß Abdullah, und als er herangewachsen war, heiratete er eine Frau namens Amina. Aber er starb nicht lange nach der Hochzeit. Einige Zeit später brachte Amina einen Sohn zur Welt. Großvater Abdulmuttalib gab ihm den Namen Muhammad und lud den ganzen Stamm der Quraish zu einem großen Festessen ein. Sowohl er als auch Amina hatten in merkwürdigen Träumen gesehen, dass aus dem Jungen ein ganz besonderer Mann werden sollte.

Wie es damals Sitte war, verbrachte der kleine Muhammad die ersten Lebensjahre bei einer Pflegemutter in der Wüste. Kleine Kinder sollten nicht in der engen, staubigen Stadt leben, sondern in der freien und gesunden Luft der Wüste groß und stark werden und echtes Arabisch lernen, wie es damals besonders die Beduinen sprachen. Muhammads Pflegemutter hieß Halîma und war eine arme Frau. Aber nachdem sie den kleinen Jungen bei sich aufgenommen hatte, vermehrten sich ihre Schafe und Ziegen auf wundersame Weise, sodass sie keine Sorgen mehr zu haben brauchte. Als Muhammad vier Jahre alt war, brachte sie ihn zu seiner Mutter nach Mekka zurück.

Abdullah lag in der Stadt Yathrib begraben, und als Muhammad sechs Jahre alt war, machte sich Amina auf den Weg, um dem Jungen das Grab seines Vaters zu zeigen. Aber auf dem Rückweg wurde sie selbst krank und starb nach wenigen Tagen, und Muhammad kehrte als Waise in seine Heimatstadt zurück. Liebevoll nahm der alte Abdulmuttalib sein Enkelkind bei sich auf. Er sorgte dafür, dass es dem Jungen an nichts fehlte und nahm ihn überallhin mit. Sogar bei Ratsversammlungen durfte Muhammad an seiner Seite sitzen. Aber schon zwei Jahre später starb Abdulmuttalib.

Seitdem lebte Muhammad bei seinem Onkel Abu Tâlib, der ihn mehr liebte als seine eigenen Kinder. Aber Abu Tâlib war ein armer Mann und musste eine große Familie versorgen. Da halfen alle mit, den Lebensunterhalt zu verdienen, und Muhammad fasste fleißig mit an, um seinem Onkel nicht zur Last zu fallen. Er hütete wie die anderen Kinder Schafe und Ziegen, und als er größer wurde, half er seinem Onkel bei seinen Handelsgeschäften und durfte ihn sogar auf Reisen nach Damaskus begleiten.

In der ganzen Stadt Mekka war Muhammad als ein ehrlicher, fleißiger junger Mann bekannt. Die Leute wussten, dass er sehr klug war, und fragten ihn trotz seiner jungen Jahre oft um Rat. Sie wussten auch, dass man sich immer auf ihn verlassen konnte.

Einmal verkaufte er ein Kamel, und als der Käufer das Tier wegführte, sah er, dass es lahmte. Sofort rief er den Mann, gab ihm sein Geld zurück und nahm das Kamel wieder mit nach Hause. Solche Ehrlichkeit war damals in Mekka undenkbar und erregte großes Aufsehen. Darum gaben sie ihm den Beinamen „Al-Amîn“, das heißt, „der, dem man vertrauen kann“.

Eines Tages fiel ein heftiger Regen, der alle Straßen und Plätze in der Stadt Mekka überschwemmte. Das Wasser unterspülte auch die Grundmauern der Kaaba, und das Gebäude stürzte zusammen. Selbstverständlich machten sich die Leute sofort daran, es wieder aufzubauen, aber als sie fast fertig waren, gab es unter den vielen Stämmen und Sippen der Stadt einen Streit, wer den Schwarzen Stein wieder an seinen Platz setzen durfte. Jeder wollte selbst diese Ehre haben, und es hätte beinahe eine blutige Fehde darum gegeben. Jemand, der den Frieden noch retten wollte, schlug vor: „Wir wollen bis morgen früh warten, und wer dann als Erster zur Kaaba kommt, soll die Sache entscheiden.“ Damit waren alle einverstanden.

Am nächsten Morgen beeilte sich jeder, als Erster bei der Kaaba zu sein. Aber ein junger Mann war bereits dort. Es war Muhammad. So kam es, dass ihm der Streit zur Entscheidung vorgelegt wurde. Muhammad dachte eine Weile nach. Dann nahm er ein großes Tuch und legte den Schwarzen Stein mitten darauf. Nun ließ er die Anführer aller Stämme vortreten. Sie sollten alle zugleich das Tuch aufheben und zur Kaaba tragen, wo Muhammad selbst den Stein an seinen Platz setzte. Alle waren mit dieser Entscheidung zufrieden und lobten Muhammads außerordentliche Klugheit.

Aber die Leute von Mekka stellten auch ihre Götzenbilder wieder in der Kaaba auf und fuhren fort, sie anzubeten und ihnen zu opfern. Daran beteiligte sich Muhammad niemals. Er wusste, dass diese hölzernen und steinernen Figuren nicht einmal sich selbst helfen konnten und dass die Kaaba dereinst von Ibrahim und Ismail gebaut worden war, damit die Menschen dort zu Gott beten konnten, neben dem es keinen Gott gibt. Darüber dachte Muhammad auch oft nach. Außerdem beobachtete er, wie sich die Menschen in der Stadt verhielten. Die meisten von ihnen dachten nur an sich selbst, an ihre Familie und an ihren Stamm, und jeder wollte so reich werden wie nur möglich. Kaum einer wäre jemals auf den Gedanken gekommen, den Armen zu helfen oder Kranke zu pflegen oder für einsame Leute oder Waisenkinder zu sorgen oder auch nur ehrliche Geschäfte zu machen. Sie glaubten ja auch nicht daran, dass sie von Gott zur Rechenschaft gezogen werden könnten, wenn ihr irdisches Leben beendet war.

Der Ruf von Muhammads Ehrlichkeit und Zuverlässigkeit kam auch Khadija zu Ohren, einer sehr reichen und angesehenen Dame. Nachdem ihr Mann gestorben war, hatte sie alle Freier abgewiesen und ihre Geschäfte selbst weitergeführt. Gerade jetzt suchte sie einen Handelsvertreter. Sie bot Muhammad die Stelle an. Als der junge Mann einwilligte, schickte sie ihn mit einer Ladung Waren nach Syrien, damit er sie dort verkaufte, und gab ihm einen Sklaven als Gehilfen mit.

Die Reise wurde ein großer Erfolg, und als Muhammad zurückkehrte, legte er nicht nur einen ausführlichen Bericht, sondern auch eine gründliche Abrechnung vor und händigte Khadija eine ansehnliche Geldsumme aus. Auch der Sklave hatte nur Gutes zu berichten.

Khadija war sehr beeindruckt. Lange musste sie an ihren jungen Angestellten denken. Wie viele Männer gab es doch zu dieser Zeit, die an nichts anderes dachten, als sich selbst zu bereichern. Sie hatten ihr sogar Heiratsanträge gemacht, nur um ihren Reichtum an sich reißen zu können. Und hier gab es wirklich noch einen jungen Mann, dem Ehrlichkeit und Aufrichtigkeit wertvoller waren als Geld.

Khadija beschloss, Muhammad zu heiraten, obwohl sie schon vierzig Jahre alt war und er erst fünfundzwanzig. Nachdem er mit seinem Onkel beratschlagt hatte, nahm er das Angebot an, und mit der Hochzeit begann ein glückliches Familienleben. Zwei Söhne und vier Töchter wurden geboren, aber die Jungen starben schon als Kleinkinder, und nur seine Töchter wuchsen heran. Jeder kennt Muhammads Tochter Fatima, von der viele Geschichten erzählt werden.

Fortan kümmerte sich Muhammad um Khadijas vielseitige Handelsgeschäfte. Aber sein Herz war nicht bei dem vielen Geld, über das er nun verfügte. Er half stattdessen den Armen und bezahlte ihre Schulden und kaufte viele Sklavinnen und Sklaven frei. Damals hielten reiche Leute Sklavinnen, die ihren Frauen im Haus halfen, und Sklaven, die alle schwere und schmutzige

Arbeit leisten mussten, ohne dafür etwas anderes zu bekommen als das notwendigste Essen und spärliche Kleidung, oft zusammen mit Schlägen und Schimpfworten. Muhammad ließ die Sklavinnen im eigenen Haushalt frei und half selbst seiner Frau. Alle Sorgen und Freuden teilte er mit Khadija.

Muhammad dachte ständig über die vielen verschiedenen Dinge nach, die er hörte und erlebte, und grübelte über die Geheimnisse des Lebens. Im Laufe der Zeit fand er in der Wüste eine Höhle, in die er sich oft tagelang ganz allein zurückzog und nichts mitnahm als Wasser und ein paar Datteln. Er suchte einen Ausweg aus dem Abgrund, in den die Menschen geraten waren, seitdem sie Ibrahims Lehre und den Glauben an Gott verlassen hatten. Wie viele Völker lebten in Finsternis, Unwissenheit und Ungerechtigkeit!

In einer Nacht des Monats Ramadan erschien plötzlich in der Höhle ein Engel. Er zeigte Muhammad ein Buch von Gott und sprach: „Lies!“ „Ich kann doch gar nicht lesen“, erwiderte Muhammad entsetzt. Damals konnten nur sehr wenige Menschen lesen und schreiben, und schon gar nicht die Kinder aus armen Familien, die schon früh selbst ihren Lebensunterhalt verdienen mussten und keine Zeit hatten, zu spielen oder mehr als das Notwendigste zu lernen.

Aber der Engel befahl wiederum: „Lies!“ Er drückte Muhammad fest an sich, bis er zögernd fragte: „Was soll ich lesen?“ Da trug der Engel selbst die ersten Worte der Offenbarung vor: „Lies, im Namen deines Herrn, der erschuf. Er erschuf den Menschen aus einem winzigen Keim. Lies, und dein Herr ist der Freigebigste, der durch die Schreibfeder lehrte. Er lehrte den Menschen, was der Mensch nicht wusste.“ Die Worte standen von da an in Muhammads Herzen eingraviert. Er war Gottes letzter Gesandter geworden.

Entsetzt eilte Muhammad nach Hause und erzählte Khadija von seinem merkwürdigen Erlebnis. Die gute Frau hörte ihm aufmerksam zu und sagte: „Du bist der beste Mensch, den ich je gekannt habe. Darum hat Gott dich auserwählt. Sicher will Er nur Gutes für dich.“

Khadija hatte einen Verwandten namens Waraqa bin Nawfal, der kannte alle Bücher der Juden und Christen und war ein gelehrter Mann. Als er von Muhammads Erlebnis hörte, sagte er: „Muhammad ist wirklich ein auserwählter Gesandter. Gott hat zu ihm gesprochen, wie Er zu Musa und ‘Îsa gesprochen hat.“

Khadija war die Erste, die an Gottes Offenbarung glaubte und mit ihrem Mann zusammen zu Gott betete. Nicht lange danach fand Abu Tâlibs zehnjähriger Sohn Ali die beiden beim Gebet. Auf seine Fragen hin erzählte Muhammad ihm von Gott und dem Engel und dem Qur’an, dem offenbarten Buch. Und wer an dies alles glaubt und außer Gott kein anderes Wesen anbetet und auf Gottes Gesandten hört, ist ein Muslim. „Ich will auch ein Muslim sein und auf Gottes Gesandten hören“, entschied der Junge. Unter den ersten Muslimen waren auch Zaid, ein freigelassener Sklave, und Muhammads Freund Abu Bakr. Auch einige Freunde und Bekannte und vor allem Sklaven und Arme hörten auf Gottes Gesandten und wandten sich zu Gott. Der Qur’an wurde im Laufe der nächsten Jahre stückweise offenbart und gab den Muslimen neuen Mut. Jeder Muslim bemühte sich, alle Teile im Gedächtnis zu bewahren und zu befolgen.

Den meisten Reichen erschien es schwierig, auf Gottes letzten Gesandten zu hören. Sie wollten nicht, wie Gott es befahl, anderen Menschen helfen oder wenigstens ehrliche Geschäfte machen. Sie wollten auch nicht glauben, dass Gott sie am Tag der Auferstehung für ihre Taten zur Rechenschaft ziehen würde.

Gott forderte Seinen Gesandten auf, die Menschen öffentlich auf Seinen Weg zu rufen. Darum stieg Muhammad eines Tages auf einen Hügel in der Nähe der Kaaba und sprach zu seinen versammelten Landsleuten: „Wenn ich euch sage, dass hinter diesem Berg ein großes Heer angriffsbereit stände, würdet ihr mir dann glauben?“ „Selbstverständlich!“, erwiderten die Leute von Mekka. Sie wussten wohl, dass Muhammad immer die Wahrheit sagte. „Dann hört mir zu“, fuhr Gottes Gesandter fort. „Ihr sollt niemandem außer Gott dienen, sonst steht euch ein schlimmes Schicksal bevor. Es gibt keine wirkliche Macht außer bei Gott. Wenn ihr eines Tages euren Götzendienst bereut, ist es schon zu spät, und ich werde nichts für euch tun können, selbst wenn ihr meine Verwandten seid.“

Die Zuhörer waren empört. „Er ist vielleicht durchgedreht“, sagten die meisten. „In aller Öffentlichkeit so etwas zu sagen!“ Einige wurden auch richtig wütend. Einer nach dem anderen verließ verärgert den Platz.

Von diesem Tag an ermahnte Gottes Gesandter ständig die Menschen und rief sie auf, die machtlosen Götzen zu verlassen und nur Gott zu dienen und auf Ihn zu vertrauen. Viele von den Armen und Unterdrückten hörten auf ihn und wurden Muslime. Sie freuten sich, dass Gott dereinst die ehrlichen und standhaften Menschen belohnen wird. Aber die Reichen ärgerten sich. Einerseits wussten sie genau, dass Muhammad nichts als die Wahrheit sprach, aber andererseits wollten sie ihr bequemes Leben nicht aufgeben. Die einflussreichen Männer der Stadt schickten einen Sprecher zu Abu Tâlib. Er sagte: „Wir können nicht länger ertragen, dass dein Neffe uns und unsere Tradition beleidigt. Sag ihm, dass er sofort damit aufhören soll, oder du musst ihn seinem Schicksal überlassen. Wenn du das nicht tust, ergeht es dir genauso wie ihm!"

Abu Tâlib rief Muhammad zu sich, berichtete ihm von der Drohung der Reichen und sagte: „Lieber Neffe, denk an deine und meine Sicherheit." Aber Gottes Gesandter erwiderte: „Selbst wenn alle Freunde und Verwandten mich verlassen oder ich dem Tod gegenüberstehe, ich werde weiterhin meine Pflicht tun." Da war Abu Tâlib gerührt und sagte: „Tu, wie es dir richtig erscheint. So lange ich lebe, soll niemand dir zu nahe treten dürfen."

Die reichen Götzendiener von Mekka versuchten nun selbst, Gottes Gesandten von seinem Auftrag abzubringen. Sie sagten zu ihm: „Wir wollen dir alles geben, was du haben willst. Wenn du Geld haben willst, brauchst du uns nur zu sagen wie viel. Wenn du eine hübsche Frau heiraten willst, wollen wir für dich die schönste suchen, die es auf der Welt gibt. Wenn du Macht und Ansehen haben willst – und du stammst ja aus einer angesehenen Familie – dann sind wir bereit, dich zu unserem König zu machen. Nur hör' auf damit, von Gott zu sprechen und die Leute von ihrer Lebensweise abzubringen."

Aber Gottes Gesandter entgegnete: „Selbst wenn ihr mir die Sonne in die rechte und den Mond in die linke Hand geben wolltet, ich würde deswegen nicht meine Pflicht gegenüber Gott vernachlässigen oder mich überreden lassen zu lügen."

Als die Götzendiener sahen, dass sie Gottes Gesandten weder erpressen noch überreden konnten, fingen sie an, die Muslime zu verfolgen und zu quälen, wo sie nur konnten. Am schlimmsten erging es den Sklaven, die Muslime geworden waren. Viele von ihnen wurden zu Tode geprügelt. Die Götzendiener warfen mit Schmutz und Abfällen nach den Muslimen, überfielen sie nachts im Dunkeln und legten Gottes Gesandtem Dornenzweige in den Weg. Für viele Muslime wurde das Leben in Mekka unerträglich. Eine Anzahl von ihnen verließ die Stadt und wanderte nach Abessinien aus, wo sie in Frieden leben konnten. Aber Gottes Gesandter rief weiterhin die Menschen auf Gottes Weg, und selbst einige von den Hartherzigen bereuten, was sie getan hatten, als sie den Mut und die Standhaftigkeit der Muslime sahen, und fingen an, auf seine Lehren zu hören.

Schließlich schlossen die Götzendiener untereinander einen Vertrag, um Muhammad und seine Familie und die Muslime aus der Stadtgemeinschaft auszuschließen. Keiner sollte mehr mit ihnen sprechen, etwas von ihnen kaufen oder ihnen etwas verkaufen. Wer die Tochter eines Muslims geheiratet hatte, sollte sie mit Schimpf und Schande zu ihren Eltern zurückschicken. Die Muslime sollten in einem verlassenen Tal in der Wüste leben und nicht wagen, die Stadt zu betreten. Diesen Vertrag unterschrieben die Götzendiener und hängten ihn an der Kaaba auf.

Drei lange Jahre wohnte Gottes Gesandter mit seiner Familie und seinen Getreuen in der Einöde. Sie durften keine Lebensmittel mehr in Mekka einkaufen und mussten sich kümmerlich von Blättern und wilden Früchten ernähren. Nur selten gelang es einigen der jungen Leute in Mekka, ein Kamel mit Nahrungsmitteln zu beladen und so zu tun, als sei es ihnen in der Wüste davongelaufen. Erst nach drei Jahren konnten die Muslime in die Stadt zurückkehren. Ameisen hatten den Vertrag zerfressen. Einige von den Götzendienern waren von der Standhaftigkeit der Muslime so beeindruckt, dass sie sich Gott zuwandten, aber der Hass der anderen dauerte mit unverminderter Stärke fort.

Nicht lange nach der Rückkehr starb Abu Tâlib. Er war achtzig Jahre alt, und die Not der letzten Jahre hatte ihm die Kräfte geraubt. Kurz darauf starb auch die treue Khadija.

Nun wurden die Götzendiener übermütig. Sie glaubten, Gottes Gesandter habe nun keinen starken Helfer und Beschützer mehr. Als er eines Tages in der Kaaba stand und betete, schlich sich sein erbitterter Feind Abu Jahl von hinten heran und wollte ihn erwürgen. Einige Muslime entdeckten sein Vorhaben rechtzeitig genug, um ihn daran hindern zu können.

In diesem Jahr ließ Gott Seinen Gesandten eines Nachts eine große Reise machen. Auf einem merkwürdigen Reittier flog Muhammad durch die Luft nach Jerusalem. Dort traf er Gottes frühere Gesandte, Ibrahim, Musa, ʿĪsa und alle die anderen, und sie beteten zusammen auf dem Berg, wo jetzt die Al-Aqsa-Moschee steht. Danach zeigte Gott Seinem letzten Gesandten den Himmel und viele Geheimnisse, und früh am Morgen ließ Er ihn wieder nach Hause zurückkehren. Als die Götzendiener von dieser Reise hörten, beschlossen sie, Gottes Gesandten zu töten.

Inzwischen hatten einige Leute aus der Stadt Yathrib Gottes Botschaft gehört und waren Muslime geworden. Als die Götzendiener in Mekka übermütiger wurden, luden sie Muhammad ein, zu ihnen nach Yathrib zu kommen. Sie versprachen, zu ihm zu halten und alle Not und Gefahr mit ihm zu teilen.

Während seine Feinde in Mekka Mordpläne schmiedeten und sogar schon sein Haus umstellt hatten, verließ Gottes Gesandter die Stadt und fand Zuflucht in einer Höhle in der Wüste. Als die Götzendiener nachts in das Haus eindrangen, fanden sie dort nur Ali und mussten enttäuscht umkehren. Sie erfuhren bald, dass Muhammad nicht länger in Mekka war, und machten sich sogleich auf die Suche. Einige von ihnen kamen sogar in die Nähe der Höhle, und Abu Bakr, der den Propheten begleitete, wurde unruhig. Aber Gottes Gesandter sagte zu ihm: „Hab keine Angst. Gott ist mit uns.“ Tatsächlich hatte Gott einer Spinne befohlen, ihr Netz vor dem Höhleneingang zu bauen. Da glaubten die Verfolger, hier könnte schon seit Jahren keine Menschenseele mehr gewesen sein, und gaben ihre Suche auf.

Mit großen Ehren wurde Gottes Gesandter in Yathrib empfangen. Auch die anderen Muslime, die in der nächsten Zeit unter großen Gefahren Mekka verließen, wurden wie Brüder und Schwestern aufgenommen. Seit dieser Zeit heißt die Stadt nur noch „Madinat-un-Nabi“, das heißt „Stadt des Propheten“, und meistens sagt man kurz „Medina“. Die Muslime fingen sogleich an, in ihrer neuen Heimat eine Moschee zu bauen, und Gottes Gesandter half selbst mit und schleppte eigenhändig schwere Steine.

Die meisten Muslime hatten all ihr Hab und Gut in Mekka zurücklassen müssen. Darum fürchteten die Götzendiener, sie könnten aus Vergeltung oder Not ihre Handelskarawanen überfallen, die auf der großen Straße dicht an Medina vorbeizogen. Sie beschlossen darum, die Muslime anzugreifen und Medina unter ihre Kontrolle zu bringen. Tausend schwer bewaffnete Reiter mit Pferden und Kamelen brachen im Monat Ramadan von Mekka auf.

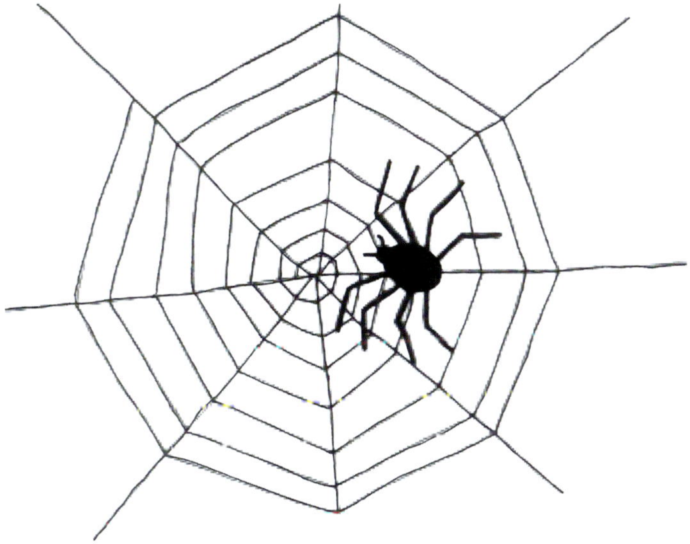

Als die Muslime in Medina von dem drohenden Angriff erfuhren, folgten sie Gottes Gesandtem in den Kampf. Sie waren nur 317 Mann mit wenigen Pferden und Waffen, aber sie vertrauten auf Gottes Hilfe. Gottes Gesandter betete: „Unser Herr, hilf uns. Wenn diese paar Muslime heute im Kampf umkommen, wer wird dann zu Dir beten?“

Bei Badr stießen die beiden Heere aufeinander. Die Muslime kämpften mit ungewöhnlichem Mut, und Gott gab ihnen geheimnisvolle Kraft. Sie töteten Abu Jahl, den Anführer der Götzendiener, und schlugen das dreimal stärkere Heer in die Flucht. Es gelang ihnen sogar, einige Mekkaner als Kriegsgefangene mitzunehmen, um sie gegen ein Lösegeld freizulassen. Wer aber das Lösegeld nicht bezahlen konnte, wurde freigelassen, nachdem er zehn Muslime Lesen und Schreiben gelehrt hatte.

Die Götzendiener ärgerten sich sehr über ihre Niederlage. Sie riefen mehr als dreitausend Männer zusammen, und dieses Heer, ausgerüstet mit den besten Waffen und Pferden, zog gegen Medina.

Als die Muslime davon erfuhren, waren sie sehr besorgt. Sie waren auch nicht einig, ob sie dem Feind entgegenziehen oder lieber in der Stadt den Angriff abwarten sollten. Tausend Mann waren schließlich bereit, Gottes Gesandtem in den Kampf zu folgen. Unter ihnen gab es aber Heuchler, die bald mit einer Entschuldigung umkehrten, sodass nur siebenhundert übrigblieben. Auch eine Anzahl Frauen zog mit, um die Kämpfer mit Wasser zu versorgen und sich um Verletzte und Tote zu kümmern.

Bei Uhud kam es zum Kampf, und anfangs schien es, als ob die Muslime auch diesmal siegen würden. Sie schlugen einen Teil des feindlichen Heeres in die Flucht. Die Mekkaner hinterließen viele wertvolle Dinge, und diejenigen von den Muslimen, deren Herzen schwach waren, wollten diese gern als Beute einsammeln und dachten nicht mehr daran, dass sie in Gottes Weg kämpfen sollten. Als die geflohenen Götzendiener dies bemerkten, kehrten sie um und fielen die Muslime von hinten an. Es gab viel Blutvergießen, und man hörte sogar das Gerücht, Gottes Gesandter sei im Kampf gefallen. Aber der Prophet lebte, und die aufrichtigsten Muslime standen bei ihm und verteidigten ihn tapfer nach allen Seiten. Endlich gelang es den Muslimen doch noch, das feindliche Heer zurückzuschlagen.

Erst nach zwei Jahren versuchten die Götzendiener wieder, Medina anzugreifen, um die Muslime endgültig zu vernichten. Sie verbündeten sich mit den benachbarten Beduinenstämmen, denen sie Gold und reiche Beute versprachen, und gewannen auch einige jüdische Stämme für sich, die es sonst ablehnten, mit Götzendienern gemeinsame Sache zu machen. Alle Verbündeten stellten gemeinsam ein Heer von 24 000 Mann auf und zogen gegen Medina.

Als Gottes Gesandter von der Verschwörung erfuhr, beratschlagte er mit seinen Getreuen, was zu tun sei. Die Muslime beschlossen, einen tiefen, breiten Graben um Medina herum auszuheben, und gingen sofort eilig an die Arbeit.

Das große Heer der Feinde konnte den Graben nicht überqueren und musste sich damit begnügen, die Muslime zu beschimpfen und zu verhöhnen. Sie kehrten aber nicht etwa wieder um, sondern belagerten Medina wochenlang und versuchten, durch ihre Spione in der Stadt den Mut der Muslime zu schwächen.

Nach fast vier Wochen, als die Lebensmittel in Medina schon sehr knapp wurden, brach eines Nachts ein furchtbares Unwetter los. Regen stürzte herab und schwemmte die Zelte der Belagerer weg, und ein eisiger Wind ließ den durchnässten Angreifern das Blut in den Adern gefrieren. Es blieb ihnen nichts anderes übrig, als die Belagerung abzubrechen und dahin zurückzukehren, woher sie gekommen waren.

Sechs Jahre nach der Auswanderung nach Medina reiste Gottes Gesandter mit seinen Getreuen nach Mekka, um die Kaaba zu besuchen und dort zu beten. Aber die Götzendiener weigerten sich, die Muslime in die Stadt kommen zu lassen. Nach langen Verhandlungen schlossen sie mit den Muslimen einen Vertrag. Die Muslime sollten im nächsten Jahr für drei Tage Mekka besuchen können. Dafür sollten sie alle Mekkaner zurückschicken.

Aber die Götzendiener brachen bald den Vertrag. Da zog Gottes Gesandter mit den Muslimen nach Mekka. Es waren inzwischen sehr viele geworden. Gottes Gesandter befahl, dass es kein Blutvergießen geben sollte. Er ließ verkünden, dass jeder, der in seinem Haus blieb oder bei der Kaaba Zuflucht suchte, sicher sein sollte. Gottes Gesandter verzieh allen, die den Muslimen so viel Unrecht zugefügt hatten. Die Mekkaner, die eine grausame Rache befürchtet hatten, bekannten sich darauf alle zum Islam. Mit dem Propheten zusammen gingen die Ratsherren zur Kaaba, warfen alle Götzenbilder hinaus und verbrannten sie. In Zukunft sollten die Menschen in der Kaaba niemanden außer Gott anbeten.

Gottes Gesandter sprach zu den Menschen: „Gott ist der einzige, der unserer Verehrung würdig ist. Ihm ist niemand gleich. Er hilft Seinen Dienern und schlägt Seine Feinde zurück. Ich verachte jede falsche Ehre, jede Blutfehde und alle schädlichen Sitten aus der Zeit der Unwissenheit. Alle Menschen sind gleich geschaffen, und von heute an soll aller Stolz auf vornehme Herkunft der Vergangenheit angehören. Ihr seid alle Adams Kinder, und Adam wurde aus Lehm erschaffen. Der Vornehmste von euch ist der, der am gewissenhaftesten vor Gott ist.“

Einige Jahre später besuchte Gottes Gesandter zum letzten Mal seine Heimatstadt. Er sprach zu den versammelten Muslimen: „Ihr Leute, hört mir zu! Dies ist vielleicht das letzte Mal, dass wir hier zusammentreffen. Von heute an ist jede Art von Wucher verboten. Ebenso gibt es keine Blutrache mehr, und jede Fehde soll augenblicklich eingestellt werden. Um einen Anfang zu machen, will ich dem verzeihen, der meinen Neffen Rabia erschlagen hat. Seid freundlich zu euren Frauen. Sie sind verpflichtet, ein reines und gutes Leben zu führen, und ihr habt die Aufgabe, sie mit allem Notwendigen zu versorgen. Seid freundlich gegen eure Sklaven und gebt ihnen das Gleiche zu essen, was ihr selbst esst, und gute Kleider, wie ihr selbst sie tragt. Alle Muslime sind Brüder und Schwestern, und alle Menschen sind gleich. Herkunft, Hautfarbe oder Rasse machen nicht einen Menschen besser als den anderen. Denkt daran, dass das Leben, die Ehre und das Eigentum eines Bruders im Islam heiliger ist als dieser Tag, dieser Monat und dieser Ort. Ich habe euch zwei wichtige Dinge hinterlassen, den Qur'an und mein Beispiel. Wenn ihr daran festhaltet, werdet ihr dem richtigen Weg folgen."

Nachdem Gottes Gesandter so gesprochen hatte, wurde zum letzten Mal ein Satz des Qur'an offenbart: „Heute habe ich euren Glauben vervollständigt und meinen Segen vollendet und den Islam als euren Lebensweg erwählt."

Die Geschichte von unserem Propheten Muhammad ist in anderen Büchern ausführlicher erzählt. Hier wurde sie nur kurz wiedergegeben, weil die Geschichte von Gottes Rechtleitung ohne sie unvollständig gewesen wäre. Muhammad ist das „Siegel der Gesandten", weil er der Letzte in dieser Reihe ist und alle früheren Propheten und Gesandten bestätigt. Wenn wir ihm folgen und Gott dankbar sind, wird Gott mit uns zufrieden sein.

*Gottes Friede und Sein Segen sei mit Seinem letzten Gesandten Muhammad und mit seiner Familie und seinen rechtschaffenen Gefährten.*

## Zugrunde liegende Qur'antexte

| | |
|---|---|
| **Surah 9:128 – 129** | Den Gläubigen gegenüber ist er gütig und barmherzig. |
| **Surah 21:107** | Er wurde nur als Barmherzigkeit für die Welten gesandt. |
| **Surah 33:21** | Vorbild für die Gläubigen |
| **Surah 33:28 – 34** | seine Familienangehörigen |
| **Surah 33:40 – 47** | Siegel der Propheten, Aufgabe |
| **Surah 33:50 – 59** | seine Familienangehörigen, Verhalten und Rücksicht ihm gegenüber |
| **Surah 53:4 – 25** | Offenbarungserlebnis |
| **Surah 66:1 – 5** | Familienangelegenheiten |
| **Surah 96:1 – 5** | erste Anrede in der Offenbarung |

1

## Hinweise zu: Die Geschichte von Adam

Die Schüler:innen vergleichen die islamische Geschichte von der Erstehung von Himmel und Erde (S. 16, Zeile 1 – 31) mit der biblischen Schöpfungsgeschichte (Genesis 1 – 2,4). Die folgenden Aufgaben bieten sich an.

### Einzelarbeit / Partnerarbeit

1. Welche Gemeinsamkeiten zwischen den Geschichten stellt ihr fest?
   Unterstreicht die Gemeinsamkeiten grün.

2. Welche Unterschiede zwischen den Geschichten stellt ihr fest?
   Legt dazu eine Liste mit Spiegelstrichen an.

### Klassengespräch

3. Tragt eure Ergebnisse im Plenum zusammen.

4. Besprecht danach folgende Fragen:
   – Welche Rolle hat Gott in den Texten?
   – Welche Aufgabe hat der Mensch in den Texten?
   – Inwieweit haben die Menschen bisher ihre Aufgabe erfüllt? Nennt konkrete Beispiele.
   – Haben Gläubige eine größere, kleinere, andere … Verantwortung für den Erhalt der Schöpfung als diejenigen, die nicht an Gott glauben?

### Weitere Arbeitsvorschläge zur Auswahl

- Stell dir vor, du wärest dabei, als die Engel zu Gott sprechen (S. 16, Zeile 15 – 26).
  Was würdest du den Engeln gerne sagen?
- Übt zu zweit/viert ein Gespräch zwischen Mensch und Engel ein.
  Bezieht euch dabei auf S. 16 in der islamischen Geschichte von Adam.
- Schreibe einen Brief an Gott: So gehen wir mit der Schöpfung um.
  (Versuche, positive und negative Beispiele zu finden.)

7

## Hinweise zu: Ibrahim und die Götzen seines Vaters

Diese Geschichte ist im islamischen Kontext sehr bekannt und Ibrahim eine bedeutende Figur. Daher ist es wichtig, sie im Unterricht zu erzählen. Sie ist anschaulich und anregend.

Allerdings ist es ebenso wichtig, einige Aspekte der Geschichte mit den Kindern und Jugendlichen näher zu besprechen. Sie darf nicht als Missionierungsgeschichte verstanden werden, die andere Religionen diffamiert, um die eigene zu bewerben. Es ist daher notwendig, auf einige leicht zu überlesende Grundlagen der Geschichte zu achten:

In den ersten Zeilen auf S. 33 wird eine wichtige Grundlage zum Verständnis der Geschichte gelegt. Es wird beschrieben, warum die Götzen der Menschen von Ibrahim abgelehnt werden:

- Sonne, Mond und Sterne sind von Beobachtungsobjekten zu Götzen geworden: „Die Menschen hatten die Himmelskörper erforscht, um daraus die beste Zeit für Aussaat und Ernte zu berechnen. Aber im Laufe der Zeit kamen sie zu der Vorstellung, Sonne, Mond und Sterne seien selbst die Ursache für die Ereignisse auf der Erde, und man könnte aus ihnen das Schicksal der Menschen ablesen."
- Die von den Menschen angebeteten Götzen helfen den Menschen nicht, sondern sind zunehmend zu einer Bedrohung geworden: „Tag und Nacht waren sie von der Sorge geplagt, sie könnten Gebete oder Opfer für einen ihrer vielen Götzen vergessen, sodass dieser dann zornig würde."
- Menschen werden von Menschen zu Götzen gemacht: „Einige davon waren Helden der Vergangenheit, die selbst längst in ihren Gräbern lagen."

All das stößt Ibrahim auf. Er macht sich auf die Suche. Er hinterfragt. Er prüft. Er appelliert an den Verstand. Er argumentiert.

Ibrahim versteht seinen Gott anders. Dieser Gott hilft dem Menschen. Das ist an mehreren Stellen im Text zu erkennen und herauszuarbeiten. Und Ibrahim braucht im Laufe der Geschichte zunehmend Mut und Gottvertrauen. Davon handelt die Geschichte in vielen Bildern (untergehende Gestirne, Auseinandersetzung mit den Götzendienern, zerschlagene Götzen).

Auch das Ende ist sehr wichtig: Obwohl Ibrahim Macht gewonnen hat, sodass die Götzendiener ihn nicht mehr anrühren, nutzt er diese Macht nicht aus. Er zieht sich aus dem Konflikt zurück und geht mit seinen Anhängern. Und er betet um Vergebung für seine eigenen Fehler und für die der Götzendiener.

### Erarbeitung mit Kindern

Mit Kindern kann es sinnvoll sein, die Geschichte mit der Methode des Bodenbildes und Erzählsymbolen (s. auch bei der Geschichte „Maryam und ʿĪsa" auf Seite 135 ff.) darzustellen. Im Laufe des Erzählens der Geschichte werden verschiedenen Symbole / Bilder ausgelegt, die später als „Anker" dienen, um die Geschichte im oben genannten Sinn vertiefend zu besprechen.

### Aufgaben für ältere Jugendliche

- Was stößt Ibrahim am Götzendienst ab?
- Woher nimmt er seinen Mut?
- Wie geht er mit den Götzendienern um?
- Warum zieht er sich am Ende zurück?

18

# Hinweise zu: Musa bringt Gottes Gebote

## Inhalt der Geschichte

Wo ist das versprochene Land? Hier gibt es nichts als Wüste, Sand und Stein; keinen Baum, keinen Strauch. Das Volk ist unzufrieden, doch Musa zeigt ihnen, wie Gott für sie sorgt: Mannah am Morgen, Vögel am Abend und Wolken, die sie vor der Sonne schützten. Ersehntes Wasser sprudelt aus einem Stein heraus. Doch das Volk murrt und ihr Vertrauen zu Musa sinkt. Sie sehnen sich nach den Götzen der Ägypter, die sie sehen und anfassen konnten. Schließlich erreichen sie den Berg Sinai. Auf diesem Berg begegnet Musa Gott und erhält die Tafel mit den Geboten. Im Tal angekommen entdeckt er das Volk tanzend um ein goldenes Kalb. Wütend zerstört er es und mahnt alle. Dann liest er den Kindern Israel die Gebote vor, die sie später in einer besonderen Lade mit auf die Wanderung nehmen.

## Didaktische Bedeutung

Auch diese Geschichte sollte – auf das Wesentliche reduziert – möglichst frei erzählt werden. Das Volk, das Gott befreit hat, kann schwer mit dieser Freiheit umgehen, es braucht Regeln, die das Zusammenleben erleichtern. Dies ist der eigentliche Sinn der 10 Gebote, die den Kin34dern in dieser Geschichte deutlich werden soll.

## Lernchancen

Die Schülerinnen und Schüler

- erkennen die Unzufriedenheit des befreiten Volkes und Gottes Bemühen, sie gut zu versorgen.
- entdecken in verschiedenen Szenen, wie schwer es den Menschen fällt, sich auf einen unsichtbaren Gott einzulassen.
- erkennen, dass Gott uns Gebote für ein gutes gemeinsames Leben gegeben hat.

## Bausteine für den Unterricht

**1. In der Wüste**

- Bodenbild: Tuch mit Sand, trockener Wurzel, Stein und Wüstenbildern
- Gespräch: Wie wird es sein im Land der Freiheit? Was wünschen und erhoffen sich die Menschen?
- Erzählung in sechs Abschnitten
- Rollenspiel: Das Murren des Volkes wird von der ganzen Klasse gespielt.
- Gott hilft mit Mannah – Vögeln – Wasser – Wolken. Diese Karten werden ins Bodenbild gelegt und machen die Wüste lebendig.

**2. Am Berg Sinai**

- Bodenbild: Ein goldenes Kalb steht im Wüstensand
- Vertiefende Gesprächsimpulse:
  - Warum bauen sich die Kinder Israel eine Götzenstatue?
  - Wo ist ihre Dankbarkeit für die Rettung aus Ägypten geblieben?
  - Warum vertrauen sie nicht Gott?
  - Wie geht es dem Propheten Musa dabei?
  - Werden sie Musa jetzt vertrauen?

  - Was bedeuten die 10 Gebote für das Zusammenleben der Menschen?
  - Was sagen sie über die Beziehung zu Gott?
  - Freiheit und Verantwortung – Werden die beiden durch die Regeln gesichert?

  - Werden die Menschen diese Regeln einhalten können?
  - Warum steht der Gottesname *Der Führende* über der Geschichte?
  - Welche der anderen Gottesnamen passen auch?

**3. Abschlussrunde**

- Warum sind diese Gebote bis heute wichtig?
- Wie helfen sie in eurem Leben?

34

## Hinweise zu: Maryam und ʻÎsa

**Einstieg**
Zum Einstieg wird das Bild von Maryam unter der Palme gezeigt.

Die Kinder sind verwundert. Das ist ja ein ganz anderes Bild als die vertraute Krippenszene. Wir begeben uns mit den Augen auf Entdeckungstour: Eine Frau schüttelt eine Palme – Früchte fallen herunter – am Boden liegt ein Baby – im Hintergrund ist Wasser zu sehen. Was für ein Bild! Die Kinder sind gespannt. Welche Geschichte steckt wohl dahinter?

## Die Geschichte

Die Erzählkerze wird angezündet, und die Geschichte beginnt. Begleitend dazu entsteht ein Bodenbild, in dem die einzelnen Stationen durch Symbole visualisiert werden.

**1. Zakariya in seinem Tempel – Symbol: Tempel (Bauklötze) und eine Holzfigur**

Es lebte einmal ein Prophet, der hieß Zakariya. Er war ein großer Gelehrter am Tempel. Eine befreundete Familie wünschte sich sehnlichst ein Kind.

**2. Die Geburt von Maryam – Symbol: Holzfigur Mädchen**

Endlich wurde die Frau schwanger. Sie war fest davon überzeugt, dass es ein Sohn werden würde. Und sie pries Allah, betete und sprach: „Dieses Kind, das du in meinem Leib erschaffen hast, soll dein Diener werden und dir im Tempel dienen. Das verspreche ich dir!" Doch dann wurde ein Mädchen geboren. Verzweifelt betete die Frau: „Allah, ich habe eine Tochter bekommen. Wie soll ich mein Versprechen halten? Ein Mädchen kann doch nicht im Tempel dienen. Ich nenne sie Maryam und stelle sie unter deinen Schutz." Bald starben die Eltern, und Zakariya nahm Maryam auf wie seine eigene Tochter

**3. Ein außergewöhnliches Mädchen – Symbol: Buch**

Maryam war ein ungewöhnliches Mädchen. Sie mochte nicht mit anderen spielen, sondern liebte Bücher. Sie las viel über Allah und liebte das Gespräch mit Zakariya. So wuchs sie zu einem schönen, klugen Mädchen heran. Sie wohnte in einem kleinen Zimmer in der Nähe des Tempels. Hier ereigneten sich seltsame Dinge: Immer wieder standen außergewöhnliche Speisen oder seltene Früchte auf dem Tisch. Keiner konnte sich erklären, wie sie dorthin gekommen waren.

**4. Eine Begegnung – Symbol: Teelicht**

Eines Tages zog sich Maryam an einen einsamen Ort östlich der Stadt zurück, wo niemand sie sehen und stören konnte. Sie badete und wusch ihre Kleider. Da erschien ein Engel in Gestalt eines Mannes. Maryam erschrak und rief: „Geh weg. Allah beschütze mich vor dir." Aber der Engel sprach: „Ich bin ein Bote von Allah und ich soll dir sagen, dass du einen Sohn bekommen wirst. Sein Namen soll ʿĪsa sein, Sohn der Maryam. In dieser Welt und in der nächsten wird er in Ehren gehalten werden. Er gehört zu denen, die Allah am nächsten sind, denn er ist ein Gesandter. Als kleines Kind und als Mann wird er zu den Menschen sprechen." Da sagte Maryam: „Wie soll das gehen? Ich bin nicht verheiratet und habe mich auch nicht auf Männer eingelassen." Der Engel aber sagte: „Allah erschafft, was er will. Allah wird deinen Sohn zum Zeichen der Barmherzigkeit machen. Er wird Wunder tun und zu den Kindern Israels gehen, um das Gesetz zu bestätigen, das sie am Berg Sinai von Allah empfangen haben." Dann verschwand der Engel.

**5. Die Geburt – Symbol: Palme**

Maryam wanderte weit fort von ihrer Heimatstadt, damit die Leute nicht schlecht über sie redeten, wenn sie merkten, dass sie unverheiratet und schwanger war. Als die Zeit der Geburt nahte, war sie ganz allein. Keiner war da, um ihr zu helfen. Draußen im Freien, unter einer Dattelpalme, gebar sie einen Sohn. Ganz verzweifelt rief sie: „Ach wäre ich doch längst gestorben und vergessen!" Aber eine Stimme tröstete sie und rief ihr zu: „Sei nicht traurig! Allah hat unter dir einen Bach fließen lassen. Schüttle den Stamm der Palme, dann fallen reife Datteln für dich herunter. Iss und trink und sei guten Mutes. Wenn dich jemand neugierig anspricht, dann sag: ‚Ich bin heute beim Fasten, darum will ich mit den Leuten nichts Überflüssiges reden.'"

**6. Ein außergewöhnliches Kind: Klangschale**

Als Maryam sich gestärkt und ausgeruht hatte, beschloss sie, mit dem Neugeborenen zu ihrer Familie zurückzukehren. Alle waren sehr verwundert über das Kind und machten ihr große Vorwürfe. „Wie kannst du uns solche Schande machen und unverheiratet mit einem Kind nach Hause kommen?" Aber Maryam schwieg.

Doch die Verwandten schimpften weiter. Da fing plötzlich das Kind in ihrem Arm an zu reden: „Lasst sie in Ruhe. Allah hat mich zu seinem Gesandten gemacht und mich gesegnet, wo immer ich bin. Frieden liegt auf mir vom Tag meiner Geburt, dem Tag, an dem ich sterbe und am Tag, an dem Allah mich wieder zum Leben erweckt."

Von da an war allen klar: Dies ist ein ganz besonderes Kind. Sie nahmen die beiden auf und ʿÎsa wuchs bei ihnen heran.

### Entdeckungen

Ich lösche die Erzählkerze. Wir gehen aus der Geschichte heraus. Die Kinder sind tief beeindruckt von der Geschichte. „Eine Geschichte voller Wunder!" In einer ersten Runde legen die Kinder ihren Muggelstein an die Stelle im Bodenbild, die am meisten verwundert hat. „Mich hat gewundert …" Mit diesem Satzanfang tauschen wir uns aus. Die wunderbaren Nahrungsmittel im Zimmer der Maryam – das Erscheinen des Engels – die Geschehnisse unter der Palme – der sprechende Säugling …

„Es ist die Geburt eines ganz besonderen Kindes." Die folgenden Impulse vertiefen das Gespräch:

- Welche Hinweise gab es darauf, dass Maryam eine besondere Frau ist?
- Wer spricht an dem einsamen Ort, als Maryam ihren Sohn zur Welt gebracht hat?
- Woran wird deutlich, dass ʿÎsa ein ganz besonderes Kind.ist?
- Was wird über ʿÎsa erzählt?
- Was ist ein Gesandter Gottes? Was wird seine Aufgabe sein?

### Parallelen und Unterschiede

Wenn den Kindern die Parallele zur biblischen Geschichte nicht schon aufgefallen ist, lege ich nun die beiden Namenkarten Jesus und Maria ins Bodenbild. „Das ist eine ganz ähnliche Geschichte, aber doch so unterschiedlich." In Kleingruppen diskutieren die Kinder ihre Entdeckungen. „Im Koran ist Maria allein. Da gibt es keinen Josef wie in der Bibel." „Im Koran passiert das unter einer Palme, in der Bibel in einem Stall." Die Kinder entdecken schnell die Ähnlichkeiten in den beiden Geschichten: Ein Engel überbringt die Botschaft – die Geburt findet in aller Stille statt – es ist ein besonderes Kind – die Namen klingen ähnlich.

Und doch ist die Weihnachtsgeschichte ganz anders. Hier findet die Geburt im Stall statt, es gibt einen Vater namens Josef, und das Kind ist der Sohn Gottes und spricht nicht. Die Kinder entdecken, wie nah sich diese beiden Geschichten sind. Dennoch bestehen Unterschiede: Die Geburt von Gottes Sohn und die Geburt eines Propheten. Beide Geschichten stecken voller Wunder.

„Habt ihr auch eine Weihnachtsgeschichte?" Ahmet ist sich sicher: „Nein, unsere Geschichte ist keine Weihnachtsgeschichte, denn zu dieser Geschichte feiern wir kein Fest."

Doch der Plan steht fest. Im nächsten Jahr soll auf der Weihnachtsfeier nicht nur die Geschichte im Stall dargestellt werden, sondern auch ʿÎsas Geburt unter der Palme.

36

## Hinweise zu: ʿÎsa lehrt die Menschen

### Inhalt der Geschichte

Der Prophet ʿÎsa führte ein einfaches und bescheidenes Leben und wanderte mit zwölf Gefährten durch das Land. Seine Predigten und Handlungen werden nur kurz dargestellt. Er kümmerte sich vor allem um die Armen, die Kranken und die Ausgestoßenen der Gesellschaft. In den Heilungen von Kranken, Blinden und Lahmen zeigten sich Gottes Wunder. Selbst ein Toter wurde wieder zum Leben auferweckt. Überall zeigte ʿÎsa seine Barmherzigkeit selbst Fremden gegenüber. Die Gelehrten des Tempels verfolgten eifersüchtig sein Handeln und wollten diesem ein Ende setzen.

Ausführlich wird das wundersame Geschehen vom Tisch der Speisen dargestellt. Viele Menschen waren zu ʿÎsa gekommen, lange hörten sie ihm zu, doch alle bekamen jetzt Hunger. Nach ʿÎsas Gebet erschien ein Tisch mit Speisen, an dem sich alle satt essen konnten. Was für ein Ärgernis für die Gelehrten.

### Didaktische Bedeutung

In dieser Geschichten erleben die Kinder den Propheten ʿÎsa in all seinen Facetten: seine bescheidende Lebensart, sein Kümmern um Arme und Kranke, seine mit ihm ziehenden Freunde und sein Aufruf, bescheiden und hilfsbereit zu leben. Gleichzeitig wird deutlich, wie sich seine Feinde gegen ihn wenden. Das hilft zum Verständnis der kommenden Ereignisse.

### Lernchancen

Die Schülerinnen und Schüler

- lernen den Prophet ʿÎsa und sein Wirken kennen.
- entdecken, wie er sich für Arme, Kranke und Ausgestoßene einsetzt.
- deuten die Geschichte vom Tischmahl.
- erkennen, wie sich die Gelehrten gegen ihn aufstellen.

### Bausteine für den Unterricht

**1. Wie lebte ʿÎsa?**

- Der Ausschnitt aus dem Wimmelbild liegt in Vergrößerung in der Mitte. Gesprächsimpuls: „Hier seht ihr den Propheten ʿÎsa. Was könnt ihr erkennen? Wie hat er gelebt?"
  - Er war einfach gekleidet.
  - Er wanderte mit zwölf jungen Männern und erzählte.

- Erzählung (die ersten Abschnitte bis zur Erweckung des gestorbenen Mannes)
- Als Antwort auf die Frage „Was habt ihr über ʿÎsa gehört?" werden auf *hellen Karten* wichtige Stichworte zu dem Bild gelegt, wie z. B.: Er lebt von Früchten und Kräutern – schläft unter freiem Himmel – geht zu den Armen – heilt Kranke – erzählt von Gottes Barmherzigkeit …

**2. ʿÎsa hatte viele Feinde**

- „Es gab viele, die ihm nicht glaubten und neidisch auf seinen Erfolg waren. Hört mal, was über sie berichtet wird: …" Erzählung bis zur Versammlung am Feiertag
- Warum sind so viele Menschen so verärgert?
  Alle aufgezählten Gründe werden auf *dunkle Karten* geschrieben und mit etwas Abstand außen um das Bild herumgelegt (ʿÎsa wird eingezingelt), wie z. B. ʿÎsa ist kein Gesandter – er soll lehren, nicht heilen – warum nimmt er kein Geld? – er kümmert sich um Menschen, die gar nicht zum Volk gehören – der muss weg …

**3. Ein Tisch vom Himmel**

- „Eines Tages ereignete sich ein Wunder …" Erzählung der restlichen Abschnitte
- In dieser Geschichte gab ʿÎsa den Menschen viele Ratschläge. Diese werden auf *hellen Karten* gesammelt und in den inneren Kreis um das Bild gelegt, z. B. aufrichtig sein – sich gegenseitig helfen – nicht betrügen – richtig fasten …

- „Welche Bedeutung hat der Tisch mit den Speisen?“
  - Alle sollen satt werden.
  - Alle sollen an einem Tisch sitzen, egal ob arm oder reich, krank oder gesund …
  - Gott sorgt für alle.
  - Die Speisen sind Nahrung für den Körper und für die Seele. Was bedeutet das?

**4. Abschlussrunde**

- Es wird gesagt, ʻÎsa sei ein ganz besonderer Prophet. Woran erkennt ihr das?
- Die Geschichte zeigt den Gottesnamen *Der Freund*. Was kann das bedeuten?

# Übersicht über das Downloadmaterial

Material 1: Farbiges Wimmelbild

Material 2: Schwarz-weißes Wimmelbild

Material 3: Schwarz-weißes Wimmelbild mit Nummerverweisen zu den zugehörigen Geschichten

Material 4: Arbeitsblatt „Auf Entdeckertour durch das Wimmelbild“

Material 5: Arbeitsblatt zur Ergebnissicherung

Material 6: Hinweise zu 1 **Die Geschichte von Adam**

Material 7: Hinweise zu 2 **Hâbil und Qâbil**

Material 8: Hinweise zu 3 **Nûh und die große Flut**

Material 9: Hinweise zu 4 **Die Geschichte von Idrîs**

Material 10: Hinweise zu 5 **Die Geschichte von Hûd**

Material 11: Hinweise zu 6 **Die Geschichte von Sâlih**

Material 12: Hinweise zu 7 **Ibrahim und die Götzen seines Vaters**

Material 13: Hinweise zu 8 **Ibrahims Reisen**

Material 14: Hinweise zu 10 **Die Geschichte von Ishâq**

Material 15: Hinweise zu 11 **Die Geschichte von Lût**

Material 16: Hinweise zu 12 **Ibrahim und Ismail bauen die Ka‘ba**

Material 17: Hinweise zu 13 **Die Geschichte von Yusuf**

Material 18: Hinweise zu 15 **Gott rettet Musa vor dem Pharao**

Material 19: Hinweise zu 17 **Musa führt die Kinder Israel aus Ägypten**

Material 20: Hinweise zu 18 **Musa bringt den Kindern Israel Gottes Gebote**

Material 21: Hinweise zu 21 **Davûd und Jalût**

Material 22: Hinweise zu 22 **Davûd wird König**

Material 23: Hinweise zu 26 **Die Jünglinge in der Höhle**

Material 24: Hinweise zu 28 **Die Geschichte von Yûnus**

Material 25: Hinweise zu 30 **Die Geschichte von Ayyûb**

Material 26: Hinweise zu 33 **Die Geschichte von Maryam**

Material 27: Hinweise zu 34 **Maryam und ‘Îsa**

Material 28: Hinweise zu 35 **Die Geschichte von Yahya**

Material 29: Hinweise zu 36 **‘Îsa lehrt die Menschen**

Material 30: Hinweise zu 37 **‘Îsa und seine Feinde**

Material 31: Hinweise zu 39 **Die Geschichte vom Elefantenheer**

Material 32: Hinweise zu 40 **Das Siegel der Gesandten**

# Namensverzeichnis

| | |
|---|---|
| **Ayyûb** | Hiob |
| **Bani Israel** | Kinder Israels |
| **Davûd** | David |
| **Hâbil** | Abel |
| **Hawwa** | Eva |
| **Hûd** | nicht-biblischer Prophet |
| **Ibrahim** | Abraham |
| **Idrîs** | wird oft mit Enoch identifiziert |
| **Ilyas** | Elias |
| **'Îsa** | Jesus |
| **Ishâq** | Isaak |
| **Ismail** | Ismael |
| **Jalût** | Goliath |
| **Jinn** | unsichtbares Wesen |
| **Lût** | Lot |
| **Maryam** | Maria |
| **Musa** | Moses |
| **Nûh** | Noah |
| **Qâbil** | Kain |
| **Sâlih** | nicht-biblischer Prophet |
| **Shuaib** | wird meist mit Yithro identifiziert |
| **Sulaimân** | Salomon |
| **Uzair** | wird oft mit Esra identifiziert |
| **Yahya** | Johannes |
| **Yaqûb** | Jakob |
| **Yûnus** | Jonas |
| **Yusuf** | Josef |
| **Zakarya** | Zacharias |

## Literatur

Der Koran. Aus dem Arabischen neu übertragen von Hartmut Bobzin unter Mitarbeit von Katharina Bobzin. München 2010: CH Beck

Der Koran. Vollständig und neu übersetzt von Ahmad Milad Karimi. Mit einer Einführung herausgegeben von Bernhard Uhde. Freiburg i. Br. 2009: Herder

Der Koran für Kinder und Erwachsene. Übersetzt und erläutert von Lamya Kaddor und Rabeya Müller. München 2008: CH Beck Farid Esack: The Qur'an. A Short Introduction. Oxford 2002: Oneworld

Muhammad b. Jarir at-Tabari: History of the Prophets and Kings. Englische Übersetzung durch verschiedene Übersetzer in 39 Bänden, New York State University Press 1985 – 2007. Hier vor allem Bd 01: General Introduction and from the Creation to the Flood; Bd. 02: Prophets & Patriarchs; Bd. 03 The Children of Israel; Bd. 04 The Ancient Kingdoms

Navid Kermani: Gott ist schön. Das ästhetische Erleben des Koran. München 1999: CH Beck

## Bildnachweise

Titel: Lahsen Azougaye, Brigitte Kuka

Kalligrafien auf S. 6, 12 – 13, 16, 20, 22, 25, 27, 30, 33, 36, 39, 42, 44, 46, 48, 56, 58, 62, 65, 71, 75, 78, 81, 83, 85, 87, 90, 92, 95, 97, 99, 101, 103, 105, 108, 110, 112, 114, 117, 120, 123, 125: Lahsen Azougaye

Wimmelbilder und Ausschnitte daraus auf S. 7 – 10, 17, 21 , 23, 25, 27, 30, 33, 37, 40, 42, 45 – 46, 49, 57, 59, 63, 65, 71, 75, 79, 81, 83, 85, 87, 90, 93, 95, 97, 99, 101, 103, 105, 108, 110, 112, 115, 117, 121, 123, 125, 139: Brigitte Kuka

Schwarz-Weiß-Zeichnungen auf S. 18, 20, 22, 31, 38 – 39, 49 – 50, 52 – 53, 60, 69, 73, 76, 82, 86, 91, 94, 98, 106, 111, 118, 124, 129, 135: Halima Krausen

Unter **www.friedrich-verlag.de** finden Sie Materialien zum Buch als Download.
Bitte geben Sie den achtstelligen Download-Code in das Suchfeld ein.

**DOWNLOAD-CODE: d31680gk**

## Hinweis:

Das Download-Material enthält Arbeitsblätter, Bildmaterial sowie Lehrermaterialien mit methodisch-didaktischen Hinweisen, die Sie bei der Vorbereitung Ihres Unterrichts unterstützen und/oder Ihnen vertiefende Hintergrundinformationen liefern.



Unsere Autorinnen und Autoren sowie der Verlag wünschen Ihnen viel Erfolg bei der Nutzung der Materialien!

**Haben Sie Fragen zum Download? Dann wenden Sie sich bitte an den Leserservice der Friedrich Verlags GmbH. Schreiben Sie uns oder rufen Sie uns an!**

Sie erreichen unseren Leserservice
Montag bis Donnerstag von 8 – 18 Uhr
Freitag von 8 – 14 Uhr
Tel.: 0511/40004-150
Fax: 0511/40004-170
E-Mail: *leserservice@friedrich-verlag.de*

Wir freuen uns über Ihre Rückmeldung und helfen Ihnen gerne weiter!